现代兵器
百科图鉴系列

世界轻武器
大百科
珍藏版

《深度军事》编委会◎编著

清华大学出版社
北京

内容简介

本书是介绍轻武器的军事科普图书，书中收录了 19 世纪中叶以来世界各国设计制造的 800 余款轻武器，涵盖枪械、榴弹发射器、火焰喷射器、手榴弹、地雷、火箭筒、轻型迫击炮、单兵导弹等类型，完整地呈现了近现代单兵作战的武器面貌。每款轻武器都配有精美的写真图，帮助读者辨别该武器。为了增强图书的知识性和趣味性，还介绍了多家生产轻武器的知名兵工厂。

本书内容翔实，结构严谨，分析讲解透彻，图片精美丰富，既适合广大军事爱好者阅读和收藏，也可以作为青少年的科普读物。

图书在版编目 (CIP) 数据

世界轻武器大百科：珍藏版 /《深度军事》编委会编著 . —北京：清华大学出版社，2021.7（2024.11重印）

（现代兵器百科图鉴系列）

ISBN 978-7-302-57227-5

Ⅰ . ①世… Ⅱ . ①深… Ⅲ . ①轻武器—世界—图集 Ⅳ . ① E922-64

中国版本图书馆 CIP 数据核字（2020）第 260275 号

责任编辑：李玉萍
封面设计：陈国风
责任校对：张彦彬
责任印制：沈 露

出版发行：清华大学出版社
  网 址：https://www.tup.com.cn，https://www.wqxuetang.com
  地 址：北京清华大学学研大厦 A 座 邮 编：100084
  社 总 机：010-83470000 邮 购：010-62786544
  投稿与读者服务：010-62776969，c-service@tup.tsinghua.edu.cn
  质 量 反 馈：010-62772015，zhiliang@tup.tsinghua.edu.cn
印 装 者：涿州汇美亿浓印刷有限公司
经 销：全国新华书店
开 本：210mm×285mm 印 张：24.25 字 数：310 千字
版 次：2021 年 9 月第 1 版 印 次：2024 年 11 月第 5 次印刷
定 价：138.00 元

产品编号：088489-01

前　言

　　轻武器通常是指枪械及其他各种由单兵或班组携行战斗的武器，主要装备对象是步兵，也广泛装备于其他军种和兵种。其主要作战用途是杀伤有生力量，毁伤轻型装甲车辆，破坏其他武器装备和军事设施。轻武器的主体是枪械，一个国家枪械的制造水平，可以看作其轻武器发展水平的标志。除枪械外，轻武器还包括手榴弹、地雷、榴弹发射器、火箭筒、便携式反坦克导弹、刺刀等。

　　轻武器是在战术需求的引导与推动下，以及技术可能（即生产力发展水平）的允许与制约下，逐步发展起来的。古代人们幻想的"神弹子"和"掌手雷"，因火药的发明、枪械和手榴弹的出现而变为现实。面对敌方集群步兵的快速冲击，提高发射速度，一直是早期枪械发展的重大课题，直至19世纪末期，后装枪和金属弹壳定装枪弹趋于成熟，自动武器出现之后，才算基本得到解决。

　　20世纪初，堑壕战的兴起，使一度被冷落的手榴弹再度受到重视；为了伴随步兵班战斗，笨重的机枪演变成了轻机枪；阵地争夺战的增加，要求在近距离内发挥火力，也使冲锋枪出世参战；飞机和坦克在战场上的运用，使坦克机枪、航空机枪、高射机枪、反坦克枪、无坐力发射器、火箭发射器和单兵导弹等相继发展。20世纪中叶随着核武器的诞生，步兵摩托化、装甲化的实现，大大地促进了步兵的战场运动速度和防护能力的提高，对枪械的要求，由突出威力转变为在保证必要威力的条件下，突出机动性和持续作战能力，6毫米以下的小口径突击步枪随之成为潮流。

　　轻武器在战术需求推动下的发展，反过来也对军队编成、战术运用，甚至军事理论产生重大影响。时至今日，尽管各类先进的重型武器装备不断涌现，但轻武器仍然是世界各国军队的重要武器，在信息化战争中发挥着不可替代的作用。

　　本书是介绍轻武器的军事科普图书，全书共分为4章，分别介绍一战前后、二战前后、冷战前后、新世纪四个时期，每个时期均详细阐述了各类轻武器的发展情况，包括技术革新历程、战场使用效果等，并以时间为序全面地介绍了世界各国在当前时期研制和装备的武器型号。每款武器都有简明扼要的文字介绍，并配有精致美观的写真图，与此同时，还重点介绍了一些影响力较大的传奇性武器。为了丰富图书内容和增强阅读趣味，本书还专门介绍了各个时期内的部分知名兵工厂。通过阅读本书，读者可以深入了解各类轻武器的发展历程，并全面认识各个时期的轻武器型号，迅速熟悉它们的构造和性能。

　　本书是真正面向军事爱好者的基础图书，编写团队拥有丰富的军事图书写作经验，并已出版了数十本畅销全国的图书作品。与同类图书相比，本书不仅图文并茂，在资料来源上也更具权威性和准确性。

　　本书由《深度军事》编委会创作，参与编写的人员有丁念阳、阳晓瑜、陈利华、高丽秋、龚川、何海涛、贺强、胡姝婷、黄启华、黎安芝、黎琪、黎绍文、卢刚、罗于华等。对于广大资深军事爱好者，以及有意了解国防军事知识的青少年来说，本书不失为极有价值的科普读物。希望读者朋友们能够通过阅读本书循序渐进地提高自己的军事素养。

Chapter 01 一战前后

Chapter 02 二战前后

Chapter 03 冷战前后

Chapter 04　新的世纪

参考文献

Chapter 01
一战前后

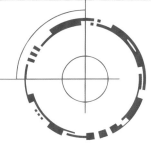

19世纪，火药武器开始淘汰冷兵器。在19世纪中期多场战争中，如美墨战争、美国南北战争、普丹战争、普奥战争、普法战争、北美印第安战争、祖鲁战争、俄土战争等，近代枪械的雏形首次发挥了其压倒性的战斗力，使战争从以往的前装滑膛枪和刀矛弓箭等冷兵器并用的时代彻底改变。枪械和火炮完全颠覆了战争的模式，引发各国争相开发和购置新式枪械。从19世纪末开始，现代枪械所需的基础技术陆续完成，包括膛线、中心发火金属定装弹壳、无烟火药、闭锁装置等，枪械开始根据实际战斗需要而演变出多种类型。到了一战期间，为应付枪林弹雨的威胁，坦克和装甲车横空出世，它们反过来促成了比传统枪械更具单发破坏力的广义轻武器出现。

1850—1930 年

1857 年 法国人安东尼·夏塞波设计出使用纸壳定装弹的夏塞波步枪	1897 年 美国温彻斯特 M1897 霰弹枪率先使用泵动式枪机和无烟火药
1861 年 美国南北战争爆发	1902 年 英国韦伯利发明了转轮手枪专用的快速装弹器
1862 年 美国理查·加特林发明了手动式的加特林机枪，成为第一支实用的连射式枪械	1908 年 德国鲁格 P08 手枪成为第一种被制式化采用的自动手枪
1871 年 德国毛瑟兄弟发明了不受射姿和弹型限制的旋转后拉式枪机	1914 年 第一次世界大战爆发
1884 年 海勒姆·马克沁发明马克沁机枪，成为第一支自动装填枪械	1915 年 意大利维拉尔-佩罗萨公司发明了第一支使用手枪弹的冲锋枪雏形
1885 年 斐迪南·曼利夏发明了射速最快的手动直拉式枪机步枪	1917 年 约翰·勃朗宁发明的勃朗宁自动步枪成为世界上第一种被采用的自动步枪
1889 年 美国柯尔特 M1892 转轮手枪成为首支被军警采用的现代转轮手枪	1921 年 约翰·勃朗宁发明 M2 重机枪，成为世界第一种现代大口径重机枪
1896 年 德国毛瑟 C96 手枪成为世界上第一种量产的自动手枪	

1.1 走向顶峰的转轮手枪

经历了漫长的发展岁月，手枪这种小巧的轻武器一直在不断演变、不断进步、不断成熟。其间经历了火门手枪、火绳手枪、转轮发火手枪、打火手枪、燧发手枪、击发手枪、转轮手枪几个重要的演变过程。

转轮手枪的转轮设计早在燧石枪时代就已出现，英国人以利沙·科利尔（Elisha Collier）于 1818 年取得转轮燧石枪的英国专利。早期转轮手枪大多枪管笨重，或者无法防止转轮逆转，所以没有太大的实用价值。1835 年，美国人塞缪尔·柯尔特（Samuel Colt）改进前人的设计，获得了在英、美两国的专利。

与过去的转轮手枪相比，柯尔特转轮手枪有如下独特之处：弹仓作为一个带有弹巢的转轮，能绕轴旋转，射击时，每个弹巢依次与枪管相吻合。转轮上可装 5 发子弹，枪管口径为 9 毫米。而且它采用当时最先进的撞击式枪机、击发火帽和线膛枪管，该枪尺寸小，重量轻，结构紧凑，功能完善。

19 世纪中期，定装子弹出现后，史密斯·韦森公司创造性地发明了"通透转轮"技术并申请了专利，力压柯尔特转轮手枪。通透转轮是相对于早期火帽击发式转轮手枪的转轮弹膛而言的。早期的火帽击发式转轮手枪采用分装子弹的方式，其转轮弹膛相应地分为两部分，前部分装发射药及弹丸，后部分装火帽，两部分之间通过一个细小的传火孔连通，而史密斯·韦森公司设计的转轮的弹膛是通孔，故称"通透转轮"。

由于美国相关专利法案的保护，柯尔特公司只能看着史密斯·韦森公司的转轮手枪一步步抢夺市场。19 世纪 70 年代，在史密斯·韦森公司的通透转轮专利失效之后，柯尔特公司立即跟进了通透转轮手枪的制造，从而促成了转轮手枪的一代经典——柯尔特 M1873 手枪。

转轮手枪因其结构简单，操作灵活，受到各国官兵的喜爱。19 世纪中期以后，这种手枪更是风靡全球，不少国家都在研制和生产这种手枪，许多军官都以拥有一支转轮手枪而自豪。19 世纪末，转轮手枪的发展达到顶峰。

转轮手枪常见弹药中英文对照表

英文名称	中文名称	英制口径	公制口径
.22 Short	.22 短弹	0.22 英寸	5.59 毫米
.22 Long Rifle	.22 长子弹	0.22 英寸	5.59 毫米
.32 Colt	.32 柯尔特	0.32 英寸	8.13 毫米
.32 Long Colt	.32 长柯尔特	0.32 英寸	8.13 毫米
.32 Short Colt	.32 短柯尔特	0.32 英寸	8.13 毫米
.32 S&W	.32 史密斯·韦森	0.32 英寸	8.13 毫米
.32-20 Winchester	.32-20 温彻斯特	0.32 英寸	8.13 毫米
.32 Colt New Police	.32 柯尔特新警察	0.32 英寸	8.13 毫米
.32 Long Rimfire	.32 长子弹	0.32 英寸	8.13 毫米
.357 S&W Magnum	.357 史密斯·韦森玛格南	0.357 英寸	9.07 毫米
.38 Colt	.38 柯尔特	0.38 英寸	9.65 毫米
.38 Long Colt	.38 长柯尔特	0.38 英寸	9.65 毫米
.38 Short Colt	.38 短柯尔特	0.38 英寸	9.65 毫米
.38 Colt New Police	.38 柯尔特新警察	0.38 英寸	9.65 毫米
.38 S&W	.38 史密斯·韦森	0.38 英寸	9.65 毫米
.38 S&W Special	.38 史密斯·韦森特种弹	0.38 英寸	9.65 毫米
.38-40 Winchester	.38-40 温彻斯特	0.38 英寸	9.65 毫米
.41 Colt	.41 柯尔特	0.41 英寸	10.41 毫米
.41 Long Colt	.41 长柯尔特	0.41 英寸	10.41 毫米
.44 S&W Russian	.44 史密斯·韦森俄式弹	0.44 英寸	11.18 毫米
.44 S&W American	.44 史密斯·韦森美式弹	0.44 英寸	11.18 毫米
.44 S&W Special	.44 史密斯·韦森特种弹	0.44 英寸	11.18 毫米
.44 Henry	.44 亨利	0.44 英寸	11.18 毫米
.44-40 Winchester	.44-40 温彻斯特	0.44 英寸	11.18 毫米
.45 Colt	.45 柯尔特	0.45 英寸	11.43 毫米
.45 Long Colt	.45 长柯尔特	0.45 英寸	11.43 毫米
.45 ACP	.45 柯尔特自动手枪弹	0.45 英寸	11.43 毫米
.45 S&W	.45 史密斯·韦森	0.45 英寸	11.43 毫米
.455 Webley	.455 韦伯利	0.455 英寸	11.56 毫米
.476 Enfield	.476 恩菲尔德	0.476 英寸	12.09 毫米

加瑟 M1870 转轮手枪

制造商：奥匈帝国利奥波德·加瑟兵工厂

定型时间：1870 年

弹药：11.3×36 毫米加瑟弹

　　奥匈帝国研发的转轮手枪，1870 年被奥匈帝国陆军骑兵采用。它的枪管组件通过一根在弹巢底下的螺丝固定在枪架上。弹药的装填是通过右边的装填窗进行的，而抽壳杆则装设在枪管下面。枪架的右边，弹巢的下方设有一个保险杆。

史密斯·韦森 1 型转轮手枪

制造商：美国史密斯·韦森公司

定型时间：1857 年

弹药：.22 Short

　　史密斯·韦森 1 型转轮手枪在转轮手枪发展史上具有里程碑意义，其最大特点是采用"通透转轮"专利设计，发射 0.22 英寸口径定装式边缘发火式子弹，后膛装弹。该枪开创了现代转轮手枪转轮结构的基本模式，同时成为世界上首支采用金属弹壳定装子弹的转轮手枪。

史密斯·韦森 2 型陆军转轮手枪

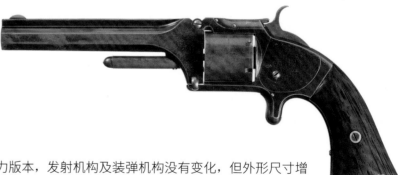

制造商：美国史密斯·韦森公司

定型时间：1861 年

弹药：.32 Long Rimfire

　　史密斯·韦森 1 型转轮手枪的大威力版本，发射机构及装弹机构没有变化，但外形尺寸增加了一倍，口径也有所增大，采用 0.32 英寸边缘发火式子弹，转轮弹膛容弹量由 7 发减少到 6 发。虽然该枪未被美国官方采用，但有很多军官和士兵自费购买，多用于美国南北战争中。

MAS M1873 转轮手枪

制造商：法国圣埃蒂安武器制造厂

定型时间：1873 年

弹药：11 毫米法国军械弹

法国军队采用的第一种双动转轮手枪，采用固定式弹巢，不能向左侧或右侧摆动，枪管也不能撅起，士兵只能通过右侧露出的弹巢进行装填，从而导致装填子弹非常麻烦，影响士兵的战斗力。不过，该枪在一战期间仍然被广泛使用。

史密斯 · 韦森 3 型转轮手枪

制造商：美国史密斯·韦森公司

定型时间：1868 年

弹药：.44 S&W Russian、.44 S&W American、.38 S&W、.44 Henry、.44-40 Winchester、.45 S&W、.32 S&W

史密斯·韦森公司于 1868—1898 年生产的一种单动式扳机、中折式装填转轮手枪。枪管回转轴位于转轮座底端，装弹时枪管向下方撅开，并且枪管回转轴设计得更加坚固结实，使该枪得以使用 0.44 英寸口径的子弹，威力更大。另外，该枪采用同步退壳系统，退壳挺为星形。子弹发射完毕后，向下撅开枪管，退壳挺自动将弹壳从转轮弹膛中顶出。在此之前，从未有过转轮手枪可以如此快速地实现装弹、击发及退壳。

柯尔特 M1877 转轮手枪

制造商：美国柯尔特公司

定型时间：1877 年

弹药：.32 Colt、.38 Long Colt、.41 Long Colt

　　19 世纪 70 年代后期，双动手枪的出现促使柯尔特公司推出了自己的双动转轮手枪——柯尔特 M1877 转轮手枪。该枪是以柯尔特 M1873 单动转轮手枪为基础加上双动发射机构设计而成的，扳机位置相对靠前，趋于扳机护圈中部。该枪也有短枪管的警长型，其握把改为鸟头形，不过这种型号非常少见。

绍尔 M1879 转轮手枪

制造商：德国绍尔父子公司

定型时间：1879 年

弹药：10.6×25 毫米定装弹

　　德军在 1879—1908 年装备的制式手枪，采用结构简单的单动模式设计，非常坚固耐用。该枪使用 10.6×25 毫米金属定装弹，弹容量 6 发，枪身左侧设有手动保险，子弹从弹巢右后方活门装填。这种子弹的初速和动能都较低，但由于口径大且采用裸铅弹头设计，仍令绍尔 M1879 转轮手枪具有较强的火力。

柯尔特 M1878 转轮手枪

制造商：美国柯尔特公司

定型时间：1878 年

弹 药：.45 Colt、.32-20 Winchester、.38 Colt、.38-40 Winchester、.41 Colt、.44-40 Winchester、.455 Webley、.476 Enfield

　　柯尔特公司继 M1877 手枪之后推出的又一款双动转轮手枪，从 1878 年一直生产到 1907 年，总产量约 5.1 万支。

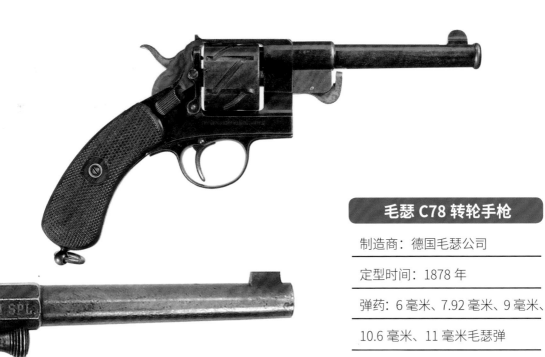

毛瑟 C78 转轮手枪

制造商：德国毛瑟公司

定型时间：1878 年

弹药：6 毫米、7.92 毫米、9 毫米、

10.6 毫米、11 毫米毛瑟弹

毛瑟公司在 19 世纪末研发和生产的单动转轮手枪，口径从 6 毫米到 11 毫米，由一个 6 发弹巢供弹，弹巢上有锯齿形纹。早期型并不是中折式的，而是装有一体化的钢框，装填则须使用装填窗。之后，毛瑟公司增加了中折式和摆式弹巢的设计。1896 年，德军开始采用毛瑟 C96 半自动手枪作为制式手枪，但仍有不少毛瑟 C78 转轮手枪被用于一战。

韦伯利 MK VI 转轮手枪

制造商：英国韦伯利·斯科特公司

定型时间：1887 年

弹药：.455 Webley、.45 ACP

韦伯利系列军用和警用转轮手枪中最著名的版本，一战期间成为英国军队及其殖民地军队的制式手枪。该枪采用双动扳机和中折式设计，当射手把枪管向下折开的同时，弹巢里的弹壳也会同时弹出，有利于重新装填。由于加工标准较高，该枪十分坚固耐用。

MAS M1892 转轮手枪

制造商：法国圣埃蒂安武器制造厂

定型时间：1892 年

弹药：8 毫米法国军械弹

　　因为 M1873 转轮手枪的表现不佳，法国决定在 19 世纪末研发一款新的转轮手枪，他们借鉴了美国柯尔特 M1889 转轮手枪的设计，但把弹巢改成了右侧摆出式，于是形成了一种奇葩的"右轮手枪"，并将其列为制式武器。这种手枪虽然方便骑兵在马上使用，却让惯用右手的步兵苦不堪言。

博代奥 M1889 转轮手枪

制造商：意大利格利森蒂钢铁工

厂、布雷西亚卡斯泰利工厂等

定型时间：1889 年

口径：10.35×21 毫米子弹

　　意大利陆军在 1891—1910 年装备的制式手枪，以意大利枪械委员会负责人卡罗·博代奥的名字命名。该枪采用固定式转轮设计，以及当时流行的沙默罗 - 德尔维涅双动式击发机构。该枪有两种不同的版本：装有折叠式扳机的八边形柱枪管型（A 型）和装有扳机护环的圆柱枪管型（B 型）。A 型是为意大利基层士兵生产的，而 B 型则是为士官生产的。

柯尔特 M1889 转轮手枪

制造商：美国柯尔特公司

定型时间：1889 年

弹药：.41 Long Colt、.38

Long Colt、.38 Short Colt

　　柯尔特公司设计制造的第一种双动、带侧摆式转轮的手枪，向后拨动枪身左侧转轮则后方的滑栓就能解除对转轮的锁定，一个摇臂连同转轮一起向左侧摆出，便于射手装填子弹。

柯尔特 M1892 转轮手枪

制造商：美国柯尔特公司

定型时间：1892 年

弹药：.38 Long Colt、.41 Long Colt

在 M1889 转轮手枪之后，柯尔特公司又推出了结构略有改良的 M1892 转轮手枪，该枪被美国陆军、海军正式采用，取代服役多年的 M1873 转轮手枪成为美军新一代制式手枪，也是美军正式列装的第一种双动转轮手枪。

二六式转轮手枪

制造商：日本东京炮兵工厂

定型时间：1893 年

口径：9 毫米子弹

东京炮兵工厂研制的日本第一种现代化手枪，以日本纪年命名（明治二十六年，1893 年）。该枪原本设计为骑兵的手枪，因此常在枪托处有可绑上系绳的环。由于只能双动式操作，它没有击锤按把，也无法扳起扳机。而且由于扣动扳机所需的力量相当大，其发射速率相当低。该枪在一战时期大量装备部队，二战时期也被当作备用武器。

柯尔特 M1909 转轮手枪

制造商：美国柯尔特公司

定型时间：1898 年

弹药：.38-40 Winchester、.44 S&W Russian、.44 S&W Special、.44-40 Winchester、.45 Colt、.45 Long Colt、.455 Webley、.45 ACP、.38 S&W Special、.357 S&W Magnum

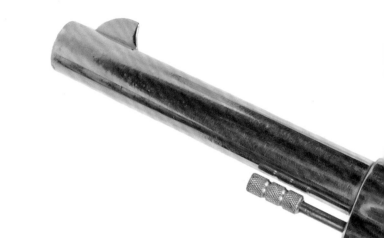

柯尔特公司于 1898—1946 年生产的大型底把、大口径、双动（也可用于单动射击）六发式转轮手枪。在制成的各种口径当中，该枪的 139.7 毫米枪管、.45 长柯尔特口径版本曾被美国武装部队所采用，并且命名为 M1909（"新制式"）转轮手枪。

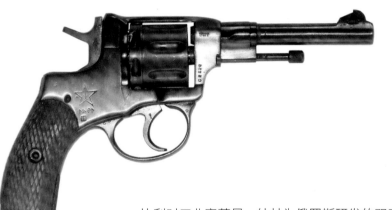

纳甘 M1895 转轮手枪

制造商：苏联图拉兵工厂、伊热夫斯克机械厂等

定型时间：1895 年

口径：7.62×38 毫米纳甘弹

比利时工业家莱昂·纳甘为俄罗斯研发的双动 7 发式转轮手枪。与大部分转轮手枪的运作原理不同，该枪采用了特殊的气体密封式设计。在手枪的击锤被拉低后，其弹巢会向前移动，同时也封闭了弹巢与枪管之间的空隙，增加了子弹的初速，并容许武器能够被消音。

柯尔特"新警察"转轮手枪

制造商：美国柯尔特公司

定型时间：1896 年

弹药：.32 Colt New Police

柯尔特公司研制的双动（也可用于单动射击）6 发式转轮手枪，配有 63.5 毫米、101.6 毫米、152.4 毫米的枪管，表面为烤蓝或镀镍处理，并且配有硬橡胶握把。1896 年，该枪被时为纽约市警察局局长的西奥多·罗斯福选为纽约市警员的第一款制式手枪。

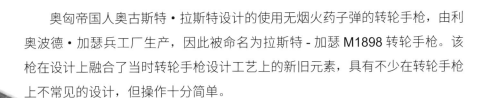

拉斯特 - 加瑟 M1898 转轮手枪

制造商：奥匈帝国利奥波德·加瑟兵工厂

定型时间：1898 年

弹药：8 毫米加瑟弹、7.62 毫米纳甘弹

　　奥匈帝国人奥古斯特·拉斯特设计的使用无烟火药子弹的转轮手枪，由利奥波德·加瑟兵工厂生产，因此被命名为拉斯特 - 加瑟 M1898 转轮手枪。该枪在设计上融合了当时转轮手枪设计工艺上的新旧元素，具有不少在转轮手枪上不常见的设计，但操作十分简单。

史密斯·韦森 M10 转轮手枪

制造商：美国史密斯·韦森公司

定型时间：1899 年

弹药：.38 Long Colt、.38 S&W、.38 S&W Special

　　史密斯·韦森公司研制的双动 6 发式转轮手枪，也称史密斯·韦森 M10（军警型）转轮手枪。该枪有多种衍生版本，全部装有凹槽旋转弹膛及缺口式固定照门。由于结构简单、坚实耐用、使用灵活方便与价格便宜等特点，该枪被多国警察及执法部门采用，总产量超过 600 万支。

柯尔特 M1905 转轮手枪

制造商：美国柯尔特公司

定型时间：1905 年

弹药：.38 Colt

柯尔特公司为美国海军陆战队研制的双动转轮手枪——M1905 转轮手枪，由柯尔特 M1892 转轮手枪改装而来，在 1905—1909 年生产，总产量约 1700 支。

柯尔特"警察正闭锁"转轮手枪

制造商：美国柯尔特公司

定型时间：1907 年

弹药：.32 Long/Short Colt、.32 Colt New Police、.32-20 Winchester、.38 Colt New Police、.38 S&W Special

"警察正闭锁"转轮手枪是柯尔特公司研制的双动 6 发式转轮手枪，有 63.5 毫米、102 毫米、125 毫米、153 毫米四种长度的枪管。该枪从 1907 年一直生产到 1947 年，主要供执法机构使用。

柯尔特"官方警察"转轮手枪

制造商：美国柯尔特公司

定型时间：1907 年

弹药：.22 Long Rifle、.32-20 Winchester、.38 S&W Special

"官方警察"转轮手枪是柯尔特公司研制的双动 6 发式转轮手枪，有 102 毫米、127 毫米、153 毫米三种长度的枪管。该枪从 1907 年一直生产到 1969 年，主要供执法机构使用。

柯尔特"警察正闭锁特装"转轮手枪

制造商：美国柯尔特公司

定型时间：1908 年

弹药：.32 Colt New Police、.38 Colt New Police、.32-20 Winchester、.38 S&W Special

"警察正闭锁特装"转轮手枪是柯尔特公司研制的双动 6 发式转轮手枪，有 102 毫米、127 毫米、153 毫米三种长度的枪管。该枪从 1908 年一直生产到 1995 年，总产量高达 75 万支，主要供执法机构使用。

史密斯·韦森"三重锁"转轮手枪

制造商：美国史密斯·韦森公司

定型时间：1908 年

弹药：.44 S&W Special、.455 Webley

"三重锁"转轮手枪是史密斯·韦森公司推出的第一种手动退壳转轮手枪，其闭锁机构很像早期的小口径抛壳手枪，有一个三种方式的闭锁系统，分别在枪管尾端、退壳器杆前端和转轮锁扣位置。一战时期，有一批"三重锁"手枪卖到了英国，这些手枪在当时被高度关注，时至今日还有一大批收藏者。

柯尔特 M1917 转轮手枪

制造商：美国柯尔特公司

定型时间：1917 年

弹药：.45 ACP

1917 年美国正式参加一战，发现自己轻武器储备量严重不足，柯尔特 M1911 半自动手枪数量不够，于是大量采购 M1917 转轮手枪救急。该枪有柯尔特和史密斯·韦森两种版本，前者基本上就是使用 .45 ACP 子弹的柯尔特"新制式"转轮手枪。

史密斯·韦森 M1917 转轮手枪

制造商：美国史密斯·韦森公司

定型时间：1917 年

弹药：.45 ACP

史密斯·韦森公司研制的 M1917 手动抛壳型转轮手枪，采用缩短型弹巢，并在底把的底部设有挂绳环。为了发射无底缘的 .45 ACP 子弹，使用该枪时需要先将 .45 ACP 子弹装在一个半月形弹夹上，使弹夹起到底缘作用。史密斯·韦森公司取得了半月形弹夹的专利，但在美国陆军的要求下，柯尔特公司也可免费使用这种设计。

柯尔特"警探特装"转轮手枪

制造商：美国柯尔特公司

定型时间：1927 年

弹药：.32 New Police、.38 New Police、.38 S&W Special

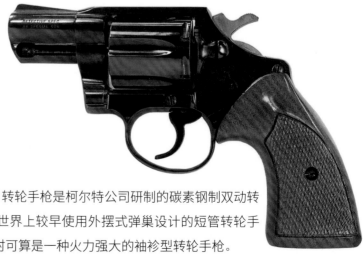

"警探特装"（Detective Special）转轮手枪是柯尔特公司研制的碳素钢制双动转轮手枪，专门为便衣警探设计。该枪是世界上较早使用外摆式弹巢设计的短管转轮手枪之一，可发射各种大威力子弹，在当时可算是一种火力强大的袖衫型转轮手枪。

传奇武器鉴赏：柯尔特 M1873 转轮手枪

柯尔特 M1873 转轮手枪 "骑兵型"

柯尔特 M1873 转轮手枪是柯尔特公司研制的一种单动式转轮手枪，它最初是为参加美军 1872 年的转轮手枪招标而开发，1873 年被美国陆军选为制式手枪，也被称为柯尔特陆军单动型手枪。美军装备的 0.45 英寸（11.43 毫米）口径柯尔特 M1873 转轮手枪有两种型号，一款是装备骑兵的 "骑兵型"，另一款是装备普通陆军的 "炮兵型"。

基 本 参 数	
口径	11.43 毫米
全长	318 毫米
枪管长	190 毫米
重量	1.048 千克
弹容量	6 发

这两款转轮手枪外形的最大区别就是枪管长度，"骑兵型" 枪管长度为 190 毫米，而 "炮兵型" 枪管长度为 140 毫米。该枪是代表美国历史的一支重要手枪，在美国西部拓荒时期，它是牛仔们的必备自卫武器，所以有着 "一把平定西部的枪" 的称号。

枪管

柯尔特 M1873 转轮手枪共有超过 50 种不同的型号，其枪管长各不相同。产量最大的有三种，枪管长度分别是 190 毫米、140 毫米与 120 毫米。枪管上带有一个三角形准星，枪管尾部带有螺纹，用于固定在转轮座上。

转轮座

柯尔特 M1873 转轮手枪十分可靠，精度也颇佳。究其原因，是采用了与现代转轮手枪相仿的固定式转轮座。以往的柯尔特转轮手枪采用的都是开放式转轮座，即转轮座顶部是敞开的，这种结构存在一定的危险。所以，柯尔特公司改用了类似现代转轮手枪的固定式转轮座，并且其顶部有一道瞄准凹槽，尾部是一个 V 形缺口照门，可实现近距离快速瞄准。

握把

早期的柯尔特 M1873 转轮手枪一般采用木质握把，呈红色。后期多为橡胶质握把，呈黑色，并且握把侧面刻有柯尔特公司标志（一匹小马）。此外，最高级的是采用象牙质的高品质握把，握把上雕刻有图案，巴顿将军就随身携带了一支。

柯尔特 M1873 转轮手枪 "炮兵型"

装填机构

柯尔特 M1873 转轮手枪既不像 "撅把式" 转轮手枪那样将转轮座撅开进行装弹；也不像现代转轮手枪那样将转轮弹膛侧摆出进行装弹，其转轮弹膛固定在转轮座中间，为了装弹、退壳方便，转轮座右侧沿用了法国勒福舍 M1854 转轮手枪的铰接式装填口盖。装弹时，先把击锤扳到装弹位置，然后向右扳动装填口盖，即可打开装填口盖，这时就可把一发子弹放入转轮弹膛，随后旋转转轮弹膛到下一个空膛，再次装入次发子弹直到装满。而需要退出弹壳时，也需要打开装填口盖，向后推枪管下面的退壳杆，即可以退出弹壳。除了使用退壳杆退壳外，还可以将枪口朝上，在打开装填口盖的同时，用另一只手快速旋转转轮，也可退出弹壳。

保险机构

柯尔特 M1873 转轮手枪的可靠性好不只是由于转轮座坚固，其击锤保险也起到了相当重要的作用。该枪的击锤和击针为一体式设计，击锤下部有个很深的保险槽，将击锤向后扳，保险槽即卡住阻铁上相应的突起，将击锤卡住。因其采用单动式发射机构，故用手再向后扳动击锤则使其脱离保险槽，否则其会一直卡住，确保绝对安全。也就是说，柯尔特 M1873 转轮手枪的击锤可处于四种不同状态，即击发状态、保险状态、装弹状态和待击状态。

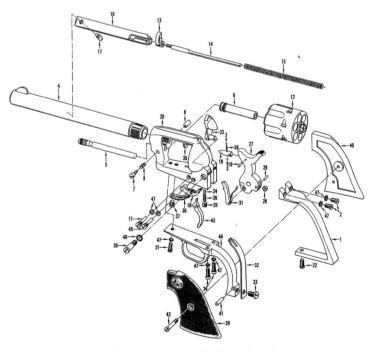

柯尔特 M1873 转轮手枪组装示意图

知名兵工厂探秘：柯尔特公司

柯尔特公司 LOGO

柯尔特公司是世界上历史最悠久的武器制造商之一，也是转轮手枪的发明者。该公司生产的武器在历次战争中均有使用，特别是作为美军制式手枪长达 74 年的 M1911 半自动手枪以及美军现役的 M16 突击步枪。

柯尔特制造公司的创始人是美国发明家和实业家塞缪尔·柯尔特（Samuel Colt，1814—1862 年），他在轻武器史上创造了一个神话，时至今日都没有哪一个发明家能同时在名誉与财富两方面与他相提并论。

一战期间，柯尔特公司与各承包商共生产了 45 万支 M1911 半自动手枪。除了 M1911 半自动手枪，柯尔特公司在一战期间生产的枪械还包括 M1914 机枪、M1917 机枪和 M1917 转轮手枪等。

1901—1955 年，柯尔特公司面临当时所有武器公司共同面对的问题。如战争期间武器需求量急速增加，而在每次战争结束后，武器需求又急速减少，这就要求企业能快速转换产品以求生存。面对这种错综复杂的局面，柯尔特公司成功应对。一战结束后，柯尔特公司将旗下产品推广到商业用途，在市场销售上获得了极大成功。

在随后的二战及冷战时期美国参加的历次战争中，柯尔特公司始终是各类轻武器：手枪、步枪、机枪以及高射机枪的主要供应商。二战中期，柯尔特公司的雇员已达到 15000 人，战争期间公司大力生产武器；而战争结束后，公司立刻采取产品多样化策略，生产多种类型的机械，如印刷机、票证冲孔机以及洗碗机等，顺利实现转型。

柯尔特公司制造的 M1911 半自动手枪

1.2 初次登场的半自动手枪

虽然转轮手枪的威力强大，可靠性较好，但是载弹量不足和装弹速度慢是转轮手枪天生的缺点。1892 年，奥地利首先研制出 8 毫米的舍恩伯格手枪，这是世界公认的第一把自动装填手枪。早期半自动手枪多使用固定式弹仓或类似转轮手枪的弹巢供弹，因此没有太大优势。

1893 年，德国工程师雨果·博查特（Hugo Borchardt）设计出世界上第一支投产的半自动手枪 —— 博查特 C93 手枪，该枪使用肘节式起落闭锁的机制，弹匣供弹，提供了强大的火力、较高的精度及射速。自博查特 C93 手枪之后，半自动手枪登上了历史舞台。

1898 年，格奥尔格·鲁格（Georg Luger）改良了博查特 C93 手枪的可拆式弹匣，并去掉了早期自动手枪的平衡装置，设计出鲁格 P08 手枪，成为半自动手枪的一种新指标。这种手枪被德国选作制式手枪。

1900 年，美国轻武器设计师约翰·勃朗宁（John Browning）发明了以套筒（滑架）上膛的 M1900 半自动手枪，解决了早期半自动手枪因上膛不便所引起的安全性问题。勃朗宁与柯尔特公司及比利时赫尔斯塔尔国营工厂长期合作，设计了多款经典半自动手枪，包括后来被多国选为制式手枪的 FN M1903 手枪和柯尔特 M1911 转轮手枪等。

一战时，半自动手枪被多个参战国使用，因为可拆式弹匣设计能够保障子弹的清洁，而且载弹量和射速上也胜过转轮手枪。在当时的堑壕战中，步枪需要以手动方式完成复进过程，而且尺寸过大，不方便在狭小的壕沟中战斗使用，而手枪是唯一能在短时间内发射的个人枪械。直到一战末期，冲锋枪、霰弹枪和火焰喷射器等武器被用于堑壕战，才稍稍降低了手枪的作用。

舍恩伯格手枪

制造商：奥地利斯泰尔公司

定型时间：1892 年

口径：7.8 毫米

　　奥地利人约瑟夫·劳曼发明的世界上第一支自动装填手枪，由斯泰尔公司制造，采用后坐作用系统，发射 7.8×19 毫米子弹。因为劳曼在申请登记专利时喜欢签上舍恩伯格兄弟公司的名字，所以被称为舍恩伯格手枪。这种手枪未被推广使用，反倒是后来由德国人研制的自动手枪产生较大的影响。

博查特 C93 手枪

制造商：德国路德维希·罗意威公司

定型时间：1893 年

口径：7.65 毫米

　　德国轻武器设计师雨果·博查特设计的世界上第一种投入量产的半自动手枪——C93 手枪，其独特之处是运用了肘节式起落闭锁的机制，发射的子弹是与它一同研制的 7.65×25 毫米博查特弹，供弹具为 8 发容量弹匣。尽管该枪设计独特，火力强大，加上精度及射速也很高，但也因其昂贵的生产成本及过于笨重的缘故而没有普及起来。

毛瑟 C96 手枪

制造商：德国毛瑟公司

定型时间：1896 年

口径：7.63 毫米、7.65 毫米、8 毫米、
8.15 毫米、9 毫米、11.43 毫米

　　毛瑟公司推出的一种采用短后坐原理的半自动手枪——C96 手枪，后经改进，推出了全自动 / 半自动可转换型，因全自动型的枪套是一个可作为枪托的木质盒子，所以在中国称为"盒子炮"或"匣子枪"。该枪的子弹初速度达到了 425 米 / 秒，已接近当时普通步枪的水平。不过，短后坐原理虽然提高了子弹速度，但也使大量火药在枪口爆燃，枪口上跳问题严重。

鲁格 P08 手枪

制造商：德国武器及弹药兵工厂、毛瑟公司等

定型时间：1898 年

口径：7.62 毫米、9 毫米、11.43 毫米

　　奥地利人格奥尔格·鲁格于 1898 年设计的半自动手枪，采用了来自博查特 C93 手枪的肘节式起落闭锁设计。该枪在 1900 年被瑞士陆军采用，并在 1908 年被德国陆军采用，命名为 P08 手枪，到 1943 年停产时，总产量高达 300 万支。该枪造型美观，生产工艺要求高，零部件较多，成本也较高。

柯尔特 M1900 手枪

制造商：美国柯尔特公司

定型时间：1900 年

口径：9 毫米

　　柯尔特 M1900 手枪是约翰·勃朗宁研制的世界上第一种采用枪管短后坐式自动方式的手枪，其完成自动循环的能量来源于火药燃气。与早期的半自动手枪不同，该枪有一条覆盖整根枪管的全尺寸套筒，与那些把枪管和枪栓滑入手枪底把里面的凹槽的设计完全不同。套筒前方顶部设有一个半圆形准星，后部则设有一个 U 形缺口式照门。

FN M1900 手枪

制造商：比利时国营赫斯塔尔公司

定型时间：1900 年

口径：7.65 毫米

虽然 FN M1900 手枪和柯尔特 M1900 手枪均由约翰·勃朗宁设计，也几乎同时生产出来，但其差别非常大。FN M1900 手枪是勃朗宁面向欧洲市场设计的、威力较小的 7.65×17 毫米子弹，其采用自由枪机式自动方式；而柯尔特 M1900 手枪发射威力较大的 9×23 毫米子弹，其采用枪管短后坐自动方式。从结构上看，FN M1900 手枪稍复杂，与当时的老式手枪相似，由套筒、枪机、套筒座、枪管等零部件组成，而柯尔特 M1900 手枪结构简单，其将套筒、枪机结合为一体，这种结构一直为现代手枪所用。

曼利夏 M1901 手枪

制造商：奥地利曼利夏公司

定型时间：1901 年

口径：7.63 毫米

奥地利轻武器设计师斐迪南·曼利夏设计了一款结构非常简单的反冲作用式半自动手枪。它具有典型的滑套设计，装弹时需通过弹夹条把子弹压入弹仓，最多可装弹 8 发。由于威力强大、可靠性高，所以深受用户信赖。

柯尔特 M1902 手枪

制造商：美国柯尔特公司

定型时间：1902 年

口径：9 毫米

柯尔特 M1902 手枪是柯尔特 M1900 手枪的改进型，分为运动型和军用型两种。该枪增加了当时史无前例的空仓挂机装置；加长并改进了握把，增加了保险带环，增大了容弹量；改进了分解方法，无须工具就能进行野外分解；改进了复进簧帽的设计，由凸形改为凹形。

柯尔特 M1903 "袖珍击锤" 手枪

制造商：美国柯尔特公司

定型时间：1903 年

口径：9 毫米

柯尔特 M1903 "袖珍击锤"（Pocket Hammer）手枪是柯尔特 M1902 运动型的紧凑型版本，它与 FN M1903 手枪毫无关系。该枪的闭锁系统采用二重绞链，弹匣的释放扣位于握把的底部。该枪最初很受欢迎，后来销售量随着柯尔特 M1905 手枪的推出而下降，等到柯尔特 M1911 手枪问世后则完全停摆。

FN M1903 手枪

制造商：比利时国营赫斯塔尔公司

定型时间：1903 年

口径：9 毫米

由约翰·勃朗宁在 FN M1900 手枪的基础上改良而来，采用后坐作用原理、单动扳机，复进弹簧在枪管底部，手动保险制位于机匣左面，打开保险时会强制锁死滑架，军用版本的握把底部更附有枪带环。由于 FN M1903 手枪的高可靠性、高准确度、重量轻及装填迅速，在推出后便成为当时世界上使用最广泛的半自动手枪。

柯尔特 M1905 手枪

制造商：美国柯尔特公司

定型时间：1905 年

口径：11.43 毫米

柯尔特 M1905 手枪是由约翰·勃朗宁设计、由柯尔特公司生产的单动操作式半自动手枪，基本上是柯尔特 M1902 手枪的放大版本，它保留了后者的内部结构，但是放大了枪管和膛室。由于该枪产量较少，加上它所采用的闭锁系统，至今仍是收藏家钟爱的对象。

德莱赛 M1907 手枪

制造商：德国莱茵金属公司

定型时间：1907 年

口径：7.65 毫米

德国轻武器设计师路易斯·施迈瑟设计的半自动手枪——M1907 手枪，其名称来源于 M1841 德莱赛针发枪的设计者尼古拉斯·冯·德莱赛。该枪在设计时借鉴了勃朗宁 M1900 手枪的自由枪机式自动方式，惯性闭锁，但是又保留了德莱赛的击针结构。该枪一经问世，便被英国警察宪兵队和柏林警察局采用。一战爆发后，成为德国和奥地利军官的专属配枪。

韦伯利自动装填手枪

制造商：英国韦伯利•斯科特公司
定型时间：1910 年
口径：11.56 毫米

韦伯利自动装填手枪采用枪管短后坐自动原理，枪管偏移式闭锁机构。击锤为外露式，扳机为单动式扳机。套筒复进簧没有采用后世常见的圆筒状弹簧，而是应用了"V"字形板簧。这种"V"字形板簧内藏在握把侧面，其上连接有一个首部带有钩子的复进杆。钩子与套筒相连，在板簧的作用下为套筒提供复进的力。1912 年，该枪开始装备英国陆军和海军。

罗特 - 斯泰尔 M1907 手枪

制造商：奥地利奥斯特瑞切斯特兵工厂
定型时间：1907 年
口径：8 毫米

捷克轻武器设计师卡尔•克伦卡研制的枪管短后坐原理半自动手枪——M1907 手枪，奥匈帝国政府购买了它的生产权，1907 年成为奥匈帝国军队的制式手枪。该枪的独特设计是当枪机后退、抛壳窗打开后，用弹夹从抛壳窗上方装弹，弹仓直接装于握把内，弹容量为 10 发。

FN M1910 手枪

制造商：比利时国营赫斯塔尔公司
定型时间：1910 年
口径：7.65 毫米、9 毫米

FN M1910 手枪是由约翰•勃朗宁设计、比利时国营赫斯塔尔公司生产的一种半自动手枪，与更早的勃朗宁手枪相比，FN M1910 手枪有了明显进步：在追求手枪结构紧凑和外形小巧的思想指导之下，该枪宁一反常规地采取了复进簧中置的布局，把复进簧直接套在枪管上，使枪管兼具发射子弹和复进簧导杆两种用途。该枪后坐力很小，击锤不凸出，便于隐藏在衣袋内。在萨拉热窝事件中，刺杀者使用的武器就是 FN M1910 手枪。

伯格曼 - 贝亚德 M1910 手枪

制造商：比利时派帕公司

定型时间：1910 年

口径：9 毫米

20 世纪初比利时派帕公司获得德国伯格曼手枪特许生产权后推出的半自动大威力手枪——M1910 手枪，"贝亚德"是派帕公司的半自动手枪商标。该枪在一战前后两次被丹麦军队选作制式手枪，分别命名为 M1910 和 M1910/21 手枪，后来在丹麦也生产。该枪在两次世界大战中除装备丹麦军队外，还装备西班牙和希腊军队。

格利森蒂 M1910 手枪

制造商：意大利布雷西亚冶金工厂

定型时间：1910 年

口径：9 毫米

意大利军队装备的第一种军用半自动手枪——1910 手枪，1910 年投入生产，用于取代老化的博代奥 M1889 转轮手枪。该枪人机功效差，枪管轴线太高，而握把支撑点又太低，导致力矩偏转增加，枪口上跳问题严重。即便如此，一战、二战期间依然有不少意大利军官装备格利森蒂 M1910 手枪。

费罗梅尔停止手枪

制造商：匈牙利金属硬件 - 武器与机器工厂
定型时间：1912 年
口径：7.65 毫米、9 毫米

匈牙利轻武器设计师鲁道夫·费罗梅尔研制的长行程后坐作用半自动停止手枪，有着多种不同的版本，均于 1912—1945 年投入生产，一些版本曾被匈牙利国防军所使用。

斯泰尔公司研制的半自动手枪——M1912 手枪，又名斯泰尔 - 哈恩手枪，1912 年被奥匈帝国军队选为制式手枪。一战期间，该枪能在堑壕战恶劣的环境中正常使用，也被罗马尼亚、智利等国采用。该枪原本使用的是 9×23 毫米斯泰尔弹。1938 年德国吞并奥地利后，德军向斯泰尔公司订购了 6 万支使用 9×19 毫米鲁格弹的斯泰尔 M1912 手枪。

斯泰尔 M1912 手枪

制造商：奥地利斯泰尔公司
定型时间：1912 年
口径：9 毫米

布雷西亚 M1913 手枪

制造商：意大利布雷西亚冶金工厂
定型时间：1913 年
口径：9 毫米

由于格利森蒂 M1910 手枪存在较多问题，意大利又研发了布雷西亚 M1913 手枪，作为格利森蒂 M1910 手枪的替代品。布雷西亚 M1913 手枪发射 9×19 毫米子弹，枪口初速为 270 米 / 秒，弹匣容弹量为 7 发。

兰根汉手枪

制造商：德国兰根汉公司

定型时间：1914 年

口径：7.65 毫米

德国轻武器设计师弗里德里希·兰根汉研制的半自动手枪——兰根汉，在 1914—1917 年生产，总产量约 5.5 万支，一战期间主要装备德军非一线战斗人员。该枪主要发射 .32 ACP 子弹，弹容量为 8 发。

贝霍拉手枪

制造商：德国奥古斯塔·门茨兵工厂

定型时间：1915 年

口径：7.65 毫米

贝克尔·霍兰德研制的半自动手枪，在 1915—1918 年生产，总产量约 4.5 万支，一战期间主要装备德军非一线战斗人员。该枪主要发射 .32 ACP 子弹，枪口初速为 276 米 / 秒，弹容量为 7 发。

伯莱塔 M1915 手枪

制造商：意大利伯莱塔公司

定型时间：1915 年

口径：9 毫米

伯莱塔 M1915 手枪是由伯莱塔公司的首席工程师图利奥·马前哥尼设计的半自动手枪，被用来替换有着过度复杂以及脆弱开火机构的格利森蒂 M1910 手枪。该枪也被认为是伯莱塔公司所制造的第一种半自动手枪，并且在一战时由意大利陆军采用。

FN M1922 手枪

制造商：比利时国营赫斯塔尔公司

定型时间：1922 年

口径：7.65 毫米、9 毫米

1922 年，约翰·勃朗宁针对南斯拉夫军方的需求改变了 FN M1910 手枪的设计，设计出 FN M1922 手枪，其结构和 FN M1910 手枪基本相同，绝大部分零件也都一样，只是加长了枪管和握把，弹匣容弹量有所增加。有的 FN M1922 手枪还在握把的左后侧下角加上了保险带环。

伯莱塔 M1923 手枪

制造商：意大利伯莱塔公司

定型时间：1923 年

口径：9 毫米

　　伯莱塔 M1923 手枪是意大利军队在 1923—1945 年间所采用的军用半自动手枪，由使用 9 毫米格利森蒂子弹的伯莱塔 M1915/19 手枪改进而来。

十四年式手枪

制造商：日本名古屋兵工厂、

小仓兵工厂等

定型时间：1925 年

口径：8 毫米

　　十四年式手枪是由日本轻武器设计师南部麒次郎设计的半自动手枪，外形与德国鲁格 P08 手枪相似，但作用方式不同，十四年式手枪为较简单的反冲式，早期型的扳机护弓为正圆形，但后来发现在冬天戴上手套使用时有所不便，于是后来把扳机护弓加大，但十四年式手枪的机械故障率高，尤其是撞针易断，故使用者要携带后备撞针以便随时更换。

阿斯特拉 M900 半自动手枪

制造商：西班牙阿斯特拉公司

定型时间：1927 年

口径：9 毫米

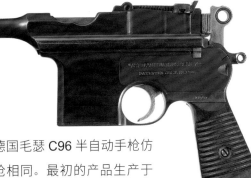

　　阿斯特拉 M900 半自动手枪是由西班牙阿斯特拉公司生产的德国毛瑟 C96 半自动手枪仿制型，无论在口径、弹匣容量和所用枪套方面都与毛瑟 C96 手枪相同。最初的产品生产于 1927 年，被命名为 M900。在此之后，又陆续推出了多种改进型，包括 M901（紧凑冲锋手枪型）、M902（长枪管型）、M903（改以 20 发弹匣供弹）和 M904（增加了速射循环减速装置）等。

传奇武器鉴赏：柯尔特 M1911 半自动手枪

M1911 半自动手枪源自约翰·勃朗宁设计的 M1905 手枪，他将 M1905 手枪的双铰链闭锁系统改为单铰链系统，于 1910 年年底完成了改进设计。后又经过少许改进后，于 1911 年被美国陆军采用，命名为 M1911 半自动手枪。1922 年，在总结实战经验教训的基础上，该枪又进行了一些改进，命名为 M1911A1 手枪，1926 年装备美军。此后，该枪在结构方面几乎没有再进行大的改动。该枪是世界上装备时间最长、装备量最大的手枪，被许多国家军队采用。

发射机构

M1911 半自动手枪采用单动发射机构，只能单发射击。它的击发与发射机构由击针、击针簧、击锤、击锤簧、阻铁、阻铁簧、单发杆、扳机连杆、扳机组成。其中，单发杆是一个杆状件，与阻铁装配在一起，它既可上下做直线运动，也可与阻铁一起绕轴回转。其下部有一凸耳。

基 本 参 数	
口径	11.43 毫米
全长	210 毫米
枪管长	127 毫米
重量	1.16 千克
弹容量	8 发

套筒复进到位后，单发杆上移进入套筒的缺口内，凸耳与阻铁啮合在一起，这时如果压紧握把保险并扣动扳机，则可释放处于待击位的击锤。如果套筒未复进到位，单发杆被套筒压下，凸耳则处于阻铁下方，与阻铁脱开，此时即使压紧握把保险并扣动扳机，也不能释放击锤。单发杆除有上述作用外，还可避免扣一次扳机形成连发。保险机构正是作用于击发与发射机构，才能实现全枪的保险。

保险机构

M1911 半自动手枪有多种保险机构，包括手动保险、握把保险、半待击保险，能防止意外走火。手动保险钮位于枪身左侧后上方。将保险钮推到上方，保险钮进入套筒的缺口内，限制套筒的前后移动。同时，保险机构的内凸轮面与阻铁啮合，限制阻铁向前回转，这样，虽扣动扳机却不能释放处于待击位（阻铁上部突齿卡入击锤待击槽内）的击锤。手动保险能确实锁定套筒和待击的击锤，保证手枪待击携行的安全。M1911 半自动手枪的手动保险钮设计得大小适中，利于隐蔽携带或战术应用，拔手枪时不易钩挂衣物。

握把保险位于握把持握虎口处。在簧力作用下，握把保险自动处于保险位置，此时握把保险凸齿抵在扳机连杆上，限制扳机连杆后移，使扳机扣不到位。只有虎口压紧握把保险，使握把保险凸齿与扳机连杆脱开，此时扳机连杆可自由向后移动，才能将扳机扣到位。有些人觉得手枪上没必要设置握把保险，其实自卫手枪有这种保险更安全。

1.3 备受欢迎的袖珍自动手枪

20 世纪初，约翰·勃朗宁在与比利时国营赫斯塔尔公司合作推出 FN M1900、FN M1903 半自动手枪后，又以其独特而敏锐的眼光，看中了民用自动手枪的潜在市场。1904 年，勃朗宁以 FN M1903 手枪的成功设计为基础，将尺寸缩小，开发出第一支袖珍型（Pocket Model）自动手枪——FN M1906 手枪，发射同样是他设计的 6.35×15.5 毫米半底缘自动子弹（.25 ACP），并于 1906 年正式投产。该枪是现代袖珍自动手枪的典范。

在 FN M1906 手枪之前的袖珍手枪绝大多数是各种微型转轮手枪和德林杰式击发枪，弹匣容弹量为 2～5 发，多发射 0.22 英寸（5.59 毫米）边缘发火子弹，裸铅弹头初速低、威力小。而 FN M1906 手枪发射初速较高的 0.25 英寸（6.35 毫米）柯尔特自动子弹，镍铜合金被甲弹头打在人体上不像裸铅弹头那样容易变形，具有更强的侵彻力，在 30 米内拥有足够的自卫能力；其 6 发的弹匣容弹量使其火力持续性超过以往任何一种微型手枪。种种优点，使 FN M1906 手枪推出后在欧洲受到广泛欢迎，其成功设计也使之成为后来大多数袖珍自动手枪的"典范"和"模板"。

因为袖珍自动手枪重量轻、体积小，便于携带和隐藏，近距离使用时火力也较强，所以不仅在民间市场备受欢迎，还受到军政高官和谍报人员的喜爱。继 FN M1906 手枪之后，其他厂家也纷纷推出了自己的袖珍自动手枪。

FN M1906 手枪

制造商：比利时国营赫斯塔尔公司

定型时间：1906 年

口径：6.35 毫米

FN M1906 手枪采用自由枪机式自动方式，惯性闭锁机构，结构简单，只有 33 个零件，可迅速不完全分解为套筒、枪管、复进簧及其导杆、击针和击针簧组件、套筒座、弹匣、连接销 7 个部分。该枪尺寸较小，全枪长仅 114 毫米，比成年男性的手掌要短得多，即使握在手中也不引人注目。

柯尔特 M1908 手枪

制造商：美国柯尔特公司

定型时间：1908 年

口径：6.35 毫米

　　约翰·勃朗宁研制的一款无击锤、以撞针击发的单动式手枪，实际上就是 FN M1906 手枪的美国版本，于 1908—1948 年间由柯尔特公司生产。由于枪身细小的缘故，它能够很容易地藏在西装的口袋里而不显眼。

施瓦茨劳斯 M1908 手枪

制造商：德国施瓦茨劳斯公司

定型时间：1908 年

口径：7.65 毫米

　　施瓦茨劳斯公司生产的枪管前冲式半自动手枪，产量极少。其特别之处在于，没有传统手枪中可前后运动的套筒，而是靠枪管的前后运动完成抽壳、供弹等动作。子弹发射后，枪管在弹头冲力的作用下向前运动，排出空弹壳。

毛瑟 M1910 手枪

制造商：德国毛瑟公司

定型时间：1910 年

口径：6.35 毫米

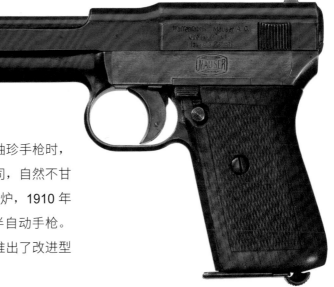

　　在其他枪械公司和厂家争相推出各种型号的袖珍手枪时，善于生产步枪、机枪和大尺寸军用手枪的毛瑟公司，自然不甘落后，毛瑟式袖珍手枪的样枪于 1909 年年中出炉，1910 年年末正式量产上市，故命名为毛瑟 M1910 袖珍半自动手枪。毛瑟公司从它上市之初就不断进行改进，不久就推出了改进型 M1910/14 手枪。

毛瑟 M1914 手枪

制造商：德国毛瑟公司

定型时间：1914 年

口径：7.65 毫米

　　毛瑟 M1910 各型手枪上市后，虽然商业销售看好，但在政府采购方面却是一无建树，德国政府甚至下令禁止德国警察购买。为打开政府市场，毛瑟公司于 1914 年推出了毛瑟 M1914 手枪。该枪实际上是毛瑟 M1910/14 手枪的放大版，口径改为 7.65 毫米，内部结构基本不变。毛瑟 M1914 手枪成为德国警察的制式装备之一，但仍没有得到军方的青睐。

科罗温手枪

制造商：苏联图拉兵工厂

定型时间：1926 年

口径：6.35 毫米

　　科罗温手枪是谢尔盖·科罗温研制的苏联第一种半自动手枪，只提供给苏联红军的军官和国家的重要人物用作自卫武器。该枪是一款以反冲作用运作的袖珍半自动手枪，其扳机为单动式设计。保险装置位于手枪左边并在火控组上面；弹匣是单排式设计，里面可装 8 发子弹，弹匣释放钮位于握把下方。

瓦尔特 PP 手枪

制造商：德国瓦尔特公司

定型时间：1929 年

口径：7.65 毫米

一战结束后，作为战败国的德国受到了很多限制，其中一条就是枪械口径不得超过 8 毫米，枪管长不得超过 100 毫米。为此，瓦尔特公司于 1929 年研发了一种具有划时代意义的自动手枪——瓦尔特 PP 手枪。原本只用在转轮手枪上的双动发射机构，被瓦尔特公司成功地运用到自动手枪上，实现了划时代的历史性跨越。自此，这种结构理念体现在几乎所有的现代自动手枪上。

瓦尔特 PPK 手枪

制造商：德国瓦尔特公司

定型时间：1930 年

口径：7.65 毫米

1930 年，为了满足高级军官、特工、刑事侦探人员的需求，瓦尔特公司在 PP 手枪的基础上推出了缩小版的 PPK 手枪。该枪同样采用自由枪机式工作原理，枪管固定，结构简单，动作可靠。与 PP 手枪相比，PPK 手枪性能不减，尺寸却更小巧，隐蔽携带更为方便，在使用安全性上的考虑也更为周到，如在握把底面后端增加了背带环等。

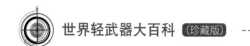

1.4 大行其道的栓动步枪

采用直接拉动枪栓来完成子弹上膛的栓动步枪（Bolt action rifle）首见于普奥战争中普鲁士军队所采用的德莱赛针发枪，到二战结束前是各国陆军主要的步枪配备。

栓动式枪机最早出现在 M1841 德莱赛针发枪上，于 1841 年被普鲁士军队制式采用，于 1866 年普奥战争中大败奥地利军队。之后，栓动式枪机也被法国夏塞波 M1866 步枪采用。两种步枪均使用纸包黑火药子弹，以拇指将纸包弹推入枪膛，射击后以食指将纸包残片取出，或在少量射击时直接将下一发纸包弹顶入。

毛瑟兄弟于 1867 年普法战争前夕开始研制使用金属弹壳子弹的栓动式枪机，利用枪栓的前后移动完成抽壳和推弹复进，并于 1868 年取得专利，于 1871 年被普鲁士军队采用，定型为毛瑟 M1871 步枪。随后，法国也将夏塞波 M1866 步枪改进为发射金属定装弹的格拉斯 M1874 步枪。

值得一提的是，由于早期的栓动步枪并没有弹仓或弹匣，因此也算是单发步枪。直到后来出现使用管状弹仓供弹的栓动步枪开始才成为所谓的连发步枪。在 19 世纪末及以后面世的栓动步枪为了使用尖头子弹相继以盒状弹仓、可拆式弹匣供弹。

主流的栓动式枪机可分为三种：最早的毛瑟式、后来的李 - 恩菲尔德式和莫辛 - 纳甘式，三者原理均基于旋转闭锁，不同在于闭锁机构，即枪机与机匣间的结构及运作方式。李 - 恩菲尔德式采用枪栓中部的闭锁突笋闭锁，拉机柄解锁时旋转 60 度，较省力而存在易磨损出现事故的风险；莫辛 - 纳甘式的闭锁机构将枪栓闭锁突笋和枪管节套闭锁槽同时应用，拉机柄解锁时旋转 90 度，因此操作时所需力量较多，却最为安全。实际上以枪栓闭锁突笋或枪管节套闭锁槽闭锁或两者同时使用，在毛瑟产品中均有体现。

毛瑟 M1871 步枪

制造商：德国毛瑟公司

定型时间：1871 年

口径：11 毫米

毛瑟公司生产的第一款步枪，发射 11 毫米口径的黑火药子弹，最初的型号只能单发装填。1884 年，毛瑟公司为 1871 型步枪新增了由阿尔弗雷德·冯·克罗巴查克设计的管状弹仓，令其成为德国最早装备的连发枪，该型号被命名为 M1871/84 步枪。

19 世纪 80 年代，金属弹壳定装弹不可避免地成为主流，法国当局开始寻求最经济、最适合法国的定装弹步枪方案，最终选择了巴西莱·格拉斯上校提出的夏塞波步枪改装方案，改装的主要部位就是枪机、枪膛。由于金属定装弹不需要像夏塞波步枪那样伸入弹膛橡胶密封圈和击针，因此格拉斯 M1874 步枪的枪机改成了和现代步枪类似的平面机头。1874 年，该枪被列为法军制式装备，同年开始批量生产，总产量超过 250 万支。

格拉斯 M1874 步枪

制造商：法国圣埃蒂安武器制造厂

定型时间：1874 年

口径：11 毫米

勒贝尔 M1886 步枪

制造商：法国沙泰勒罗兵工厂

定型时间：1886 年

口径：8 毫米

法国陆军上校尼古拉斯·勒贝尔所带领的开发团队研制的栓动步枪——M1886 步枪，是世界上第一种无烟火药枪械。1887 年，该枪被法国军队列装为制式步枪，并参与了多次对外战争，直到二战时期仍有使用。为了应付白刃战，该枪可配备一种长针型的重剑式刺刀。该枪最初采用圆头弹，1898 年开始改用黄铜制成的尖头弹，它也因此成为世界上最早发射尖头弹的枪械。

李 - 梅特福步枪

制造商：英国恩菲尔德兵工厂

定型时间：1888 年

口径：7.7 毫米

英国军队采用的第一种连发步枪，第一个被采用的型号是 MK I 型，采用 8 发单排弹匣供弹，弹匣上方有一个明显的椭圆形手指槽。1892 年定型了略作改进的 MK I 型。1893 年又定型了 MK II 型，取消了手指槽，改用 10 发双排弹匣，此后这种弹匣一直是李氏步枪的标准配置。李 - 梅特福步枪还有供骑兵使用的卡宾枪型号。

曼利夏 M1886 步枪

制造商：奥地利曼利夏公司

定型时间：1886 年

口径：11 毫米

斐迪南·曼利夏设计的栓动步枪——M1886 步枪，在 1886—1887 年生产，总产量约 10 万支，主要用户为奥匈帝国军队，智利和西班牙军队也有采用。该枪发射 11×58 毫米子弹，枪口初速为 440 米 / 秒。

德国步枪委员会研发的栓动步枪——M1886 步枪，发射采用崭新无烟火药作推进药的 M/88 圆头弹及 7.92×57 毫米毛瑟弹。该枪还有两种卡宾枪型，即为骑兵设计的 Kar 88 卡宾枪和为炮兵设计的 Gew 91 卡宾枪。由于生产质量问题以及设计缺陷，委员会 Gewehr 88 步枪并没有在德军中服役很久，很快便被性能更佳和更先进的毛瑟 M1898 步枪所取代。

委员会 Gewehr 88 步枪

制造商：德国黑内尔公司

定型时间：1888 年

口径：7.92 毫米、8 毫米

曼利夏 M1888 步枪

制造商：奥地利曼利夏公司

定型时间：1888 年

口径：8 毫米

斐迪南·曼利夏设计的栓动步枪——M1888 步枪，在 1888—1896 年生产，总产量约 109.5 万支，被奥匈帝国、智利、西班牙、希腊、意大利等国家的军队采用。该枪发射 8×52 毫米子弹，枪口初速为 530 米/秒。

毛瑟 M1889 步枪

制造商：德国毛瑟公司

定型时间：1889 年

口径：7.65 毫米

19 世纪 80 年代，德国步枪的设计和生产都掌握在保罗·毛瑟手里，他很不满意德国军队擅自设计和采用 Gewehr 88 步枪，于是开始对毛瑟步枪进行改进，很快就推出了毛瑟 M1889 步枪。该枪生产了 27.5 万支，被德国、西班牙、比利时、阿根廷、土耳其等多个国家采用，并持续服役至 20 世纪 60 年代。

🔰 小知识

李-梅特福步枪的名称包含两个发明家的名字：其中的"李"是指詹姆斯·李，他设计的旋转后拉式枪机和盒形弹匣被李-梅特福步枪采用，此后的几十年里，英军采用的多种恩菲尔德步枪均由这个系统改进而来，因此这一系列武器也常常被统称为"李氏"步枪；"梅特福"则指的是威廉·梅特福，他发明了 7.7 毫米全被甲弹及梅特福膛线，在黑火药时代广泛应用于英制步枪上。

卡尔卡诺 M1891 步枪

制造商：意大利都灵兵工厂

定型时间：1891 年

口径：6.5 毫米

意大利轻武器设计师塞尔瓦托·卡尔卡诺设计的栓动步枪——M1891 步枪，使用 6.5 毫米卡尔卡诺子弹，弹匣容量 6 发，枪口初速为 700 米/秒。该枪一大特色是采用了渐增加来复线，在枪膛部是 1：19，到枪口为 1：8。渐增加来复线的好处是膛压低，延长枪管寿命。

贝蒂埃步枪

制造商：法国圣埃蒂安武器制造厂

定型时间：1892 年

口径：8 毫米、7.5 毫米

由于采用管式弹仓的勒贝尔 M1886 步枪不适合骑兵使用，所以法国军队想要装备一种采用弹夹装填的卡宾枪。1892 年，法国一名铁路工程师埃米尔·贝蒂埃设计的卡宾枪通过验收，成为法军骑兵制式武器。1907 年，法国人又设计了一款枪管与勒贝尔步枪相同的贝蒂埃步枪，使它从卡宾枪成为标准步枪。

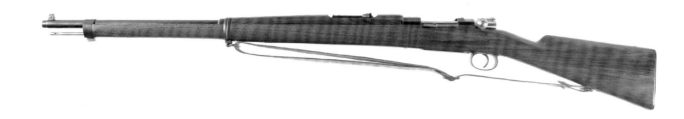

毛瑟 M1893 步枪

制造商：德国毛瑟公司

定型时间：1893 年

口径：7 毫米

毛瑟 M1889 步枪的改进型，单排弹仓改为双排弹仓，缩短了弹仓的高度，同样可以装 5 发子弹，而且打开枪机后可以借助弹夹一次装满 5 发子弹，比原来一发一发装填要快得多。由于采用了新的 7×57 毫米子弹，又被称为"7 毫米毛瑟"。

曼利夏 M1893 步枪

制造商：奥地利曼利夏公司

定型时间：1893 年

口径：6.5 毫米

斐迪南·曼利夏设计的栓动步枪——M1893 步枪，在 1893—1914 年生产，总产量约 19.5 万支，被奥匈帝国、罗马尼亚、葡萄牙、南斯拉夫等多个国家的军队采用。该枪发射 6.5×53 毫米子弹，枪口初速为 731 米 / 秒。

19 世纪 90 年代，当英国 7.7 毫米子弹的黑火药换成无烟发射药后，不再适合李 - 梅特福步枪使用。因此，该枪的膛线形式被改为 5 条较深的左旋膛线。这种膛线由恩菲尔德兵工厂的工程师设计，被称为恩菲尔德膛线，因此这种步枪也在 1895 年 11 月被重新命名为李 - 恩菲尔德步枪，第一种型号也被命名为 MK I 型。1899 年，定型了略作改进的 MK I* 型。此外，还有供骑兵使用的卡宾枪型号。

李 - 恩菲尔德步枪

制造商：英国恩菲尔德兵工厂

定型时间：1895 年

口径：7.7 毫米

三十年式步枪

制造商：日本东京炮兵工厂

定型时间：1897 年

口径：6.5 毫米

　　日本于 1897 年（明治三十年）研发成功的手动步枪，设计师是东京炮兵工厂的有坂成章。该枪采用后置拉机柄和枪机前端双突锁笋等类似毛瑟步枪的设计，但其枪机为日本自行设计，枪机被分成前中后三个分开的组件，奠定了后来日本步枪的风格。该枪使用的 6.5 毫米子弹射程远，穿透力强，发射时无烟无焰，而且后坐力较小，实战射击精度高。

毛瑟 M1895 步枪

　　毛瑟 M1893 步枪的改进型，在 1895—1900 年生产，被德国、智利、哥斯达黎加、萨尔瓦多、洪都拉斯、墨西哥等多个国家的军队采用。该枪发射 7×57 毫米毛瑟子弹，枪口初速为 700 米／秒。

制造商：德国毛瑟公司

定型时间：1895 年

口径：7 毫米

曼利夏 M1895 步枪

制造商：奥地利曼利夏公司

定型时间：1895 年

口径：8 毫米

　　斐迪南·曼利夏设计的栓动步枪——M1895 步枪，其结构上有两个显著特点：一是采用直动式枪机，枪机与机头为分离式，机头为转动式，机头前部有两个位置对称的突笋；二是弹夹插入式供弹系统，装弹时必须按下板机护圈后面的按钮，才能将装满子弹的弹夹插入弹仓，卸下空弹夹时也必须按下这个按钮。除装备奥地利（奥匈帝国）军队外，该枪还广泛装备东欧各国军队，同时被瑞士、意大利等中西欧国家和美国、加拿大等美洲国家采用。

毛瑟 M1898 步枪

制造商：德国毛瑟公司

定型时间：1898 年

口径：7.92 毫米

毛瑟 M1898 步枪又称 Gewehr 98 步枪，汇集了早期毛瑟步枪上的所有改进，主要特征是固定式双排弹仓和旋转后拉式枪机。该枪成功取代了在德军服役的委员会 Gewehr 88 步枪，成为 1898—1935 年德军的制式步枪。它不仅是德军在一战中使用的主力步枪，二战期间也被人民冲锋队（德国在二战最后阶段成立的国家民兵部队）所使用。

三十五年式步枪是三十年式步枪的衍生型号，主要是供日本海军使用。大部分结构与三十年式步枪相同，区别是改用直立框型表尺，将保险钩长度缩短并滚花处理，还安装了一个需要射手自行移动的防尘盖。三十五年式步枪具有空仓停射功能，类似于现在的空仓挂机。

三十五年式步枪

制造商：日本东京炮兵工厂

定型时间：1902 年

口径：6.5 毫米

毛瑟 M1903 步枪

制造商：德国毛瑟公司

定型时间：1903 年

口径：7.65 毫米、7.92 毫米

毛瑟 M1903 步枪是毛瑟 M1898 步枪的衍生型，在 1903—1910 年生产，总产量约 20 万支，主要供奥斯曼帝国军队使用。该枪主要发射 7.65×53 毫米毛瑟弹和 7.92×57 毫米毛瑟弹，弹容量为 5 发，枪口初速为 650 米 / 秒。

曼利夏 - 施纳乌埃步枪

制造商：奥地利曼利夏公司

定型时间：1903 年

口径：6.5 毫米

斐迪南·曼利夏和奥托·施纳乌埃合作设计的栓动步枪——曼利夏 - 施纳乌埃步枪，总产量约 35 万支，主要用户为奥匈帝国军队，同时也被阿尔巴尼亚和希腊等国采用，被用于军事用途直到 1941 年。该枪最初配用 6.5×54 毫米弹药，后来又陆续研制了 8 毫米、9 毫米、9.5 毫米口径的型号。

罗斯步枪是苏格兰发明家查尔斯·罗斯爵士设计的手动步枪，借鉴了曼利夏 M1895 步枪的直拉式枪机设计。该枪总产量高达 42 万支，主要用户为加拿大军队，同时也被智利、法国、德国、西班牙、荷兰等国采用。罗斯步枪的可靠性极低，一战时期堑壕里泥泞不堪，整个战场布满了灰尘，导致了罗斯步枪发生大范围的卡壳事故。

罗斯步枪

制造商：加拿大罗斯步枪公司

定型时间：1903 年

口径：7.7 毫米

斯普林菲尔德 M1903 步枪

制造商：美国斯普林菲尔德兵工厂

定型时间：1903 年

口径：7.62 毫米

斯普林菲尔德兵工厂生产的旋转后拉式枪机步枪——M1903 步枪，是美军在一战及二战的制式步枪，时至今日仍然在美国军队中少量出现，供训练与检阅使用。该枪具有加工精良，枪机动作平稳，供弹、抛壳和保险等机构动作可靠的特点，最初配用 M1903 圆头子弹，1906 年开始采用 M1906 尖头子弹，由容量 5 发弹仓供弹，用 5 发分离式弹夹从机匣顶部的抛壳口一次性压入弹仓装弹。早期的斯普林菲尔德 M1903 步枪还配有杆式刺刀，1905 年改用匕首形刺刀。

三八式步枪

制造商：日本小石川炮兵工厂

定型时间：1905 年

口径：6.5 毫米

三八式步枪是南部麒次郎设计的栓式步枪，1905 年（明治三十八年）被日本军队选为制式武器，直到二战，总产量约 340 万支。该枪采用旋转后拉式枪机，5 发弹仓镶嵌在枪身内，具有空仓提示功能。枪托的加工方式与一般步枪的枪托用一整块木料切削而成不同，是用两块木料拼接而成的，这种方式虽然日久容易开裂但可节省木材。

三八式卡宾枪是三八式步枪的短枪管版，二战期间主要装备日本骑兵，同时也被工兵、炮兵、辎重运输部队、通信部队、基地警备部队等二线部队所使用。与三八式步枪相比，三八式卡宾枪的全长缩短了 306 毫米。

三八式卡宾枪

制造商：日本小石川炮兵工厂

定型时间：1906 年

口径：6.5 毫米

四四式卡宾枪

制造商：日本小石川炮兵工厂

定型时间：1911 年

口径：6.5 毫米

有坂成章在三八式步枪基础上改进而来的卡宾枪——四四式卡宾枪，基本构造上与三八式步枪大同小异。枪管缩短到 487 毫米，因此全长只有 966 毫米。四四式卡宾枪同样使用 6.5 毫米有坂子弹，且一样使用多边形枪管，然而弹头初速却下降到 708 米 / 秒，但是有效射程却比三八式步枪多出 40 米（三八式步枪有效射程 460 米）。

1914 年英国加入一战后，由于步枪紧缺，所以在美国本土紧急寻找承包商生产步枪，最后温彻斯特公司及雷明顿公司获选并开始生产 7.7 毫米口径的 P14 步枪。虽然不属于李 - 恩菲尔德步枪系列，甚至不是在英国生产的，但是 P14 步枪经常被当作恩菲尔德步枪之一，这是因为 P14 步枪是由恩菲尔德兵工厂的工程师设计的。

恩菲尔德 P14 步枪

制造商：美国雷明顿公司、温彻斯特公司

定型时间：1917 年

口径：7.7 毫米

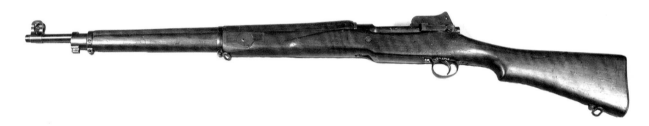

恩菲尔德 M1917 步枪

制造商：美国雷明顿公司、温彻斯特公司

定型时间：1917 年

口径：7.62 毫米

当美国在 1917 年 4 月加入一战时，也面临着步枪数量严重不足的问题。由于当时雷明顿和温彻斯特公司的生产线都在为英国生产 P14 步枪，为了节约时间，美国政府决定把 P14 步枪的口径由英国的 7.7 毫米改为美国的 7.62 毫米，这样就不需要对生产线做太大的调整。改装后的步枪被命名为恩菲尔德 M1917 步枪。由于 7.62 毫米子弹的直径较小，因此内置弹仓可放 6 发子弹，但弹夹仍然只有 5 发，所以有一发要单独压进去。

传奇武器鉴赏：莫辛 - 纳甘 M1891 步枪

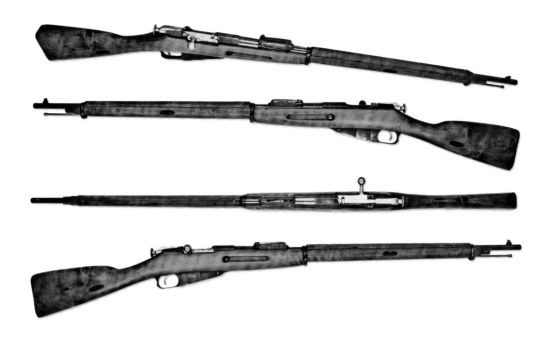

基 本 参 数	
口径	7.62 毫米
全长	1232 毫米
枪管长	730 毫米
重量	4 千克
弹容量	5 发

莫辛 - 纳甘 M1891 步枪是由俄国陆军上校谢尔盖·伊凡诺维奇·莫辛和比利时枪械设计师李昂·纳甘共同命名的手动步枪，在俄语国家也被称为莫辛步枪。

莫辛 - 纳甘 M1891 步枪采用莫辛设计的整体式弹仓，同时采用纳甘设计的快速装填弹夹，是俄罗斯帝国军队最早采用无烟发射药技术的军用步枪。此后，俄罗斯对其实施了一系列改进，推出了适用于骑兵的步枪、卡宾枪及加装瞄准镜的狙击步枪的版本，并为该枪设计一系列的枪榴弹，以符合当时潮流。莫辛 - 纳甘 M1891 步枪的优点是易于生产、使用简单可靠，不需太多的维护，符合当时沙俄工业基础差、军队士兵素质低的实际状况。多种型号的莫辛 - 纳甘步枪在俄罗斯帝国军队以及苏联红军被作为制式武器服役，并大量出口到其他国家，在一战、二战中都有使用，在美国冷战时期的一些局部战争中也能看见它的身影。时至今日，该枪仍是民用步枪的常见型号。

弹仓

莫辛 - 纳甘步枪采用整体式弹仓，通过机匣顶部的抛壳口单发或用弹夹装填。弹仓位于枪托下的扳机护圈前方，弹仓容弹量 5 发，有铰链式底盖，可打开底盖以便清空弹仓或清洁维护。由于是单排设计而没有抱弹口，因此弹仓口部有一个隔断面器，上膛时隔开第二发子弹，避免出现上双弹的故障。在早期的枪型中，这个装置也兼具抛壳挺的作用，但自 M1891/30 型开始，以后的枪型都增加了一个独立的抛壳挺。

发射机构

莫辛 - 纳甘步枪是击针式击发，击针在打开枪机的过程中进入待发状态。手动保险装置是在枪机尾部凸出的一个"小帽"，向后拉时会锁住击针，而向前推时会解脱保险状态，操作时不太方便而且费力。水平伸出的拉机柄力臂较短，因此操作时需要花较大的力气，而且比起下弯式拉机柄在携行方面较不方便，而下弯式拉机柄只有狙击型号才有。

刺刀

早期的刺刀是可拆卸的四棱刺刀，截面为矩形，通过管状插座套在枪口上。后期改为不可拆卸的折叠式刺刀，刺刀座兼作准星座。

弹药

7.62×54 毫米 M1891 式子弹与莫辛 - 纳甘步枪一起被采用。该子弹采用突底缘锥形弹壳，这种设计在 19 世纪末已经过时了，但却适合基础较低的俄国轻武器工业，因为突底缘弹壳对弹膛尺寸的要求相对宽松一点，这样在机器加工时允许有较大的生产公差，既节省了工时又节约了资金。M1891 式子弹的弹头是重 13.6 克、铜镍合金被甲、铅芯的钝圆头形弹头，在德国采用了尖头弹后，俄罗斯也开始研制尖头弹，经过广泛测试后，在 1908 年采用了一种重 9.59 克、铜镍被甲的铅芯尖头弹（战争时期采用覆铜钢被甲）。二战结束后，苏联的制式步枪先后采用了中间威力型子弹和 5.45 毫米小口径子弹，但直到现在，M1908 式子弹系列仍然被用作机枪和狙击步枪的弹药。

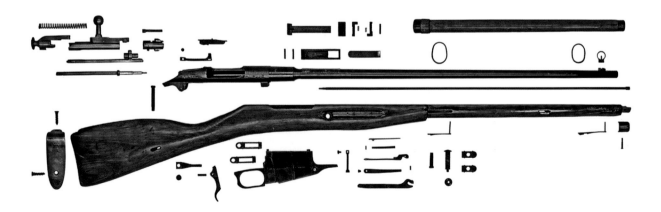

知名兵工厂探秘：毛瑟公司

毛瑟公司 LOGO

毛瑟公司的历史可以追溯到 1811 年 7 月，当时符腾堡国王腓特烈一世在德国黑森林的一个小镇奥伯恩多夫建立了一间皇家兵工厂，该工厂于第二年开始运作，雇用了 133 名工人，专门为普鲁士军队生产武器。毛瑟兄弟——威廉与保罗自小就跟随父亲在这家兵工厂当学徒，也是在这家工厂开始尝试设计枪支。

1867 年，毛瑟两兄弟以法国的夏塞波后装枪为基础，设计了一种旋转式闭锁枪机的后装单发枪，这种步枪于 1871 年被德国军队采用，并被命名为毛瑟 M1871 步枪，这就是历史上第一支毛瑟步枪。威廉·毛瑟在 1882 年 1 月去世后，保罗·毛瑟继续进行轻武器设计工作。此后，保罗·毛瑟不断改进毛瑟 M1871 步枪，先后推出了毛瑟 M1871/84、M1889、M1891、M1892、M1893 等步枪。在德国政府的支持下，毛瑟步枪很快就在全世界流行起来，也促使保罗·毛瑟不断地改进和完善他的设计，又推出了毛瑟 M1894 和 M1895 步枪。这些步枪被卖到了比利时、西班牙、墨西哥、智利、乌拉圭和伊朗等多个国家。

随着毛瑟步枪的名气不断攀升，保罗·毛瑟也逐渐全面控制了皇家兵工厂的股份，最终在 1897 年把皇家兵工厂重新改组成毛瑟武器制造股份公司。除了生产步枪外，毛瑟公司也生产该工厂雇员菲德勒三兄弟设计的驳壳枪，但由于该手枪最后申请专利的是公司老板，所以这种手枪也被称为毛瑟手枪。

毛瑟公司最著名的产品是 Kar98k 步枪，这是二战前在原来的毛瑟 M1898 步枪的基础上改进和缩短而成的，并在二战期间成为德国的制式步枪。1940 年，毛瑟公司被邀请参加新型半自动步枪的投标，但可惜毛瑟公司的 G41(M) 试验失败，在经过短期试产后就被取消。

当德国战败后，奥伯恩多夫处于法国的控制之下，整个兵工厂遭到占领军的破坏。后来，三位毛瑟公司的前雇员在奥伯恩多夫建立了黑克勒·科赫公司，并最终取代毛瑟公司为德国军方供应轻武器。

20 世纪 90 年代，毛瑟公司被莱茵金属公司收购后，再分拆成毛瑟狩猎武器有限公司，并继续生产各种步枪。如今，毛瑟在轻武器业务方面已经完全没落，只有一些名气不大、产量不多的民用产品。

1.5　横空出世的重机枪

19 世纪 60 年代，手动式机枪开始出现，使用手动来提供上膛、击发、退膛的动力，其代表作为理查·加特林发明的加特林机枪。19 世纪 80 年代，美国工程师海勒姆·史蒂文斯·马克沁（Hiram Stevens Maxim）发明了全自动机枪。

1882 年，马克沁赴英国考察时，发现士兵射击时常因老式步枪的后坐力，肩膀被撞得淤青。这种现象表明枪的后坐力能量不小，而这种能量来自子弹发射时产生的火药气体，马克沁认为可以加以利用。马克沁首先在一支老式的温彻斯特步枪上进行改装试验，利用射击时子弹喷发的火药气体使枪完成开锁、退壳、送弹、重新闭锁等一系列动作，实现子弹的自动连续射击，并减轻了枪的后坐力。1883 年，马克沁成功研制出世界上第一支自动步枪。后来，他根据研制自动步枪时取得的经验，进一步发展和完善了他的枪管短后坐自动射击原理。为了实现连续供弹，马克沁制作了一条长达 6 米的帆布弹链。

1884 年，马克沁制造出世界上第一挺能够自动连续射击的重机枪，同年取得了专利。马克沁重机枪的理论射速为每分钟 600 发，可以单发和连发。缺点是结构复杂，枪体笨重，帆布弹带可靠性差，而枪管会因连续高速射击而发热，需要用水冷却。

马克沁重机枪获得成功后，许多国家纷纷进行仿制，一些发明家和设计师针对马克沁重机枪的原理和结构进行改进和发展。1892 年，美国设计师约翰·勃朗宁和奥地利设计师冯·奥德科莱克几乎同时发明了最早利用火药燃气能量的导气式自动原理的机枪，这种自动原理为今天的大多数机枪所采用。法国霍奇基斯公司生产的霍奇基斯 M1914 重机枪是最早的气冷式机枪，这种机枪取消了水冷式机枪上笨重的注水套筒，使机枪较为轻便。

柯尔特 - 勃朗宁 M1895 重机枪

制造商：美国柯尔特公司

定型时间：1895 年

口径：6 毫米

柯尔特 - 勃朗宁 M1895 重机枪是世界上第一挺采用导气式工作原理的机枪，由约翰·勃朗宁设计。由于射击过程中，杠杆式活塞不断地在枪管下以 170 度的弧度前后摆动，其动作很像当时采用的土豆挖掘机的铲子动作，因此该枪被形象地称为"土豆挖掘机"。柯尔特公司在世界范围内总共售出约 25000 挺 M1895 重机枪。除美国外，法国、英国、俄国、比利时、加拿大、西班牙、波兰等国都有采购。

MG 08 重机枪

制造商：德国史宾道与爱尔福特兵工厂

定型时间：1908 年

口径：7.92 毫米

MG 08 重机枪是由海勒姆·史蒂文斯·马克沁于 1884 年研发的马克沁重机枪发展而来，是德军在一战中使用最广泛的一种重机枪，由于初期在史宾道与爱尔福特兵工厂生产，故又名史宾道机枪。该枪与其他马克沁重机枪一样采用后坐作用式，即利用把子弹弹出的后坐力去完成退弹壳和重新上弹，供弹系统使用的是帆布制成的不可散式弹链。枪口保护罩兼作消焰器，通常还会加装一个圆形的小护盾以防止流弹、弹片破坏冷却水套筒。该枪还发展出了 MG 08/15、MG 08/18 等衍生型号，由于 MG 34 通用机枪的产量不足，德军在二战中依然在使用 MG 08 重机枪。

PM M1910 重机枪

制造商：苏联图拉兵工厂

定型时间：1910 年

口径：7.62 毫米

PM M1910 重机枪是俄罗斯帝国仿制的马克沁重机枪，发射 7.62×54 毫米弹药，配有轮式射架。该枪于 1910 年正式装备俄罗斯帝国军队，是一战俄罗斯帝国陆军及二战苏联红军的重要武器，也有命名为 PV-1 的空用型及海军衍生型。1943 年，PM M1910 重机枪被 SG-43 中型机枪取代。

霍奇基斯 M1914 重机枪

制造商：法国霍奇基斯公司

定型时间：1914 年

口径：8 毫米

霍奇基斯 M1914 重机枪是世界上最早的气冷式机枪，其枪管有 5 片散热片，枪管下为导气管，扳机为手枪式，机身后方有环状把手以方便扫射。枪管可以更换。该枪最特别之处就是用 24 发金属制保弹板供弹，但后期改用可拆式弹链供弹。1916 年的凡尔登战役期间，法军一个阵地上的 2 挺霍奇基斯 M1914 重机枪在 10 天内发射了 15 万发子弹，从而令该处的法军坚守了 10 天。

日本气冷式重机枪

制造商：日本东京炮兵工厂

定型时间：1914 年

口径：6.5 毫米

日本以法国霍奇基斯 M1914 重机枪为蓝本研发的气冷式重机枪，设计师是南部麒次郎，其名称来自它开始装备的年份大正三年（1914 年）。该枪的枪身和枪管布满散热片，它沿用了霍奇基斯重机枪的供弹设计，以 30 发保弹板供弹，这种供弹方式的效率不如弹链和弹匣，尤其射速不能太快。为了顺利完成上弹和退弹壳，要用油刷为子弹涂上润滑油。三年式重机枪开火时会发出"咯咯"声，因此被美军戏称为"啄木鸟"。

勃朗宁 M1917 重机枪

制造商：美国岩岛兵工厂

定型时间：1917 年

口径：7.62 毫米

约翰·勃朗宁设计的水冷式重机枪——M1917 重机枪，采用枪管短后坐式工作原理，卡铁起落式闭锁机构。枪管外套有容量 3.3 升水的套筒，用于冷却枪管。该枪持续火力强，动作可靠，但比较笨重。1917 年，该枪被美军定为制式武器。一战结束后，勃朗宁按照军方要求，针对一些不足进行改进：托底板易裂，以环箍加固；采用新的弹链输送杆和改进的机匣盖固定销。1936 年，改进型 M1917A1 重机枪被美军列为制式武器。

传奇武器鉴赏：马克沁重机枪

马克沁重机枪是 1884 年由英国爵士海勒姆·史蒂文斯·马克沁发明的世界上第一种真正成功的以火药燃气为能源的自动武器。

马克沁重机枪的自动动作是利用火药气体能量完成的。在子弹发射的瞬间，枪机与枪管扣合，共同后坐 19 毫米后枪管停止，通过肘节机构进行开锁，同时枪机继续后坐，通过加速机构使枪管的部分能量传递给机枪，使其完成抽壳抛壳，从而带动供弹机构，使击发机待击，压缩复进簧，撞击缓冲器，然后在簧力作用下复进，将第二发子弹推入枪膛，闭锁，再次击发。如此反复，每分钟可发射 600 发子弹。

基 本 参 数	
口径	7.7 毫米
全长	1079 毫米
枪管长	673 毫米
重量	27.2 千克
弹容量	250 发

马克沁重机枪是水冷式机枪，只要冷却水筒中有水，枪管的温度就不会超过 100℃。在射击时，枪管两端会漏一些水；所用的冷却水也不是循环的，射击前装满，作战时随时要往冷却水筒中加水。实际射击时，要打上两三个弹带，才会有蒸汽泄出。为了保证有足够子弹满足这种快速发射的需要，马克沁发明了帆布子弹带，带长 6.4 米，容量 250 发。弹带端还有锁扣装置，可以连接更多子弹带，以便长时间地发射。

马克沁重机枪公布后，各国并未立刻接受这种新武器，但是一些探险家开始购入这种新武器作为防卫之用，比较有名的案例是由亨利·莫顿·史丹利爵士于 1886—1889 年率领的艾敏帕夏援救探险队，其采购用意并非为了作战用途，仅是为了宣传，但机枪在任务过程中曾多次使用，尤其是从中非撤退过程期间较为频繁。第一个采用马克沁重机枪的军方单位为 1889 年新加坡志愿军，随后这款武器才逐渐在英军内开始配发。

马克沁重机枪真正开始成名的时间为 1893—1894 年，在罗得西亚的第一次马塔贝勒战争中，英军以 50 人的军队操作 4 挺马克沁重机枪击退了 5000 名祖鲁人的进攻。1898 年的恩图曼战役，英军也以机枪的优势造成大量苏丹骑兵的惨重伤亡。

早期马克沁重机枪较明确的问题是火药硝烟让枪支布置地点极易被察觉，但是在马克沁的兄长，化学家哈德逊·马克沁开发出配合马克沁重机枪的无烟火药后，马克沁重机枪的战术价值得到飞跃性的改善，改进型在一战的索姆河战役中得到应用。

海勒姆·史蒂文斯·马克沁

1.6 便于携行的轻机枪

　　轻机枪是由 19 世纪末和 20 世纪初的重管自动步枪发展而来，主要是因为最早的机枪都很笨重，仅适用于阵地战和防御作战，在运动作战和进攻时使用不方便。各国军队迫切需要一种能够紧随步兵实施行进间火力支援的轻便机枪。

　　世界上第一种成功的轻机枪设计是丹麦的麦德森轻机枪。1896 年，丹麦炮兵上尉麦德森在马克沁发明重机枪后不久，即开始研制轻机枪。麦德森设计制造了一挺可以使用普通步枪子弹的机枪，定名为麦德森轻机枪。该机枪安装有两脚架，可以抵肩射击，全重不到 10 千克。麦德森轻机枪性能十分可靠，口径和结构多变，可适应不同用户要求。尽管麦德森轻机枪在当时被认为是生产成本昂贵的武器，但得益于它的可靠性，麦德森轻机枪得到了相当高的评价。一战前后，有 30 多个国家购入了麦德森轻机枪，并制成了 10 多种不同的口径。

　　20 世纪初，法国、德国、美国、英国、意大利等国也相继研发了轻机枪。这些轻机枪的口径通常与步枪相同，而且基本上发射同一种子弹。轻机枪的自动方式应用最广的是导气式和短管退式。导气式一般有气体调节器，可以调节射击速度以及适合不同使用条件。供弹方式有弹仓式和弹链式，容弹具通常采用可以迅速卸下的容弹量大的弹匣，或放在盒内的金属弹链。多用连发发射机构，由射手控制发射弹数，或进行 3～5 发短点射，或进行 10～15 发长点射，或扣住扳机不放的连续射击。两脚架连接在枪身前部，为了改变火线高和调平枪身，一般架杆可伸缩并能调整张开的角度。有的轻机枪可以更换枪管。

麦德森轻机枪

制造商：丹麦步枪综合制造厂

定型时间：1902 年

口径：6.5 毫米、7.62 毫米、7.92 毫米、8 毫米

　　麦德森轻机枪是世界上第一种大量生产的真正实用化的轻机枪，1902 年获丹麦军队正式采用。该枪还被制成多种不同的口径并且销售至全世界超过 30 个不同的国家，并在世界各地的武装冲突中被广泛使用，而且直到 21 世纪，仍然可以看到麦德森轻机枪的身影。该枪的射击精度高、性能可靠，主要的缺点是生产成本较高，这与它的公差要求小、结构复杂、制造精良有关。

霍奇基斯 M1909 轻机枪

制造商：法国霍奇基斯公司

定型时间：1909 年

口径：7 毫米、7.62 毫米、7.7 毫米、8 毫米

　　霍奇基斯 M1909 轻机枪是法国在一战前生产的一种轻机枪，发射 8×50 毫米勒贝尔子弹。英军采用了发射 .303 英式子弹的版本，称为霍奇基斯 Mk I 机枪，由恩菲尔德兵工厂生产。美国则采用了发射 .30-06 斯普林菲尔德子弹的版本，称为贝内 - 梅西耶 M1909 轻机枪，这个名称源自该枪的设计师劳伦斯·贝内和亨利·梅西耶。事实上，该枪的采用也和贝内与美国陆军军械局总长的私交不无关系。

伯格曼 MG15 轻机枪

制造商：德国伯格曼兵工厂

定型时间：1910 年

口径：7.92 毫米

　　伯格曼 MG15 轻机枪最初是在 1910 年由西奥多·伯格曼和路易·施迈瑟设计的，1916 年开始批量生产。该枪是第一种使用分解式金属弹链的轻机枪，使用 250 发、200 发或 100 发弹链供弹，受弹器外侧还可使用 100 发弹链盒供弹。一战中，伯格曼 MG15 轻机枪主要配发到东线和巴勒斯坦战场，当地的德军专门组建了轻机枪组，使用范围也相当广泛。

刘易斯轻机枪

制造商：英国伯明翰轻武器有限公司

定型时间：1913 年

口径：7.7 毫米

刘易斯轻机枪最初由塞缪尔·麦肯林设计，后来由美国陆军上校刘易斯完成研发工作。该枪采用导气式原理，从上部由弹盘供弹。刘易斯曾向美国军方推销这种设计新颖的机枪，但美军不感兴趣。1913 年，刘易斯带着他的设计去了比利时，并开创了自己的兵器公司。随着一战的爆发，公司员工们纷纷逃亡到英国，带去了他们的设计方案和部分设备。他们在英国伯明翰轻武器公司的工厂里开始量产刘易斯机枪。1915 年，英国军队将刘易斯机枪作为制式轻机枪，澳大利亚、新西兰、加拿大等英联邦国家也广泛装备。

MG 08/15 轻机枪

制造商：德意志武器与弹药公司

定型时间：1915 年

口径：7.92 毫米

MG 08/15 轻机枪是 MG 08 重机枪的改进型，设计目的旨在给德国步兵提供比标准 MG 08 重机枪更便携的无底座机枪。该枪仍采用布制弹链，但弹链特别短，可缠绕起来并装在盒子中，再挂在机枪侧面。位置固定时，该枪可使用 250 发标准弹链。该枪还有用于飞机上的型号，采用穿孔管套，依靠气流冷却枪管。MG 08/15 轻机枪最初在 1916 年 4、5 月间投产，在索姆河战役中开始小规模接受实战考验。

绍沙 M1915 轻机枪

制造商：法国圣埃蒂安武器制造厂

定型时间：1915 年

口径：6.5 毫米、7.62 毫米、7.65 毫米、7.92 毫米、8 毫米

绍沙 M1915 轻机枪是在一战时法国军队装备的制式轻机枪，并出口到美国、比利时、土耳其、罗马尼亚等国。该枪采用枪管长后坐式工作原理，即枪管和枪机一起后坐到位，然后枪管先复进，完成开锁动作，待枪管复进到位后，枪机才复进。闭锁机构为枪机头回转闭锁；供弹机构为镰刀形弹匣，容弹量 20 发，位于机匣下方。击发机构为击针式，利用复进簧能量击发。发射机构可选择单发或连发射击。

十一年式轻机枪

制造商：日本南部兵器制造所

定型时间：1922 年

口径：6.5 毫米

十一年式轻机枪是日本在 20 世纪 20 年代战间期开始配发的轻机枪，因其枪托为便于贴腮瞄准而向右弯曲，故在中国俗称"歪把子"机枪。该枪采用气动式设计，枪管上有螺纹状散热片，使用与三八式步枪相同的 6.5×50 毫米步枪子弹以及标准 5 发弹夹，使用两脚架。十一年式轻机枪最为独特的特征是使用弹斗供弹原理，当时各国机枪主流进弹设计不外乎弹夹、弹带、弹链、保弹板等单独供弹方式，而十一年式轻机枪为了和步枪共用供弹后勤规格，设计了称为"压弹机"（装填架）的弹斗。

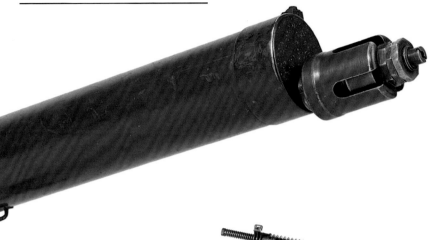

FM-24 轻机枪

制造商：法国夏特卢兵工厂

定型时间：1924 年

口径：7.5 毫米

FM-24 轻机枪是 1924 年装备法国军队的轻机枪，以取代旧式的绍沙 M1915 轻机枪。该枪借鉴了勃朗宁自动步枪的设计，但改变了给弹结构。FM-24 轻机枪安装有两脚架、双扳机、固定护木及手枪握把，由装在机匣顶部的 25 发弹匣供弹，具有空仓挂机功能，理论射速为 450 发 / 分。由于没有快拆枪管，因此不适合持续射击。该枪后来经过改良，使用更好的钢材并进行改膛，编号也更改为 FM-29。

1.7 昙花一现的中型机枪

中型机枪（Medium Machine Gun，MMG）泛指发射全威力子弹、弹链供弹、具有全自动火力的机枪。中型机枪一般采用气冷式设计（少数为水冷式），具有可拆式重枪管、两脚架，可由1～2名步兵直接携行及操作，通常装备连、营级单位，普遍重15～40磅（6.8～18千克），火力、尺寸和重量界乎于轻机枪与重机枪之间。

中型机枪比相同口径的自动步枪具有更佳的持续火力和稳定性，比重机枪灵活，可通用于两脚架、三脚架及机枪座上。二战时期，由于战场需求的转变，中型机枪渐渐被更为轻巧的通用机枪取代。

MAS M1907 机枪

制造商：法国圣埃蒂安武器制造厂

定型时间：1907 年

口径：8 毫米

MAS M1907 机枪是法国军队在一战及二战期间所装备的一种中型机枪，采用气动式原理，使用与勒贝尔步枪一样的 8 毫米子弹，由 25 发或 30 发的金属弹链供弹，1916 年后可由 300 发布制弹链供弹。该枪结构复杂，可靠性差，由于无法适应战场上的肮脏环境，在不得已的情况下，几乎没人会使用。

施瓦茨劳斯机枪

制造商：奥地利斯泰尔公司

定型时间：1908 年

口径：8 毫米、6.5 毫米、7.92 毫米

德国人安德里亚斯·施瓦茨劳斯设计的中型机枪，1908 年由斯泰尔公司进行量产，最早采用 8 毫米子弹，后来因为实际需要也有 6.5 毫米和 7.92 毫米的型号。为了降低尺寸和重量，施瓦茨劳斯机枪的枪管较短，加上冷却筒之后显得非常短粗。短枪管带来的负面问题是火药燃烧不够充分，枪口焰很大，所以又配置了一个很大很长的喇叭状消焰器。

佩里诺 M1908 机枪是意大利轻武器设计师朱塞佩·佩里诺设计的中型机枪，重 27 千克，发射 6.5×52 毫米卡尔卡诺子弹，由 20 发保弹板供弹，理论射速为 450 发 / 分。

佩里诺 M1908 机枪

制造商：意大利都灵兵工厂

定型时间：1908 年

口径：6.5 毫米

维克斯机枪

制造商：英国维克斯公司

定型时间：1912 年

口径：7.7 毫米

维克斯机枪是马克沁机枪的衍生型，而且是衍生型中较优秀的一种。基于马克沁机枪成功的设计，维克斯机枪做了一系列的改进。与前者相比，它具有重量较轻、体形较小、供弹良好等特点。为了避免在持续的射击中过热，维克斯机枪配备了可快速更换的枪管，并用一根橡胶管把水桶与冷凝罐连接起来，可以把部分蒸汽回收，令水重复循环使用。维克斯机枪能够长时间保持 600 发 / 分的射速，在多数情况下都有很高的可靠性。

菲亚特 - 雷维里 M1914 机枪

制造商：意大利菲亚特公司

定型时间：1914 年

口径：6.5 毫米

意大利军官雷维里设计的中型机枪——M1914 机枪，1914 年开始由菲亚特公司批量生产，1918 年停止生产，总产量约 4.75 万支。该枪采用半自由枪机式自动原理，由容弹量为 50 发的弹匣供弹。弹匣内分 10 格，每格装 5 发弹。机匣内有一个小油泵，用于润滑弹壳。该枪发射 6.5×52 毫米卡尔卡诺子弹，理论射速为 500 发 / 分。

约翰·勃朗宁在一战后设计的机枪，主要是把勃朗宁 M1917 水冷式重机枪改为气冷式，采用 .30-06 斯普林菲尔德子弹，被美国、英国、法国、澳大利亚等多个国家用于中型机枪、同轴武器及航空机枪等用途。该枪有多种型号，比较著名的是 M1919A4 型和 M1919A6 型。

勃朗宁 M1919 机枪

制造商：美国岩岛兵工厂

定型时间：1919 年

口径：7.62 毫米

传奇武器鉴赏：勃朗宁自动步枪

基 本 参 数	
口径	7.62 毫米
全长	1194 毫米
枪管长	610 毫米
重量	7.25 千克
弹容量	20 发

勃朗宁自动步枪（Browning Automatic Rifle，BAR）是由美国著名轻武器设计师约翰·勃朗宁设计的，虽然名为自动步枪，但在使用时却往往作为轻机枪。

美国军队参加一战后发现，在欧洲大陆环境恶劣的堑壕战中，他们缺乏密集的火力。1917 年，约翰·勃朗宁设计的一种可半自动或全自动射击的步枪很快被军方选中，迅速投产，并被军方正式命名编号为 M1918。因研制太晚，在一战结束时只有少量勃朗宁自动步枪服役，但它仍以其高可靠性受到前线士兵的欢迎。20 世纪 30 年代，勃朗宁自动步枪在欧洲仿制生产，作为轻机枪受到一些国家的欢迎。

勃朗宁自动步枪发射 30 ～ 06 子弹，由装于机匣下方的 20 发可拆卸弹匣供弹。该枪采用导气式原理，可实施半自动或全自动射击，子弹击发之后，一部分火药燃气经导气孔进入活塞筒，推动活塞，活塞连杆及枪机框后退，枪栓离开闭锁槽，整个机体后退，实现枪机开锁。开锁后的枪机框带动枪机后退，并压缩复进簧，而拉壳钩将空弹壳从弹膛内抽出，弹壳底部碰撞退壳板而将弹壳抛出，直到枪机框与缓冲器相撞，后退完全停止。如扣住扳机不放，复进簧带动枪机框及枪机前进，枪机的推弹凸笋从弹匣内推出一发子弹进入弹膛，枪机复进到位，枪机框继续前进，枪机后部上抬进入机匣内的闭锁槽完成闭锁。当闭锁时，枪机框继续前进而撞击击针击发。继续扣住扳机，又开始下一个循环。枪机匣用一整块钢加工而成，所以外观上显得粗壮结实，拉机柄在机匣左侧，表尺为直立式。枪管膛口安装圆柱形消焰器。

勃朗宁自动步枪构造简单，分解组合方便。虽然原来设计是作为单兵自动步枪，可由单

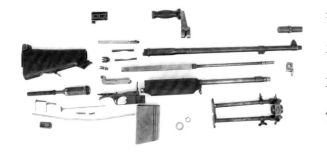

兵携行行进间射击，进行突击作战，压制敌方火力，为己方提供火力支援。但是由于它的重量不方便携行，并且发射大威力子弹的后坐力使全自动射击时难以控制精度。

1.8 堑壕战催生的冲锋枪

一战爆发后不久便从机动战转为阵地战，西线形成了 600 多千米长的筑垒堑壕系统。当时重机枪处于统治地位，防守方明显占据优势，没有人愿意冒着枪林弹雨冲向敌人的壕沟，战局只能僵持下去。

攻守双方都发现自己手中的武器没有一件是真正称手的，重机枪虽然可以连续射击，但是需要几个人相互配合才能操纵，而且把重机枪抬出战壕，跟着步兵冲锋根本就是不可能实现的任务；步枪虽然射程远、火力足，但是当时的手动步枪只能单发射击，火力密度不大，火力持续性也不够；手枪虽然大部分都已经是半自动，但是射程太近，在 20 米以内的极近距离才能发挥作用。双方都迫切需要一种既能像机枪一样进行快速连发射击，又能像步枪一样便于携带的轻武器。在这样的实战需求下，冲锋枪应运而生。

1916 年，德国开始研制使用手枪子弹的自动武器，用于配合渗透突破堑壕的突击战术。这种武器于 1918 年开始批量生产并装备部队，定名为 MP 18 冲锋枪，设计者为雨果·施迈瑟（Hugo Schmeisser），后来经过改进而成 MP 18/I 型，由伯格曼兵工厂生产。

冲锋枪在一战末期最后几场大规模战役开始显露其价值，德军为执行突击群战术的步兵配备了大量冲锋枪，并且成功对协约国军队造成了威胁，但是因为同期出现的美国战斗霰弹枪在火力上压倒了冲锋枪，而在冲锋枪战略上的优势仍未完全显露时，一战便已经结束了。因此冲锋枪并未在一战的战场上对当时步兵的作战方式产生全面性影响。

维拉尔 - 佩罗萨冲锋枪

制造商：意大利都灵兵工厂

定型时间：1914 年

口径：9 毫米

维拉尔 - 佩罗萨冲锋枪是意大利在一战中研制的 9 毫米冲锋枪，最初设计用于装备军用飞机的观察员。事实证明，即便采用双枪身设计，而且射速高达 1500 发 / 分，维拉尔 - 佩罗萨冲锋枪的 9 毫米子弹也很难对敌方飞机造成威胁。因此，该枪后来也配发给步兵，使用时通常会装上两脚架和枪盾。

伯莱塔 M1918 冲锋枪

制造商：意大利伯莱塔公司

定型时间：1918 年

口径：5.6 毫米、9 毫米

伯莱塔 M1918 冲锋枪是意大利枪械设计师塔利奥·马伦戈尼在一战时期设计的 9 毫米冲锋枪，1918 年在意大利武装部队服役。该枪在维拉尔 - 佩罗萨冲锋枪的基础上，将原先的双枪身取消，设计了一个卡宾枪风格的木头枪托，安装了新式瞄具，更换了一个常规的扳机系统。基本原理不变，依然是很少见的枪机回转延迟半自由枪机式自动原理，供弹具依然是 25 发弹匣。

MP 18 冲锋枪

制造商：德国伯格曼兵工厂

定型时间：1918 年

口径：7.63 毫米、9 毫米

MP 18 冲锋枪由雨果·施迈瑟设计，采用自由枪机原理，只能全自动射击。为能有效散热，采用开膛待机方式，枪机通过机匣右侧的拉机柄拉到后方位置，卡在拉机柄槽尾端的卡槽内，实现保险。这样的固定方式不够保险，意外受到某种震动时拉机柄会从卡槽中脱出，导致枪机向前运动击发子弹发生走火。MP 18 冲锋枪最醒目的特征是枪管上包裹套筒，套筒上布满散热孔，连续射击有利散热。

MP 28 冲锋枪

制造商：德国黑内尔公司

定型时间：1928 年

口径：9 毫米

MP 28 冲锋枪是 MP 18 冲锋枪的改进型，沿用其反冲作用和开放式枪栓，但是新增了快慢机和使用 32 发（以及后来的 20 发）可拆卸式弹匣供弹，主要发射 9×19 毫米鲁格子弹。MP 28 冲锋枪采用木材（枪托和枪身一体成型）和机器加工钢材制成，改进了加工工艺，以减少零部件。此外，还改进了瞄准具。

1.9 力压冲锋枪的霰弹枪

霰弹枪（Shotgun）是一种在近距离以发射霰弹为主杀伤有生目标的单人滑膛武器。霰弹枪作为军用武器已经有相当长的历史，早期有膛线的前装步枪虽然精度较好，但每次重新装弹都比滑膛枪慢，所以各国军队均以滑膛枪为主力。18 世纪后膛步枪和 19 世纪定装弹药出现后，有无膛线都不影响装弹效率，滑膛枪才不再作为制式武器。之后，专门用来发射霰弹的霰弹枪出现了，最初仅用来射击快速移动的空中目标，如鸟类和定向飞行泥碟靶。

到了一战时，手动步枪与同时期的手枪相比射速太慢，不太适合堑壕战，美国军队需要一种可以手持着冲锋或防御阵地的枪械，这种枪械必须能在短时间内发射多枚弹头。于是，采用泵动式设计的温彻斯特 M1897 霰弹枪便被美军大量采用，并在堑壕战中发挥了巨大作用，比同盟国使用的冲锋枪火力更强。一战结束后，美国军队甚至推迟了接受汤普森冲锋枪的计划，而改为装备温彻斯特霰弹枪。

至于同期的自动步枪因为过于笨重，多用作支援进攻或阵地防御，并用作轻机枪用途。在近距离以弹头计算，霰弹枪能一次发射多枚弹头，一般作战用的鹿弹每个有 9 ～ 12 个直径 7 ～ 8 毫米级的弹丸，每个弹丸的能量相当于普通的手枪子弹。即使是以发射率计算，当时的泵动式霰弹枪因为只需要前后拉推动作，射速远高于使用旋转后拉式枪机的手动步枪。不过，霰弹枪装弹量小，装弹速度慢，远距离的精度较差，所以在一战后有较多国家接受冲锋枪，而二战时更出现了突击步枪并在战后被各国广泛采用，其火力及压制能力都比霰弹枪为高，于是大部分国家也减少了霰弹枪的服役数量。

温彻斯特 M1897 霰弹枪

制造商：美国温彻斯特公司

定型时间：1897 年

口径：12 号、16 号

温彻斯特 M1897 霰弹枪是一支采用外部击锤和 5 发管状弹仓的泵动式霰弹枪，它有 12 号和 16 号两种口径，有多种不同长度的枪管。一战时期，美国军队装备了短管版的 M1897 霰弹枪，并且把它称为"战壕霰弹枪"。它经过一定的修改，包括在枪管之上安装了穿孔钢板式隔热罩，枪管比民用霰弹枪短，管式弹仓容量更大，没有空气阀门，并具有转接器型刺刀座以便装上特制型 M1917 刺刀。作为第一把成功生产的泵动式霰弹枪，温彻斯特 M1897 霰弹枪一直生产到 1957 年才停产，总产量超过 100 万支。

勃朗宁 Auto-5 霰弹枪

制造商：美国勃朗宁武器公司、雷明顿公司等

定型时间：1902 年

口径：12 号、16 号、20 号

勃朗宁 Auto-5 霰弹枪是约翰·勃朗宁设计的枪管长行程后坐作用式自动原理操作的半自动霰弹枪，从 1902 年一直生产到 1998 年，总产量超过 300 万支。该枪可发射 12 号、16 号或 20 号霰弹，弹药与泵动式霰弹枪一样会储藏在枪管下方的管式弹仓。该枪有 508 毫米（20 英寸）、660.4 毫米（26 英寸）、711.2 毫米（28 英寸）和 812.8 毫米（32 英寸）四种枪管长度，可根据需要换装。该枪采用了非常结实的木质枪托，而且在握持部分刻有防滑纹。

雷明顿 M10 霰弹枪

制造商：美国雷明顿公司

定型时间：1908 年

口径：12 号

自从泵动式霰弹枪诞生以后，雷明顿公司倾力研制，于 1910 年推出了雷明顿 M10 霰弹枪。该枪在 1908—1929 年生产，总产量约 27.5 万支。雷明顿 M10 霰弹枪虽然成功被美国军方采用，但采购数量很少。

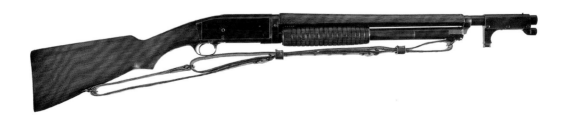

雷明顿 M17 霰弹枪

制造商：美国雷明顿公司

定型时间：1913 年

口径：20 号

雷明顿 M17 霰弹枪是 M10 霰弹枪的改进型，保留了 M10 霰弹枪的诸多设计，但采用双叉形枪机框，并对击发系统进行改进，从而实现了底部抛壳功能，同时对拆卸系统也进行了改进。雷明顿公司原本计划在 1917 年生产这种 20 号口径、5 发装弹的管状弹仓霰弹枪，这也是该枪命名为 M17 的缘由，但随后爆发的一战搅乱了他们的计划。直到 1921 年，M17 霰弹枪才投入生产，总产量为 7.3 万支。

雷明顿 M31 霰弹枪是雷明顿公司为了在美国本土的运动武器市场上与温彻斯特 M1912 霰弹枪竞争而研制及生产的泵动式霰弹枪。该枪是雷明顿公司第一款从侧边抛壳的泵动式霰弹枪，采用了核桃木质枪托，而早期的核桃木前护木为方格式防滑纹，以后改为了肋条式防滑纹。二战期间，雷明顿公司以雷明顿 31 霰弹枪为蓝本，生产了用于军事用途的防暴型霰弹枪。

雷明顿 M31 霰弹枪

制造商：美国雷明顿公司

定型时间：1931 年

口径：12 号、16 号、20 号

伊萨卡 M37 霰弹枪

制造商：美国伊萨卡枪械公司

定型时间：1933 年

口径：10 号、12 号、16 号、20 号、28 号

伊萨卡 M37 霰弹枪是伊萨卡枪械公司大量向军警及民用市场生产的泵动式霰弹枪，采用了底部一体化装填 / 抛壳口，这让枪身两侧都得以密封，并使枪身轮廓显得光滑整洁。此外，由于弹壳从底部装填和抛出，所以左右手操作都很方便。该枪被美军用于二战和越南战争，在越南的丛林中获得了可靠的声誉。在美国军队以外，最大用户就是纽约市警察局。

传奇武器鉴赏：温彻斯特 M1912 霰弹枪

温彻斯特 M1912 霰弹枪是美国温彻斯特公司研制和生产的泵动式霰弹枪，采用内置击锤，由内置管式弹仓供弹。该枪在推出后不久就被誉为"完美的连发枪"，并成为美国军队的制式武器。从 1912 年开始生产直到在 1963 年第一次被温彻斯特公司下令停止生产为止，各个型号的温彻斯特 M1912 霰弹枪一共生产了近 200 万支。该枪最初只能发射 20 号霰弹，1914 年推出了 12 号和 16 号霰弹的版本，1934 年更推出了 28 号霰弹的版本。

基 本 参 数	
口径	12、16、20、28 号
全长	1003 毫米
枪管长	510 毫米
重量	3.6 千克
弹容量	6 发

枪管组件

温彻斯特 M1912 霰弹枪的枪管共有四种不同的长度，包括民用型的 760 毫米（29.92 英寸）、710 毫米（27.95 英寸）、660 毫米（25.98 英寸），以及军用型和警用型的 510 毫米（20.08 英寸）。枪管口部上方均带有柱状准星。枪管为钢制造或不锈钢制造的滑膛枪管，枪管表面经过烤蓝处理，也有些型号采用高级镀镍处理。枪管上带有温彻斯特公司的商标与口径的铭文。狩猎用途型号的枪管上带有瞄准肋条用于辅助瞄准。后期型号也出现了一种类似消焰器的枪口装置。

护木

温彻斯特 M1912 霰弹枪的护木均为木质。普通狩猎用途型号、军用型及警用型的护木上加工有 18 条纵向防滑纹，并且在前后带有金属护板；而高级狩猎用途型号的护木两侧或是下方则加工有不同的防滑纹，只有护木前方带有金属护板，后方则取消了金属护板。与现代泵动式霰弹枪不同，枪机与护木相连的连杆只有一根，并设置于护木左侧。

发射组件

发射组件为模块化设计，被一个螺钉牢牢地固定在机匣内部，这个螺钉位于发射组件的尾部。发射组件最前部是托弹板，后面是内置式击锤。底部是扳机与半圆形扳机护环，扳机护环的前上方设有扳机保险。温彻斯特M1912霰弹枪不同型号的发射组件均可以互换使用。这种模块化设计在当时十分少见。

保险装置

温彻斯特M1912霰弹枪具有双重保险设计。其中一个就是半圆形扳机护环前方的扳机保险，将保险向右推处于保险状态，向左推为射击状态，此时保险左端露出红色标示。另一个保险装置是不到位保险，当枪机没有复进到位的时候，不到位保险会卡住击针，阻止击针向前打击霰弹药筒底火。此时即使击锤意外回转打击击针，击针也不会向前击发霰弹药筒，从而起到保险作用。

1.10 鼎盛时期的刺刀

刺刀大约在16世纪首次出现法国巴约讷的一场农民争执中。当时的农民将小刀插入来福枪枪口内，用于袭击敌人。一战初期是刺刀使用的鼎盛时期，当时步兵武器火力相对薄弱，刺刀作为一种重要的战术突击武器备受重视，从而衍生出让人眼花缭乱的变型。不过，在机枪登场后，防御火力爆炸性增加，正面的刺刀突击不但伤亡惨重也难以突破阵线。

一战期间，英军士兵装备的是21英寸（约53厘米）长的刺刀，这种刺刀的长度过长，并且在近战中难以发挥有效作用。但是，在混战中，刺刀比步枪更安全，因为子弹在穿透敌人后可能误伤己方。白刃战可以在敌军中引起恐慌，并促使他们撤退或投降。在前进时，刺刀还被用来解决路上的敌军伤员，这不仅节省了弹药，还减小了后背受攻击的概率。

德军士兵一般都使用M1898/05刺刀，这在开阔地上是一种很恐怖的武器，但是与英军刺刀一样，它在被安装到步枪上后就很难在战壕里使用。许多士兵都喜欢使用短柄铲子或其他挖战壕的工具来代替刺刀。他们会将铲子的边缘磨锋利，这样它就与刺刀一样有用，而且较短的手柄也使它们在狭窄的战壕内更易于使用。

由于在堑壕战中士兵们经常得不到足够的装备，前线的战壕中就出现了士兵们自制的武器，比如短木棍和金属狼牙棒，还有各种战壕刀，甚至指关节金属套。随着战争的发展，士兵们也得到了更好的装备，因此这些自制武器就被弃用了。

勒贝尔 M1886 刺刀

制造商：法国沙泰勒罗兵工厂

定型时间：1886 年

长度：67 厘米（长款）

勒贝尔 M1886 刺刀是法国为勒贝尔 M1886 步枪配备的一种长针形的重剑式刺刀，服役时间较长，从 1886 年持续使用至 1945 年。该刺刀的形制较多，有长款和短款之分，手柄由合金、黄铜或钢材制成，早期设有护手钩，后来因实际作用有限而被取消。

三十年式刺刀是日本于 19 世纪末开始生产的刺刀，从 1897 年定型到 1945 年日本投降，三十年式刺刀得到了广泛使用。刀身截面形状呈尖锐的倒三角形，刀身两侧铣有血槽，能减轻刀体质量和加强刀身刚度。护手为整体件，上端有枪口套环，下端有两种形式：一种是早期生产型的钩形，另一种是后期生产型的直形。刀柄末端为鸟头形金属件，是刺刀的闭锁机构。

三十年式刺刀

制造商：日本东京炮兵工厂

定型时间：1897 年

长度：51.4 厘米

P1907 刺刀

制造商：英国恩菲尔德兵工厂

定型时间：1907 年

长度：55 厘米

P1907 刺刀是一种单刃剑形刺刀，护手上带有一个枪口环。早期生产的护手下端带有护手钩，用于在拼刺中抓住敌人的刺刀，但实际上对拼刺作用并不是太大，1913 年就被取消了。P1907 刺刀实用性较差，装上后会改变步枪的射击能力，使步枪难以稳定握持，长刀刃会反光，容易暴露使用者，呈十字状的刀刃穿透能力较弱，生产比较麻烦，特别是在血槽的加工上，插入人体后不易拔出。

M1898/05 刺刀

制造商：德国毛瑟兵工厂

定型时间：1905 年

长度：50 厘米

M1898/05 刺刀于 1905 年正式被德国军队采用，是德国在一战中使用量最大的刺刀之一。该刺刀有两种形制，即普通型和锯齿型，两者的区别是锯齿型在刀背上设有锯齿。锯齿是提高刺刀杀伤力的一个有效途径。当刀身拔出或转动时，尖齿就可以进一步扩大伤口并破坏沿途碰到的一切组织，即使治愈后也会影响肌体功能。因此，美军士兵将 M1898/05 刺刀称为"屠夫"。正是因为 M1898/05 刺刀这种近乎泯灭人性的设计，许多协约国的士兵惨死在它的刀尖之下，导致 M1898/05 刺刀在人道问题上争议极大。为稳定军心起见，前线的德军官兵们开始换用普通刺刀，或者自行将刀背上的锯齿磨平。不过，大多数锯齿版的 M1898/05 刺刀仍得以保留。

M1905 刺刀

制造商：美国岩岛兵工厂、斯普林菲尔德兵工厂

定型时间：1905 年

长度：50.8 厘米

M1905 刺刀是美国军队为斯普林菲尔德 M1903 步枪配备的匕首型刺刀，1905 年开始装备部队。在此之前，各国步枪上使用的大多都是杆状刺刀，M1905 刺刀的出现，让刺刀的使用变得更加广泛，在一战中的表现得到了高度评价，也推动了各国刺刀的改革。M1905 刺刀的刀鞘有 M1905 和 M1910 两种。初期的 M1905 刀鞘用皮革包上木质鞘身而成，采用金属鞘口。M1910 刀鞘也用皮革包上木质鞘身而成，在此基础上还采用了帆布制刀鞘套。帆布制刀鞘套上安装有钢质双钩，鞘尖有皮革套。

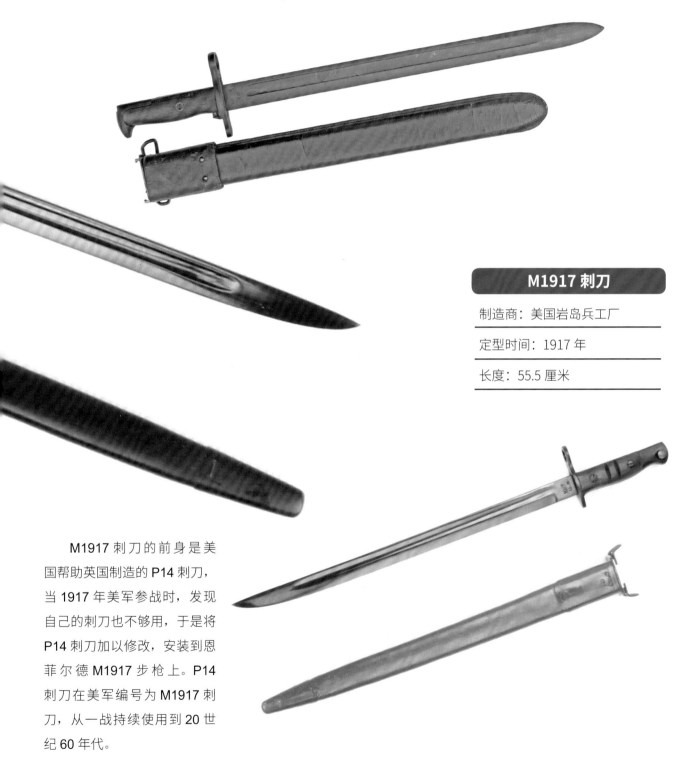

M1917 刺刀

制造商：美国岩岛兵工厂

定型时间：1917 年

长度：55.5 厘米

M1917 刺刀的前身是美国帮助英国制造的 P14 刺刀，当 1917 年美军参战时，发现自己的刺刀也不够用，于是将 P14 刺刀加以修改，安装到恩菲尔德 M1917 步枪上。P14 刺刀在美军编号为 M1917 刺刀，从一战持续使用到 20 世纪 60 年代。

1.11 简单有效的手榴弹

手榴弹是一种用手投掷的弹药，因 17 世纪、18 世纪欧洲的榴弹外形和碎片很像石榴和石榴子，故得此名。由于体积小、质量小，携带、使用方便，手榴弹曾在历次战争中发挥重要作用。19 世纪，随着枪炮的发展和城堡攻防战的减少，手榴弹一度受到冷遇。直到 1904 年日俄战争中，手榴弹又在战场上发挥了作用。

一战时期，由于堑壕战的兴起，手榴弹成为重要的步兵武器，得到了广泛应用。参战双方都迅速训练出了专门的手榴弹兵。手榴弹使士兵能够有效地攻击敌人，并且避免将自己暴露在敌军火力之下，而且手榴弹不需要步枪那样的精度。

德军和土耳其军在战争一开始就装备了大量手榴弹。德军使用的是柄式手榴弹，属于进攻型手榴弹。不同于英、法两国的防御型手榴弹，这种进攻型手榴弹威力巨大，并且由于杠杆原理的设计，让士兵能轻松地投得更远，一些训练有素的德军士兵甚至可以投出近 50 米的距离。同时非球体的设计让这种手榴弹不易滚动，有良好的环境适应性。

英国自 1870 年就废除了手榴弹兵，英军也没有参加过围困战，所以一战初期英军几乎没有装备任何手榴弹，所以士兵们必须使用手中一切可得的东西自行制造爆炸物。直到 1915 年底，英国米尔斯手榴弹才得到广泛的应用，到了战争结束时，英军一共投掷了 7500 万颗手榴弹。

米尔斯 MK 1 手榴弹

制造商：英国米尔斯弹药公司

定型时间：1915 年

重量：765 克

一战进入胶着状态后，手榴弹成为进攻者理想的选择。与准备充分的德国军队相比，仓促应战的英国军队显得极其窘迫。英国先后研制了 1 号手榴弹、2 号手榴弹以及众多土法制造的堑壕炸弹，但都无法满足作战需要。研发一种性能可靠，又便于大规模生产的手榴弹，成为英国陆军部的当务之急。一时间十几种不同设计风格的手榴弹纷纷亮相，在这些让人眼花缭乱的设计当中，工程师威廉·米尔斯的产品脱颖而出。在 1915 年 3 月进行的现场试验中，米尔斯手榴弹的表现相当不错，同年 5 月被命名为 5 号米尔斯 MK 1 手榴弹。

米尔斯 MK 1 手榴弹主要由弹体和引信两部分组成。铸铁弹体外观呈椭圆形，外面制有纵横交错的沟槽，把弹体分成 48 瓣，外形看起来更像个菠萝，目的是使弹体在爆炸时产生较为均匀的杀伤破片。铸铁弹体底部有一个大型底塞，依靠螺纹与弹体固定在一起，拧开之后可以从这里安装引信。弹体内装有 60 克炸药，通常是以硝酸铵为主体的混合炸药。米尔斯 MK 1 手榴弹的引信属于典型的击针发火延期结构，由引信体、保险握片、发火组件、击针和击针簧组成。

F1 无柄手榴弹

制造商：	法国圣埃蒂安武器制造厂
定型时间：	1915 年
重量：	600 克

一战时期由于战争所迫，法军对步兵战术有着深入的研究，并研发了著名的 F1 无柄手榴弹，它是苏制 F1 手榴弹和美制 Mk 1 手榴弹的直接原型。F1 无柄手榴弹重 600 克，装药量为 60 克，弹体长度为 9 厘米。法国军队从 1915 年开始装备 F1 无柄手榴弹，并持续使用至 1940 年。

M1915 柄式手榴弹

制造商：	德国莱茵金属公司
定型时间：	1915 年

M1915 柄式手榴弹是德国研制的第一种柄式手榴弹，这种手榴弹在堑壕战中表现突出，比协约国的卵形手榴弹投掷得更远，可以达到 40 米，而后者最多 30 米，这一战术优势是非常明显的，所以 M1915 手榴弹也是当时德国"暴风突击队"的标准配置。M1915 手榴弹使用摩擦点燃装置，这种设计在其他国家的手榴弹相当罕见，但在德制手榴弹却相当常见。

M1916 柄式手榴弹

制造商：德国莱茵金属公司

定型时间：1916 年

M1916 柄式手榴弹是 M1915 柄式手榴弹的改进型，同样属于进攻型远距离杀伤手榴弹，主要用于杀伤有生力量。手榴弹由装药弹体、引爆装置和木柄组成。该手榴弹是装箱运输的，而它们的引信组合必须在战斗前插入，所以每份炸药上都漆上了警示标语。

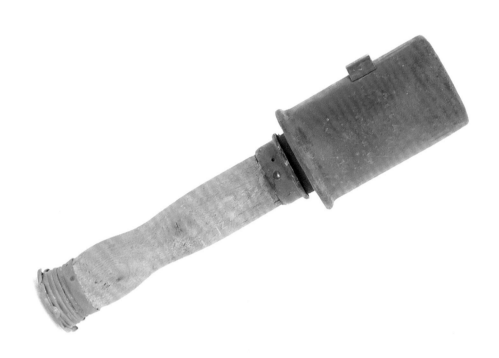

M1917 柄式手榴弹

制造商：德国莱茵金属公司

定型时间：1917 年

一战时期，随着战争进程的推进，德国也在不断改进柄式手榴弹，主要改进方向就是更轻、更易生产、成本更低。与 M1915 和 M1916 手榴弹相比，M1917 柄式手榴弹的安全性更好。

M17 卵形手榴弹是德国军队于 1916 年开始装备的手榴弹，与柄式手榴弹相比，它的重量更轻，所以可以投掷得更远。M17 手榴弹仅重 318 克，装药量为 32 克，弹体直径为 4.6 厘米，总长度为 6 厘米。该手榴弹也采用了摩擦点燃装置，延时引信的引爆延时为 5 秒。

M17 卵形手榴弹

制造商：德国莱茵金属公司

定型时间：1916 年

Mk 2 手榴弹

制造商：美国

定型时间：1918 年

重量：595 克

Mk 2 手榴弹是美国军队于 1918 开始装备的反人员破片手榴弹，在两次世界大战中都广泛使用，并持续使用至 20 世纪 60 年代。弹体长度为 8.9 厘米，弹体直径为 5.8 厘米，弹体外部呈锯齿状，利于在爆炸后产生更多的弹片。该手榴弹的内部填充物原本是 TNT，但由于战争初期 TNT 短缺，所以经常用硝化淀粉复合物代替。Mk 2 手榴弹的杀伤半径是 4 ～ 9 米，但弹片可杀伤至 45 米。由于公认的投掷距离多为 32 ～ 36 米，所以要求士兵在投弹后卧倒直至手榴弹爆炸。

十年式手榴弹

制造商：日本东京炮兵工厂

定型时间：1921 年

重量：530 克

　　十年式手榴弹是日本设计和制造的第一种破片手榴弹，有着带沟的菠萝状分节弹体，使其在爆炸时能够散出尖锐的碎片。引信属于雷管触发的类型，在拔出安全插销并敲击榴弹盖顶部后，引信会点燃并可提供 7 ~ 8 秒的爆炸延迟。当用作枪榴弹或迫击炮弹时，由于击针被发射的力量压入弹体，引信会自动点燃。这种设计导致引信长度有极大的变化与不准确性，使得手榴弹要不是提前爆炸，就是时间延迟长到敌军可以在爆炸前将手榴弹扔回来。

M1924 柄式手榴弹

制造商：德国莱茵金属公司

定型时间：1924 年

重量：595 克

　　M1924 柄式手榴弹是德国柄式手榴弹的最终发展版本，1924 年被德国军队选为制式武器。苏德战争爆发后，该手榴弹被大量用于东线战场。由于 M1924 手榴弹采用了长柄设计和杠杆原理，只要受过基本训练的士兵，就可以将其投掷得又远又准。那些作战素养极高的老兵，采用站姿投掷时，可以将手榴弹投掷到 50 米甚至更远，这个距离是同时期其他手榴弹所无法达到的。M1924 手榴弹的装药量很大，爆炸威力也非常恐怖。更重要的是，还能够采用集束的方式来增强爆炸威力。

1.12 恐怖的火焰喷射器

火焰喷射器是一种用来喷射长距离可控火焰的装置，也被称为火焰枪、喷火器。第一种火焰喷火器由德国人菲勒德于 1901 年发明。火焰喷射器主要是以油瓶、压缩装置、点火装置以及喷火枪组成。起初只是用作演习教材而被设计出来，德国军方认为有实战意义。起初菲勒德的火焰喷射器设计十分笨重，威力不足，射程太短，所以进行了多次改进。1912 年，德国军方挑选 48 名现役消防员组成手提式火焰喷射器的第一支火焰兵分队，成为世界上最早装备火焰喷射器的军队。其实早于 1898 年，俄国工程师基格尔就向俄军提出了手提式火焰喷射器的设计图，只不过俄军认为这种武器不切实际，导致德军占尽先机，令协约国在战争中蒙受损失。

一战时，德军使用石油混合油液作为火焰喷射器的燃料，射程只有 10 米并且较为笨重。1915 年 2 月 26 日，法军在凡尔登地区初次遇上喷火器的烈焰。同年 7 月 30 日，英军在弗兰德地区霍格的战壕尝到石油混合橡胶及硫磺的地狱之火。在两天的战斗中，英军 35 名军官及 715 名士兵阵亡，霍格的战斗结束后，火焰喷射器被写入战斗报告之中。吃了苦头的英法两国开始研发自己的火焰喷射器，法国人比较现实，抄袭德国人的设计并在 1917—1918 年配备到军队中使用。英国人制作出重达两吨的火焰喷射器，并在索姆河地区部署了 4 门，它们被固定在防御工事内，前面是双方对峙的无人杀戮区。1917 年索姆河战役打响，德军的反击炮火消灭了 2 门火焰喷射器，而余下 2 门则在英军清除德军第一道防线后失去原有的作用。

霍格的成功令德军更加重视火焰喷射器的运用，他们将火焰喷射器编成 6 人小组，每组配备 3 具火焰喷射器，分配在协约国的整个前沿上，主要在德军发动攻击时清除协约国的第一道防线。1917 年德军对火焰喷射器再次改良以及减轻重量，并配备可以多次使用的点燃信管，使得火焰喷射器得到机动性以及发射频率的提升。尽管如此，德军火焰喷射器对英法联军已经失去奇袭性，同时英法联军对火焰喷射器保持警戒心，当德军火焰兵出现时，英法联军会优先以火力消灭火焰兵，一旦俘虏火焰兵就立刻处决。再加上无法提供远距离宽正面的持续火力，这种优势的战壕兵器再也无法发挥出霍格战役中那种决定性的作用。在整个一战中，德军发动了 650 次火焰喷射器攻势，相反英法联军的同类攻势为零。

M.16 火焰喷射器

制造商：德国伯尔西瓦尔德兵工厂

定型时间：1915 年

　　M.16 火焰喷射器（Flammenwerfer M.16）是德国在一战期间使用的背负式火焰喷射器，也是世界上第一种用于作战的火焰喷射器。M.16 火焰喷射器有一个容量为 35 升的燃料罐，作战时需要两名士兵操作，有效射程为 10 米。这种武器最早于 1915 年的凡尔登战役中被使用，在 1918 年的阿贡森林战役中也被用来抗击协约国军队。同时，也有证据显示其曾于 1916 年的索姆河战役中被使用。

　　"交火设备"火焰喷射器是德国军队于 1916 年开始装备的小型便携式火焰喷射器，其燃料容器十分有趣，形状像是一个甜甜圈。这种火焰喷射器的射程有限，但它却能有效地扫除掩体和堑壕内的敌人。

"交火设备"火焰喷射器

制造商：德国伯尔西瓦尔德兵工厂

定型时间：1916 年

Chapter 02
二战前后

　　二战深刻地改变了人类历史，其影响广泛地涉及政治、经济、军事、外交、文化和科技各个层面。以军事科技的发展为中介，人类的智慧与自然界的能量完美地结合在一起，被极大地释放出来，战争的破坏力空前增大、战争手段空前增多、战争样式空前丰富、战争空间空前广阔。人类的战争活动由此由盲目走向自觉、由浮躁走向理智、由幼稚走向成熟，进入一个新的历史阶段。这场战争不仅检验了各国武器装备的实力和水平，也大大促进了武器装备的发展。

1931—1946 年

1933 年　阿道夫·希特勒成为德国元首

1934 年　德国军队装备 MG 34 通用机枪，是第一种被采用的通用机枪

1936 年　美国军队装备 M1 "加兰德" 步枪，成为第一种被大量列装的半自动步枪

1938 年　德国军队装备 MP 38 冲锋枪，率先使用可折叠枪托

1939 年　二战爆发

1940 年　英、法军队从敦刻尔克撤退到英国本土

1941 年　美国推出 "巴祖卡" 反坦克火箭筒

1944 年　德国发明了 StG 44 突击步枪及其专用的 7.92×33 毫米中间型威力子弹

2.1 半自动手枪独占鳌头

一战中，自动手枪充分展示了转轮手枪无可比拟的优越性，令各国军方刮目相看，也充分认识到发展自动手枪势在必行，从此现代手枪的发展进入了一个崭新的时期。在战争间期，各国都在不遗余力地发展具有本国特色的手枪，各种新式手枪层出不穷。

二战中，手枪是参战各国不可缺少的武器装备。在这场规模空前的战争中，小小的手枪并不引人注目，但也经受了战火的考验，发挥了应有的作用，并涌现出很多结构新颖、性能优良的自动手枪。

毫无疑问，自动手枪已经成为世界手枪发展的主流。其主要表现在以下几个方面：一是自动手枪的结构原理已趋于成熟，设计更加完善。自动原理以枪管短后坐式和自由枪机式为代表。在枪管短后坐式自动原理中，闭锁方式主要采用的是枪管偏移式原理。在结构设计上又可分为 3 个流派：以比利时勃朗宁大威力手枪为代表的凸耳式，以美国 M1911 手枪和苏联 TT-33 手枪为代表的铰链式，以德国 P38 手枪为代表的卡铁摆动式。二是手枪的口径基本上有 3 种：9 毫米、7.62 毫米、11.43 毫米，其中又以 9 毫米口径最为常见。三是自动手枪的优越性能越来越为人们所认同，影响越来越大。在参加二战的各个国家中，除英国外基本上都装备了现代自动手枪，转轮手枪已经风光不在。这一切对现代手枪的发展起到了深远的影响。

托卡列夫半自动手枪

制造商：苏联图拉兵工厂

定型时间：1930 年

口径：7.62 毫米

托卡列夫半自动手枪是由苏联轻武器设计师费德尔·托卡列夫设计的军用半自动手枪，用于取代沙俄时期的纳甘 M1895 转轮手枪，但直到二战结束时也没有完全取代。该枪的设计深受约翰·勃朗宁的 FN M1903 及柯尔特 M1911 等手枪的影响，在外观及机械结构方面均与 FN M1903 手枪相似，但发射时的枪机后坐距离较短。托卡列夫手枪的第一个型号是 TT-30，在投产后简化了一些设计，如枪管、套筒释放钮、扳机及底把等，以便更易于生产。这种改进型名为 TT-33。

恩菲尔德 No.2 转轮手枪

制造商：英国恩菲尔德兵工厂

定型时间：1931 年

口径：9 毫米

　　韦伯利·斯科特公司为英军设计韦伯利 Mk IV 转轮手枪后，英军并没有直接采用该枪，反而将其设计提交给国营的恩菲尔德兵工厂，开发出一款跟韦伯利 Mk IV 十分相似，但内部结构却稍有不同的转轮手枪，即恩菲尔德 No.2 转轮手枪。由于恩菲尔德兵工厂在二战期间无法生产足够的 No.2 转轮手枪以达到英军的需求，韦伯利 Mk IV 也被英国陆军所采用，以填补前者的空缺。

韦伯利 MK IV 转轮手枪

制造商：英国韦伯利·斯科特公司

定型时间：1932 年

口径：9 毫米

　　一战期间，韦伯利·斯科特公司为英军设计和生产了一系列中折式转轮手枪。战后，英国军方开始寻求一种新兵也能使用的低重量和低后坐力的双动转轮手枪，以在极近距离下能够轻易地击中敌人，其发射的重弹也有着较高的停止作用。由于当时 9 毫米口径在美国流行于警察和民间射手中，韦伯利·斯科特公司随即向英军提供了一种 9 毫米口径的韦伯利 Mk IV 转轮手枪。

九四式手枪

制造商：日本南部兵器制造所

定型时间：1934 年

口径：8 毫米

　　九四式手枪是日本轻武器设计师南部麒次郎设计的小型轻量半自动手枪，二战期间主要装备战车乘员、飞行员等非直接战斗人员。该枪精准度较高，重量比十四年式手枪更轻，并且不需要经常保养擦拭。九四式手枪与十四年式手枪同样采用 8 毫米南部弹，并因有着较坚固、能减少意外走火的发射机件，而较容易装填。

伯莱塔 M1935 手枪

制造商：意大利伯莱塔公司

定型时间：1935 年

口径：7.65 毫米

伯莱塔 M1935 手枪在大多数方面类似于伯莱塔 M1934 手枪，只是它发射 .32 ACP（7.65×17 毫米勃朗宁短弹）。尽管两者的结构相同（部件的形状和枪机操作原理相同），但细小的尺寸差异意味着它们的部件都不可交换使用。二战期间，意大利和德国军队所用的伯莱塔 M1935 手枪被盟军大量缴获，因其体积小、结构优良、坚固耐用，也受到盟军士兵的喜爱。

拉多姆 VIS 35 半自动手枪

制造商：波兰拉多姆兵工厂

定型时间：1935 年

口径：9 毫米

拉多姆 VIS 35 半自动手枪是由波兰轻武器设计师皮厄特勒·威尔内夫斯奇斯设计的半自动手枪，于 1935 年成为波兰军队的制式手枪。该枪在设计的时候充分参考了柯尔特 M1911 手枪的基本结构，采用与柯尔特 M1911 手枪类似的单动式击发原理，但是没有采用它的铰链回转式结构，而是采用了突耳式结构，与勃朗宁大威力手枪比较类似。

伯莱塔 M1934 手枪

制造商：意大利伯莱塔公司

定型时间：1934 年

口径：9 毫米

伯莱塔 M1934 手枪是伯莱塔公司研制的反冲作用操作式紧凑型半自动手枪，从 1934 年开始成为意大利武装部队与警察的制式枪械。该枪的套筒采用伯莱塔手枪一贯的顶部开口式设计，枪管口部突出于套筒前端面，准星为片状，抽壳钩位于套筒顶部后方。

拉赫蒂 L-35 半自动手枪

制造商：芬兰国立枪械厂

定型时间：1935 年

口径：9 毫米

　　拉赫蒂 L-35 半自动手枪是由芬兰枪械设计师艾莫·拉赫蒂于 1935 年设计的一种枪管短行程后坐作用半自动手枪，1935 年被芬兰陆军选为制式手枪，并一直服役至 20 世纪 80 年代才被勃朗宁 BDA 手枪所取代。该枪在外形上明显参考了德国鲁格 P08 手枪，但并没有采用其肘节式起落闭锁设计。该枪采用了一种并不常见的"枪机加速器"，它能够让枪支在严寒的环境下或在受到污染的时候增加可靠性。

瓦尔特 P38 半自动手枪

制造商：德国瓦尔特公司

定型时间：1938 年

口径：9 毫米

　　瓦尔特 P38 半自动手枪是二战中德军使用的主要手枪，尽管它的出现是为了取代成本昂贵的鲁格 P08 手枪，然而直到二战结束时也没有完全取代。P38 手枪是历史上第一种采用闭锁式枪膛的手枪。射手能够预先在膛室内装入一发子弹，并以待击解脱杆把击锤退回到半待击状态。在双动模式时，膛室内有一发子弹的情况下，射手只需扣动扳机就能开火，但打第一枪的时候所需的扳机压力会较大，因为扣扳机的同时会扳起击锤。而随后的射击则会通过其作动机制的循环而完成推弹入膛、抛壳和扳起击锤的步骤。

威尔罗德（Welrod）微声手枪是二战期间英国相互勤务调查局研制的栓动式微声手枪，主要装备英国特别行动委员会，但也被美国战略情报局和抵抗势力所使用。该枪采用了栓式枪机设计，因为它简单、可靠，而且安静。该枪的主体采用直径为32毫米、长约300毫米的圆柱体制成，尾部收纳了枪栓，中间部分为通风式枪管和枪管所用的气体膨胀仓，而前部则是抑制器的橡胶制阻体与擦片。尾部装有辊纹式旋钮，用作枪栓的手柄，旋转90度以后会解锁。弹匣兼作握把，可以拆卸。

威尔罗德微声手枪

制造商：英国伯明翰轻武器有限公司

定型时间：1942年

口径：7.65毫米、9毫米

绍尔 38H 半自动手枪

制造商：德国绍尔父子公司

定型时间：1938年

口径：6.35毫米、7.65毫米、9毫米

绍尔 38H 半自动手枪是由绍尔父子公司于1938年研发并持续制造至二战结束的一款小型半自动手枪，"H"指德文"hahn"，代表其击锤内置的设计。该枪最初是为警察设计的，但于1939年被德国军方采用，主要供德国空军机组人员和坦克部队使用。该枪采用自由枪机式工作原理，装有膛内有弹指示器，当膛内有弹时，该指示器即从套筒后面伸出。

富世华 M/40 半自动手枪

制造商：瑞典富世华公司

定型时间：1940年

口径：9毫米

M/40 半自动手枪是芬兰拉赫蒂 L-35 半自动手枪的瑞典授权生产版本，它比原枪更为简化，但可靠性却比不上原枪。瑞典国防军于1940年正式列装 M/40 手枪，富世华公司在1940年至1946年共生产了10万支。由于在生产期间采用了劣质的金属，加上20世纪60年代瑞典军方选用了一种威力更大的9毫米子弹，导致部分手枪的枪机出现裂缝。之后，瑞典国防军逐渐换装为格洛克手枪。

毛瑟 HSc 半自动手枪

制造商：德国毛瑟公司

定型时间：1940 年

口径：7.56 毫米

　　毛瑟 HSc 半自动手枪是德国在二战期间和战后制造的半自动手枪，"HSc"指德语"Hahn Selbstspanner"，即自动复位击锤。该枪采用自由枪机式自动原理，击锤回转击发，双动扳机。套筒造型非常别致，套筒前方下部带有一个斜面，与下方套筒座很好地结合在一起。套筒座尾部的外露击锤十分小巧，这个设计也是为了让射手能够把枪隐藏到口袋里，并且拔出时击锤不会被衣服挂住。

传奇武器鉴赏：勃朗宁 M1935 半自动手枪

　　勃朗宁 M1935 半自动手枪是由约翰·勃朗宁进行基础设计、迪厄多内·塞弗改进及完成的单动操作式半自动手枪，发射当时欧洲威力最强大的 9×19 毫米子弹。该枪在法国有时也简称为勃朗宁自动手枪（Browning Automatic Pistol，BAP），在英语国家称为勃朗宁大威力自动手枪（Browning High Power，BHP）。该枪是世界应用最广泛的手枪之一，因为精度高、容弹量较大，至今仍在现代手枪结构设计中占有重要地位。

　　勃朗宁 M1935 半自动手枪是应法国军队对新型军用手枪的要求而设计的。法军的要求是手枪尺寸必须紧凑、至少能够装填 10 发子弹、配用可拆卸式弹匣、火力强大且分解和重新组装简单、能够击杀 50 米内的任何目标。赫斯塔尔公司委托勃朗宁设计一支符合上述要求的新型军用手枪。1922 年，勃朗宁在美国犹他州奥格登研制

基 本 参 数	
口径	9 毫米
全长	197 毫米
枪管长	119 毫米
重量	1 千克
弹容量	13 发

出两种采用不同自动原理的原型枪。在经过比较后，赫斯塔尔公司认为采用后膛闭锁及枪管短后坐原理的方案更为适合，于是选择了第二种原型枪方案并进行进一步研制和测试。1926年勃朗宁逝世后，该枪的设计工作由后来成为赫斯塔尔公司总设计师的迪厄多内·塞弗接手。1931 年，勃朗宁大威力手枪的设计基本定型。该枪采用枪管短后坐式工作原理，枪管偏移式闭锁机构，回转式击锤击发方式，带有空仓挂机和手动保险机构。全枪结构简单、坚固耐用。由于该枪生产时间较长，期间几经改进，加上生产厂家较多，细节上也有诸多差别。

套筒

套筒组件由套筒本体、准星、表尺、阻铁杠杆、阻铁杠杆轴、抽壳钩、击针、击针簧和击针限制板组成。

套筒座

套筒座作为全枪最复杂的一个部件，其上安装有诸多零件，主要包括握把护板、扳机、扳机轴、扳机连杆、扳机簧、弹匣扣、阻铁、抛壳挺、手动保险杆、击锤、击锤连杆、击锤簧等。

枪管

枪管长 119 毫米，内有 6 条右旋膛线。枪管外表面在弹膛上前方处设有两道半环状闭锁突起，在弹膛下方的突起部分则加工有开闭锁导槽，弹膛后下方还加工有导弹斜面。

复进簧组件

复进簧组件由复进簧、复进簧导杆、复进簧导杆帽、复进簧导杆簧和限位钢珠组成。其中复进簧导杆簧和限位钢珠安装在复进簧导杆中，并被复进簧导杆帽限制住。复进簧用在给套筒复位提供动力，完成复位动作。

弹匣

双排单进 13 发弹匣，由弹匣体、托弹板、托弹簧、托弹簧底板和弹匣底板组成。这种结构的弹匣非常适合在手枪上使用，为后来的各种大容弹量子弹匣设计奠定了基调。

2.2 手动步枪的最后荣光

一战后，各种自动步枪设计如雨后春笋般涌现，但是各国军队的主要步兵武器仍然是手动步枪。究其原因，一是战后各国都堆积了大量的手动步枪，二是因为大战结束百废待兴，各国都没有富余的资金和换装的动力。随着 1929 年世界经济危机的降临，军队更换自动步枪的步伐自然放缓。

二战爆发后，尽管参战各国更加广泛地使用自动步枪和半自动步枪，但多数国家都是少数精锐部队在使用。归根究底，主要原因还是弹药消耗太大。一名普通士兵如果使用手动步枪，携带 150 发子弹足够作战 3 天，若是自动步枪，150 发子弹连 3 小时都不够用。如果全面换装自动步枪，各国后勤装备部的工作量和弹药需求将呈几何级数增长。因此尽管各种自动步枪和半自动步枪问世许久，但大多数士兵还是装备着一战时期遗留下来的手动步枪以及它们的最新改进型，如美国斯普林菲尔德 M1903 步枪、英国李 - 恩菲尔德步枪、苏联莫辛 - 纳甘 M1891 步枪、法国勒贝尔 M1886 步枪、日本三八式步枪等。

毛瑟 Kar98k 步枪

制造商：德国毛瑟公司

定型时间：1935 年

口径：7.92 毫米

20 世纪 30 年代，德国重整军备，经过改进的标准型毛瑟 M1898 步枪被德国国防军选为制式步枪，命名为 Karabiner 98k，简称 Kar98k 或 K98k，其中尾部的 k 是 "Kurz" 的缩写，德语意为 "短"——相对于 Gew98 步枪，Kar98k 步枪的长度缩短不少，但仍比一般卡宾枪要长。Kar98k 步枪于 1935 年开始批量生产，同年装备德军，1945 年停止生产，总生产量超过 1400 万支。

MAS-36 步枪

制造商：法国圣埃蒂安武器制造厂

定型时间：1936 年

口径：7.5 毫米

MAS-36 步枪是法国研制的军用手动步枪，1936 年被法国陆军采用，以替换当时服役的贝蒂埃步枪和勒贝尔 M1886 步枪，并在二战期间服役。该枪是一种短小、轻便的卡宾枪型步枪，使用两段式枪托，与其他步枪相比，其机匣也更加光滑。

温彻斯特 M70 步枪是温彻斯特公司研制的栓动步枪，采用内置式弹仓设计，胡桃木质造的枪托在握持部分设有防滑纹，这点在当时来说并不多见。枪托尾部设有金属底板，后期还增加了橡胶缓冲垫。枪托前后方安装有背带环。枪管上设有准星和照门。扳机组件设计得十分巧妙和简单，扳机和阻铁都可以进行调节，从而允许射手根据需求调节扳机力，这样的设计在当时也是很少见的。温彻斯特 M70 步枪从 1936 年持续生产到今天，期间出现了许多版本和样式。

温彻斯特 M70 步枪

制造商：美国温彻斯特公司

定型时间：1936 年

口径：5.56 毫米、6.5 毫米、7 毫米、7.62 毫米等

意式步枪

制造商：意大利陆军兵器制造所

定型时间：1938 年

口径：6.5 毫米

意式步枪是由意大利修改制造的三八式步枪。1937 年，日本为了巩固当时逐渐成型的轴心国关系以及补充战争损失的军火，因此向意大利订购了一批步枪，原先日本要求这批步枪必须完全以三八式步枪的规格制造，但是被意大利以数量少无法开辟生产线的理由拒绝。最后，这批步枪使用了卡尔卡诺步枪的枪机并搭配三八式步枪的设计，日本将其称为意式步枪。由于这批步枪的机件过于脆弱，可靠度低，陆军只好将其移交给海军使用，作为舰艇安保武器。

九九式步枪

制造商：日本名古屋兵工厂

定型时间：1939 年

口径：7.7 毫米

九九式步枪是日本在二战中使用的栓动步枪，又称九九式有坂步枪。该枪是以德国毛瑟步枪的设计为基础，加入了一些细节改变。该枪有四种衍生型：标准的九九式短步枪、九九式长步枪（限量生产的衍生型）、二式伞兵步枪，以及九九式狙击步枪。日本原本预定要在战争结束前完全以九九式步枪取代三八式步枪。不过，太平洋战争爆发，导致军方无法完全淘汰三八式，因此两种步枪在战争中都有使用。

1940 年，日本决定组建伞兵部队，为此要发展伞兵用枪，要求此枪的长度较短以便伞兵进出舱门。日本曾采用三八式卡宾枪，但效果不佳，故决定由九九式步枪去发展伞兵用枪，即二式步枪。该枪几乎就是一支九九式短步枪，只是枪身可在跳伞时一分为二，到地面时合二为一，两段枪身以一个突出部和一个横锁去固定，拉出横锁即分开，反之就是结合。前段枪身包括整根枪管，后段则是整个枪机和闭锁系统。

二式步枪

制造商：日本名古屋兵工厂

定型时间：1940 年

口径：7.7 毫米

德利尔卡宾枪

制造商：英国斯特林武器公司

定型时间：1942 年

口径：11.43 毫米

德利尔卡宾枪是英军在二战时使用的特制手动卡宾枪，由英国人威廉·德利尔设计，在李 - 恩菲尔德 Mk III 短步枪上改装机匣、机头及枪机，改用汤普森冲锋枪的枪管及改装的 M1911 子弹匣而成。枪管装有高效能整体式消声器，长度达全枪的一半，内有制退功能。该枪发射时声音很小，且手动枪机不会在射击后自动排出弹壳。

2.3 日趋成熟的自动／半自动步枪

　　20 世纪初，能够自动装填、连续射击的步枪开始在世界各国兴起，而第一支被军队正式采用的半自动步枪（扣一次扳机射出一发子弹，通常自动步枪都具有半自动模式）是墨西哥人蒙德拉贡发明的蒙德拉贡 M1908 步枪。这种武器结构较为复杂，墨西哥国内并没有能力生产这种武器。因此墨西哥政府将这批武器承包给瑞士西格公司。不过由于墨西哥国内动乱，这笔订单最终未能完成，西格公司只能将其销往德国。经实战检验，蒙德拉贡 M1908步枪的稳定性不佳，养护成本很高。不过，它在枪械发展史上仍有着重要地位。

　　在此之后，自动步枪和半自动步枪进入了快速发展阶段，各式各样的试验性武器出现在各国军队的军械库中。不过，当时的自动步枪和半自动步枪设计不够完善，生产工艺不佳，导致可靠性普遍较差。而一战堑壕战的战争模式也决定了传统步枪是更好的选择，巨大的消耗战对弹药补给是沉重的负担。所以，只有少数精锐部队会配发自动步枪、半自动步枪或者冲锋枪。

　　虽然直到战争末期，自动步枪和半自动步枪才越来越多地出现在一战舞台上，但并不妨碍一些自动步枪发展史上的经典设计在这个阶段诞生。其中最值得一提的，就是约翰·勃朗宁所设计的勃朗宁 M1918 自动步枪（Browning Automatic Rifle，BAR）。在一战末期美国宣布参战，当时美国军队意识到在堑壕战中传统的精确射击一发一颗子弹的思路已经落伍，依靠高射速持续火力来击杀敌人才是更为先进的作战理念。为了解决美国远征军在欧洲战场火力不足的问题，勃朗宁设计了 BAR。虽然 BAR 配发时一战已接近尾声，但由于其结构可靠，作为常规携行武器时具有强劲的火力，所以在士兵中受到了广泛好评。因此在一战结束后美军继续大范围列装 BAR，直到二战时的改进型 M1918A2 依然是美军主力的班用火力支援武器。而且参战各国中，只有美国军队大规模列装了半自动步枪，也就是 M1 "加兰德"步枪。

　　虽然德国、苏联和日本等国也设计和生产了多款自动步枪和半自动步枪，但由于各方面的原因，均未能大量装备部队。以苏联为例，在开始生产 SVT-40 半自动步枪后，苏联便开始减产莫辛 - 纳甘步枪。不过由于 SVT-40 步枪结构复杂，生产速度较慢，虽然苏联高层看好，但是基层士兵却很反感，认为它不如莫辛 - 纳甘步枪耐用。最终，苏军士兵大量装备的自动武器是结构简单、制造容易、上手方便的 PPSh-41 冲锋枪。

蒙德拉贡 M1908 半自动步枪

制造商：瑞士西格公司

定型时间：1908 年

口径：7 毫米、7.55 毫米、7.92 毫米

蒙德拉贡 M1908 半自动步枪是由墨西哥陆军上将曼努埃尔·蒙德拉贡设计、瑞士西格公司生产的半自动步枪，在 1908 ～ 1911 年生产，在墨西哥革命、一战和二战中都有使用，是历史上第一种被运用于战场上的半自动步枪。

温彻斯特 M1907 半自动步枪

制造商：美国温彻斯特公司

定型时间：1907 年

口径：8.9 毫米

温彻斯特 M1907 半自动步枪是由美国枪械设计师托马斯·克罗斯利·约翰逊设计的一种半自动步枪，在 1907 ～ 1957 年由温彻斯特公司生产。枪机自动方式为非常简单的自由枪机式，使用一个 5 发或 10 发的可拆卸弹匣。一战期间，温彻斯特 M1907 半自动步枪被英国和法国大量引进。

与温彻斯特公司早期生产的传统步枪相比，M1910 半自动步枪最大的特点就是将火药燃烧产生的后坐力转化为作功的力，实现了枪机的自动后退，从而实现了自动抽、抛壳及次发弹的自动上膛。而且，其零件数量大大减少，结构清晰、简洁，相互配合切实。不过，由于是在温彻斯特公司传统的非自动步枪上改造而成，故 M1910 步枪上并没有现代步枪结构中所谓的"拉机柄"，其推枪机向后的零件 —— 开膛杆位于枪管下方。

温彻斯特 M1910 半自动步枪

制造商：美国温彻斯特公司

定型时间：1910 年

口径：10.33 毫米

RSC M1917 半自动步枪

制造商：法国圣埃蒂安武器制造厂

定型时间：1917 年

口径：8 毫米

RSC M1917 半自动步枪于一战末期装备法国军队，其设计相对比较紧凑，尤其是自动机布局较为合理，供弹可靠性较好。该枪延用了不少勒贝尔步枪的零部件，使得其生产成本较低，制造也相对容易一些。不过该枪仍有不少早期半自动步枪的共同缺点，就是全枪过长过重，枪机和活塞系统抗污能力较差，需要经常保养擦拭，同时机匣和枪机部分大量使用形状复杂的机加工件，加工费时并且成本较高。

SKS-45 半自动步枪是由苏联枪械设计师谢尔盖·西蒙诺夫于二战期间设计的半自动步枪，"SKS"是"西蒙诺夫自动装填卡宾枪"的缩写。该枪是第一支发射苏联 7.62×39 毫米 M43 中间型威力子弹的步枪，具有结构简单、刚度好等优点。该枪的布局与传统卡宾枪无异，使用木质枪托，没有手枪握把。大多数版本都在枪管下配有一个可折叠的刺刀。

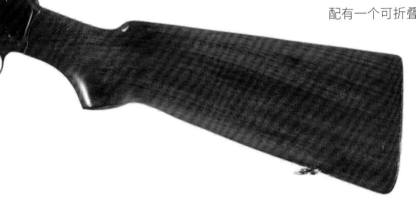

SKS-45 半自动步枪

制造商：苏联图拉兵工厂

定型时间：1945 年

口径：7.62 毫米

费德洛夫 M1916 自动步枪

制造商：苏联科夫罗夫兵工厂

定型时间：1916 年

口径：6.5 毫米

费德洛夫 M1916 自动步枪是由弗拉基米尔·费德洛夫设计的自动步枪，1916 年开始生产，参加过一战及俄国内战。后来在 1940 年的冬季战争中，苏军从仓库中取出了费德洛夫 M1916 步枪，用于装备他们的精锐部队。由于该枪使用中等威力的弹药、可选射、重量低，并有一个大容量的可拆卸弹匣等原因，被部分人认为是早期试验性的突击步枪。但是一些人认为它使用的 6.5×50 毫米有坂子弹不是专门研制的中间型威力子弹，而且没有手枪式握把，所以不是一支真正意义上的突击步枪。

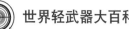
ZH-29 半自动步枪

制造商：捷克斯洛伐克布鲁诺兵工厂

定型时间：1929 年

口径：7.92 毫米

ZH-29 半自动步枪是由伊曼纽尔·霍莱克设计的半自动步枪，他同时设计有 ZB26 轻机枪，故 ZH-29 步枪的闭锁系统、枪机及导气杆结构与其相似。ZH-29 步枪有三种型号：常规型枪管长 740 毫米、缩短型枪管长 600 毫米、卡宾型枪管长 545 毫米。当德国吞并捷克斯洛伐克后，有少量 ZH-29 步枪为德军于欧洲战线所用。

勃朗宁 Wz. 1928 自动步枪

制造商: 比利时国营赫斯塔尔公司、

波兰国家步枪工厂

定型时间：1928 年

口径：7.92 毫米

勃朗宁 Wz. 1928 自动步枪是一款先由比利时国营赫斯塔尔公司生产及出口，后由波兰国家步枪工厂特许生产的自动步枪、战斗步枪以及轻机枪，既是勃朗宁自动步枪的波兰版本，也是二战中波兰所使用的轻机枪，发射 7.92×57 毫米毛瑟子弹。

AVS-36 自动步枪是谢尔盖·西蒙诺夫设计的一种使用短行程导气式活塞、偏斜闭锁操作的自动步枪，其枪管上有一个枪口制退器，可用于减轻后坐力。该枪由 15 发可拆卸弹匣供弹，枪身上可以安装刺刀。在正式投入服役之后，AVS-36 步枪很快就显露出太过复杂的问题，当沙子进入枪内时，问题将变得更大。

AVS-36 自动步枪

制造商：苏联图拉兵工厂

定型时间：1936 年

口径：7.62 毫米

阿玛格拉 M39 半自动步枪是意大利军队在二战期间装备的半自动步枪，在 1939 ～ 1945 年生产，总产量仅有 500 支左右。该枪采用枪管短后坐式自动原理，可发射 6.52×52 毫米和 7.35×51 毫米两种子弹。

阿玛格拉 M39 半自动步枪

制造商：意大利阿玛格拉公司

定型时间：1939 年

口径：6.5 毫米、7.35 毫米

SVT-40 半自动步枪

制造商：苏联图拉兵工厂

定型时间：1940 年

口径：7.62 毫米

SVT-40 半自动步枪是苏联轻武器设计师费德尔·托卡列夫设计的半自动步枪，在二战期间被苏联红军使用。该枪的内部结构较为复杂，需要有较为专业的枪械保养知识，这正是苏联陆军士兵所欠缺的。因此，SVT-40 步枪并没有大规模地列装部队。

M1941 "约翰逊" 半自动步枪是由美国海军陆战队预备役上尉梅尔文·约翰逊设计的半自动步枪，在二战期间被美国海军陆战队选为制式武器，另外还装备了美国陆军特种作战部队。该枪采用军用步枪中少见的枪管后坐式自动原理，枪机回转式闭锁方式，射击方式为半自动，采用弧形表尺。该枪由 10 发鼓形弹仓供弹，弹仓为半圆形，弹容量为 10 发。

M1941 "约翰逊" 半自动步枪

制造商：美国食品机械化学公司

定型时间：1941 年

口径：7.62 毫米

M1 卡宾枪

制造商：美国温彻斯特公司

定型时间：1941 年

口径：7.62 毫米

　　M1 卡宾枪既是美军在二战时期装备的一款短管半自动步枪，也是美军在战争期间广泛使用的武器之一。该枪采用导气式操作原理，枪机回转闭锁方式，单发射击，自动装填子弹，由 15 发弹匣供弹。与 M1 "加兰德" 半自动步枪相比，M1 卡宾枪有便于更换的弹匣和较大的弹容量，实际射速高而且后坐力低，其射击精度和侵彻作用比使用子弹的冲锋枪强。因此，在二战期间 M1 卡宾枪及其变型枪是一种相当有效的步兵近战武器。

Gew 41 半自动步枪

制造商：德国瓦尔特公司

定型时间：1941 年

口径：7.92 毫米

　　Gew 41 半自动步枪既是德国在二战中研制的半自动步枪，也是德军在战争期间使用的第一种半自动步枪。该枪的枪口装有环形导气装置，利用开火时的火药气体推动枪机解锁、后坐，完成抛壳、子弹上膛动作。Gew 41 半自动步枪发射毛瑟子弹，由 10 发弹匣供弹，但是它比较笨重，子弹填装也不方便，而且不易保养，枪机经常失灵，虽然火力上确实强于毛瑟 Kar98k 步枪，但是仍然不受士兵欢迎。

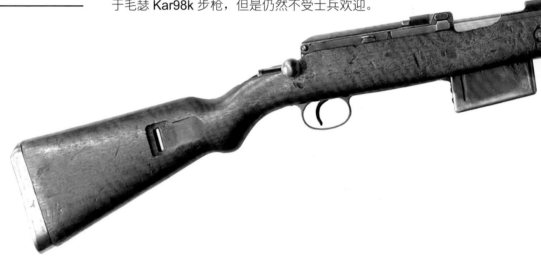

查尔顿自动步枪

制造商：英国恩菲尔德兵工厂

定型时间：1941 年

口径：7.7 毫米

　　查尔顿自动步枪是新西兰工程师菲利普·查尔顿于 1941 年设计的自动步枪，由李 - 恩菲尔德步枪改进而来。二战时期，大多数新西兰地面部队部署在北非，当日本在 1941 年加入战争时，新西兰发现本土的军队欠缺轻机枪来防卫日军入侵，新西兰政府立刻提供资金来改装李 - 恩菲尔德步枪，并在 1942 年装备国土防卫军。

FG 42 伞兵步枪

制造商：德国莱茵金属公司

定型时间：1942 年

口径：7.92 毫米

FG 42 伞兵步枪是二战时期德国航空部专门为伞兵设计的一种兼顾半自动步枪和轻机枪功能的枪械。该枪具有重量轻和枪管尺寸短的特点，适合伞兵使用。然而实战证明，FG 42 步枪还是无法替代轻机枪的角色，因为该子弹匣容量小，而且枪管容易过热，无法长时间连续射击。而且 FG 42 步枪的生产成本太高，相对于使用中间威力子弹的突击步枪 StG 44 突击步枪也不具备优势。

Gew 43 半自动步枪

制造商：德国瓦尔特公司

定型时间：1943 年

口径：7.92 毫米

1943 年，瓦尔特公司参考缴获的苏联 SVT-40 半自动步枪的导气式工作原理，对 Gew 41 半自动步枪进行了改进，这就是 Gew 43 半自动步枪。Gew 43 步枪供鉴了 SVT-40 步枪的成功经验，子弹在发射时火气药体导出枪管后，推动一个活塞向后运动带动枪机后坐，完成抛壳、子弹上膛动作。Gew 43 步枪大量采用了冲焊熔铸等工艺制造的零部件，非常适合大批量生产。

四式半自动步枪

制造商：日本横须贺海军工厂

定型时间：1944 年

口径：7.7 毫米

四式半自动步枪是日本研制的实验型半自动步枪，其为美国 M1 "加兰德" 半自动步枪的复制品，但使用内置的 10 发弹匣，并发射日式 7.7×58 毫米有坂子弹。两者之间的差异还包括四式步枪的内置弹仓是以 2 个 5 发装弹夹条装填，而且它还使用日式切线瞄准器；而 "加兰德" 步枪则使用 8 发块状漏夹，在子弹打光后会自动弹出。由于存在卡弹及给弹系统的缺陷，四式步枪在二战结束前未能投入使用。

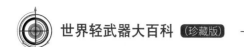

传奇武器鉴赏：StG 44 突击步枪

一战结束后，随着工业科技的进步，世界各国的军事战略战术理论也都出现了巨大的变化。一般认为，双方步兵的作战距离会大大缩短，70% 以上的战斗都集中在 400 米的距离之内。

在这个距离内，传统步枪的威力过大，远远超出了实战的要求。而且这些手动填装子弹的步枪射速不高，无法对敌人造成足够的火力压制。当时步兵装备的另一种主要武器——冲锋枪，也不能满足这种情况的需要。虽然当时的冲锋枪在 100 米内有着较强的火力，但是超过 150 米距离无法精准射击。

综上所述，在冲锋枪的 150 米和步枪的 500 米之间，有一个 150～400 米的火力空当。通常，世界各国都用轻机枪来弥补这个空当，但当时的轻机枪装备数量较少，而且轻机枪在这个距离上也存在威力过剩的情况。而且冲锋枪使用的是子弹，而机枪和步枪使用子弹，这样就加重了后勤负担。如果能够实现基层步兵武器弹药

基 本 参 数	
口径	7.92 毫米
全长	940 毫米
枪管长	419 毫米
重量	4.62 千克
弹容量	30 发

的统一化，对于各国的军工系统和后勤系统都将是一个极大的帮助。出于这种目的，许多国家都在 20 世纪 30 年代末期展开了对于突击武器的研究。他们希望能够生产出一种结合步枪和冲锋枪的特点，能够代替现有步枪、冲锋枪甚至轻机枪的一种武器。在这种背景下，德国著名的轻武器设计师雨果·施迈瑟于 1944 年设计出世界上第一款真正意义上的突击步枪，命名为 StG 44。

自动原理

StG 44 突击步枪采用气导式自动原理，以及枪栓偏转式闭锁方式，在击发子弹后，少部分气体顺着枪管上的小孔，经过导气管导入机匣，用于推动枪栓向后，完成抛壳、重新上膛和再击发的过程。其单发闭锁系统使士兵在单发射击模式时，能在有效射程内保持合理的

精确度，并有全自动射击模式以应付突发的近距离作战。

弹药

StG 44 突击步枪采用 7.92×33 毫米子弹，这种子弹被称为中间型威力子弹，它比德军当时的 7.92×57 毫米标准子弹更短、更轻，当然，有效射程也相应缩短。7.92×33 毫米子弹的长度比原有的毛瑟子弹缩短了三分之一，使得枪支射击时的后坐力大大减小，并解决了自动步枪无法连续准确射击的技术瓶颈。

弹匣

从冲锋枪的 20 发弹匣、32 发弹鼓，到机枪的 300 发弹链、50 发弹鼓，德国设计师根据实战对于火力的需要和步兵携带弹药的体力上限以及持续作战的需要，终于选择了 30 发弧形弹匣。30 发弹匣重量适中，单兵可以大量携带。同时 30 发子弹，能够很好保证火力的持续性。

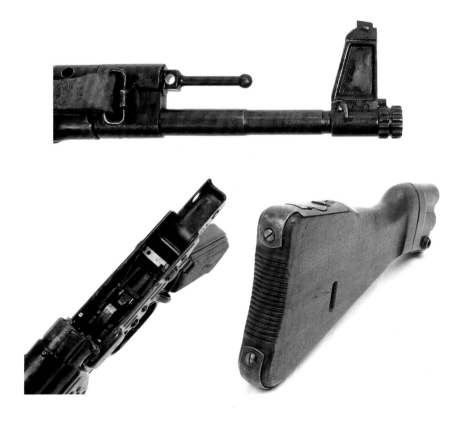

知名兵工厂探秘：瓦尔特公司

瓦尔特公司 LOGO

1886 年秋，德国枪械设计师卡尔·瓦尔特在图林根州创建了日后成为瓦尔特公司的小作坊，开始了枪械制造之旅。研制自动手枪在当时是一项前所未有的新技术，瓦尔特公司在这个领域做出了非常大的贡献。1908 年，瓦尔特公司制造了第一支自动手枪，即 6.35 毫米口径的瓦尔特 M1 自动手枪。

一战对瓦尔特公司的发展起到了巨大的推动作用，当时其雇员已达 500 多人。1915 年，卡尔·瓦尔特逝世，他的几个儿子继承了他的事业。1929 年，瓦尔特公司推出了一种全新结构的手枪，定名为警用手枪，简称 PP 手枪。这支外观圆滑的单 / 双动手枪在警用与民用市场上极受欢迎，而这也是自动手枪首次使用双动发射机构，对后来自动手枪的发展有着深远影响。次年又推出缩小型 PPK 手枪，这种手枪隐蔽性非常好，极适合便衣警察使用。

1938 年，瓦尔特公司提交的自动手枪被德军制式采用，命名为 P38 手枪，次年大量交付使用，该枪是世界上最优秀的军用手枪之一，被多个国家制式采用。二战中，P38 手枪的产量超过 100 万支。1941 年，瓦尔特公司研制的半自动步枪击败毛瑟公司的产品，被德军正式采用，命名为 Gewehr 41（以下简称 Gew 41），以替代老旧的 Kar98K 步枪。1943 年，经过改进的 Gewehr 41 步枪装备部队，被命名为 Gewehr 43。

1945 年，瓦尔特公司被美军占领，同年 7 月转交给苏联。不久，瓦尔特公司来到联邦德国重振旗鼓，刚成立的公司只是手工生产电子产品。1953 年，瓦尔特公司在乌尔姆新建了一个机械工厂。1955 年，联邦德国恢复主权，其军队需要一种军用手枪，经多方比较仍选定 P38 手枪。于是瓦尔特公司对战时的 P38 手枪做了部分修改，重新被命名为 P1 手枪。

这种手枪在联邦德国和奥地利服役长达数十年，并大量出口到欧美国家，现在瓦尔特公司还在生产商业性的 P1 手枪。

1963 年，瓦尔特公司研制的 MP 系列冲锋枪定型投产，以其结构简单、动作可靠、价格低廉而大量装备联邦德国警方。1972 年慕尼黑恐怖事件中，因携带 MPL 和 MPK 冲锋枪的德国警察未能成功营救人质，瓦尔特 MP 系列冲锋枪的名誉因此一落千丈，黑克勒·科赫公司的 MP5 冲锋枪趁机崛起。在 MP5 冲锋枪的挤压下，MPL 和 MPK 冲锋枪由于没有足够的市场份额来维持生产线的运作，最终在 1987 年停产。此后，瓦尔特公司只能以半自动手枪为主打产品。瓦尔特公司曾尝试推出军警用狙击步枪，但没能取得多大成果。

1993 年，瓦尔特公司加入了全球化集团 Umarex 公司，开始了现代化的经营管理。1994 年，公司开始研制新一代自动手枪，两年后推出了 P99 手枪，以其出色的性能和外观对世界手枪市场发起了强力冲击。1999 年，史密斯 - 韦森公司与瓦尔特公司联合成立了瓦尔特美国公司，试图在美国市场与其他公司一争高下。

瓦尔特公司制造的 PPK 手枪

2.4　初露锋芒的狙击步枪

　　狙击步枪（Sniper rifle）通常是指专门为狙击手配备、弹道性能远优于其他枪械的高精度步枪。早在美国南北战争的时候，部分南方邦联士兵就配备了安装 3 倍率瞄准镜的英国魏渥斯步枪，据说还创下 800 码（约 731 米）距离狙杀纪录。

　　自布尔战争以及冬季战争后，只有英国与苏联军队正式装备狙击步枪。两国吸取布尔战争以及冬季战争中的教训，正式训练具备狙击专长的步兵或特殊任务人员。此举对世界各国产生了深远的影响，进而纷纷效仿。尽管各国陆军开始承认狙击步枪的价值，但直到一战陷入堑壕战的僵局后才发现狙击步枪能够在堑壕战中发挥战术上的弹性与效果。此后大量狙击步枪才因此从军械库里被翻出来送到前线，但也只是根据任务性需求而编装。

　　二战是狙击步枪的使用高峰，狙击步枪开始常态性地装备在各国部队里，基本上各排配属 1 ～ 2 名狙击手。不过，各国军队依然既没有制定完整的狙击战术，也没有专门设计和生产的狙击步枪。当时各国使用的狙击步枪基本上都是在现有步枪的基础上改造而来，按现代的标准来看只能勉强算作精确射手步枪。不过，这些简易的狙击步枪曾在战争中发挥出巨大的作用，对狙击步枪的发展来说意义重大。

九七式狙击步枪

制造商：日本名古屋兵工厂

定型时间：1937 年

口径：6.5 毫米

　　在两次世界大战中，只有少数几个国家仍然坚持对狙击手的训练并设计新型狙击步枪，日本便是其中之一。九七式狙击步枪是在三八式步枪的基础上改进而来，改用较轻的枪托、加长的弯拉机柄，并加装了 2.5 倍率或 4 倍率光学瞄准镜。九七式狙击步枪具有两个突出特点，一是枪口在射击时的火焰不明显；二是拥有低深平稳的弹道与终端弹道。该枪曾在太平洋战场上被广泛使用，并一直服役至日本战败投降时为止。

九九式狙击步枪

制造商：日本名古屋兵工厂

定型时间：1939 年

口径：7.7 毫米

　　九九式狙击步枪是在九九式短步枪的基础上加厚枪管、加装瞄准镜的一种变型枪。该枪配有日本光学会社专门研制的 4 倍率光学瞄准镜，视野为 7 度，带有固定十字线。在战争后期生产的部分 4 倍率光学瞄准镜还有高低调节功能。由于 7.7 毫米子弹装药量多于 6.5 毫米子弹，所以九九式狙击步枪的发射特征比九七式狙击步枪更为明显。在太平战场上，由于美军占据火力的绝对优势，因此日军狙击手更喜欢使用九七式狙击步枪。

Kar98K 狙击步枪

制造商：德国毛瑟公司

定型时间：1940 年

口径：7.92 毫米

　　Kar98K 狙击步枪是在 Kar98K 手动步枪的基础上加装了 ZF41 或 ZF42 瞄准镜而成，是二战期间德军的主要狙击武器。对有经验的狙击手来说，使用配有 4 倍率瞄准镜的 Kar98K 狙击步枪可射杀 400 米处的目标，若选择 6 倍率瞄准镜则可射杀 1000 米处的目标。战争期间，约有 13 万支 Kar98K 狙击步枪装备部队，活跃在前线的德军狙击手给盟军造成了重大的损失。Kar98k 狙击步枪的精准度高，缺点则是射速较慢，同时期的英国李 - 恩菲尔德步枪能在一分钟内射击更多次。

莫辛 - 纳甘 M1891/30 狙击步枪

制造商：苏联图拉兵工厂

定型时间：1940 年

口径：7.62 毫米

　　莫辛 - 纳甘 M1891/30 狙击步枪是苏联在 M1891/30 手动步枪的基础上加装 PU 瞄准镜而成，又称"PU M1891/30"或"莫辛 - 纳甘 PU"。这种瞄准镜重 0.62 千克，对提高命中率起了很大的作用。一旦瞄准镜在行动中受损，可依靠瞄准导轨进行射击。不过，PU 瞄准镜的放大倍率只有 3.5 倍，使得莫辛 - 纳甘 M1891/30 狙击步枪只适合进行 600 米内的狙杀。战争期间，苏军首倡两人或三人的狙击小组，与德军狙击手分庭抗礼。

No.4 Mk.1(T) 狙击步枪

制造商：英国恩菲尔德兵工厂

定型时间：1942 年

口径：7.7 毫米

No.4 Mk 1(T) 狙击步枪是英国在二战期间以李 - 恩菲尔德步枪改进而来的狙击武器，继承了后者射速高、可靠性强、枪机行程短、操作方便的优点，在战争期间发挥了重要作用。No.4 Mk 1(T) 狙击步枪配用的 No.32 瞄准镜原本是为布伦轻机枪设计的，放大倍率为 3 倍，瞄准镜座安装在机匣左侧，不妨碍机械瞄具的使用。在枪托上加装的木质托腮板，使瞄准射击时更舒适。瞄准镜不使用时会有另外一个专门的袋子携带。

Gew 43 狙击步枪是在瓦尔特 Gew 43 半自动步枪的基础上加装了 ZF41 或 ZF42 瞄准镜而成，虽然德军士兵对 Gew 43 半自动步枪褒贬不一，但它作为狙击步枪服役时却获得一致好评。采用 10 发弹匣的 Gew 43 狙击步枪在射击速度方面远胜于 Kar98K 手动步枪，适合在敌方进攻时进行狙击。有些德军狙击手在盟军后方活动时，会为 Gew 43 狙击步枪装上曳光弹，从远处连续射击盟军的油料车。

Gew 43 狙击步枪

制造商：德国瓦尔特公司

定型时间：1943 年

口径：7.92 毫米

M1903A4 狙击步枪

制造商：美国斯普林菲尔德兵工厂

定型时间：1943 年

口径：7.62 毫米

1942 年，美国陆军总司令部就曾讨论将 M1 "加兰德" 半自动步枪改造为狙击步枪，但当时 M1 步枪尚未大批生产，又缺乏将半自动步枪改造为高精度狙击步枪的经验，因此，为了满足美军对狙击步枪的迫切需要，决定首先改造斯普林菲尔德 M1903A3 步枪，其成果就是 M1903A4 狙击步枪。为了提高射击精度，该枪安装了专门生产的高精度枪管，在经改造的机匣上装有雷德菲尔德小型瞄准镜座，然后装上 M73B1 瞄准镜。

M1C/D 狙击步枪

制造商：美国斯普林菲尔德兵工厂

定型时间：1944 年

口径：7.62 毫米

M1C/D 狙击步枪是美国在 M1 "加兰德" 半自动步枪基础上改进而来的狙击步枪。当时，斯普林菲尔德兵工厂试验了两种加装瞄准镜的型号，分别为 M1E7 和 M1E8。美国陆军在 1944 年 6 月将 M1E7 重新命名为 M1C，并将其列为制式狙击步枪，计划取代 M1903A4 狙击步枪，但在二战末期只有少量 M1C 狙击步枪发放到前线部队中使用。而 M1E8（重新命名为 M1D）虽然是与 M1E7 狙击步枪同时研制，但在 1944 年 9 月才被正式采用，而且直到战争结束后才装备部队。M1C 和 M1D 在外观上的区别并不大，最明显的区别就是瞄准镜的安装方式。

传奇武器鉴赏：M1"加兰德"半自动步枪

M1"加兰德"（Garand）步枪既是世界上第一种大量服役的半自动步枪，也是二战中最著名的步枪之一。

1920 年，约翰·加兰德在斯普林菲尔德开始设计半自动步枪。1929 年样枪送交阿伯丁试验场参加美国军方新式步枪选型试验，通过对比试验，1932 年加兰德设计的自动装填步枪被选中。其间，美国军械委员会指令更改样枪的口径为 7 毫米，中选后又因会导致后勤混乱的理由遭到军方否决，又被要求改用 7.62 毫米口径。经过进一步改进，1936 年正式定型命名为 M1 步枪，常加上设计师姓氏称为 M1"加兰德"步枪。1937 年，M1 步枪开始批量生产并成为美国军队制式步枪。该枪最初生产和装备军队的速度都十分缓慢，随着美国于 1941 年参加二战，M1 步枪的产量猛增。二战结束时，斯普林菲尔德兵工厂生产了约 353 万支 M1 步枪，温彻斯特公司也生产了约 51 万支。

基 本 参 数	
口径	7.62 毫米
全长	1100 毫米
枪管长	609.6 毫米
重量	5.3 千克
弹容量	8 发

自动原理

M1 步枪采用导气式工作原理，枪机回转式闭锁方式。导气管位于枪管下方。击锤打击击针使子弹击发后，部分火药气体由枪管下方靠近末端处一导气孔进入一个小活塞筒内，推动活塞和机框向后运动。枪机上的导向凸起沿机框导槽滑动，机框后坐时带动枪机上的两个闭锁突笋从机匣的闭锁槽中解脱出来，回转实现解锁，枪机后坐过程中完成抛弹壳动作同时压倒击锤成待击状态。枪机框尾端撞击机匣后端面，由复进簧驱使开始复进。机框导槽导引枪机上的导向凸起带动枪机转动，直至两个闭锁突笋进入闭锁位置。复进过程中完成子弹上膛，枪机闭锁。机框继续复进到位，枪机又成待击状态。

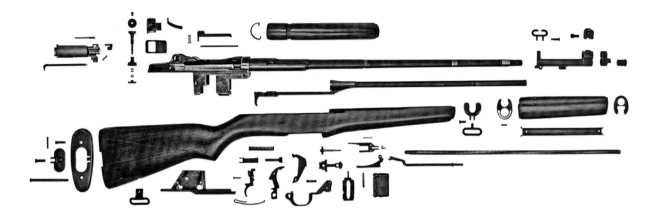

保险

手动保险卡销在扳机护圈前面。当它向后推至保险位置时，其上的缺口便与击锤上的凸肩扣合，从而使击锤保险。此时，击锤还同时被推向后方，与阻铁解脱。当保险卡销向后完全推到位时，它阻止扳机运动，故扣不动扳机。

弹匣

M1步枪的供弹方式比较有特色，装双排8发子弹的钢制弹匣由机匣上方压入弹仓，最后一发子弹射击完毕时，枪空仓挂机，弹匣会自动弹出并发出声响，提醒士兵重新装子弹。不过，一次压入弹仓的弹匣在子弹打光之前并不容易再装填子弹，造成极大的不方便，而在潮湿的环境时，弹匣也有可能卡死。

机械瞄准具

片状准星，觇孔照门式表尺。表尺分划为183～914米。

知名兵工厂探秘：斯普林菲尔德兵工厂

斯普林菲尔德兵工厂LOGO

斯普林菲尔德兵工厂又称"春田兵工厂"。"春田"是"Springfield"最早的译法。其实"春田"的译法也并不准确，这个地名是由于当地的一个温泉得来的，"泉田"才是准确的意译。不过"春田"这个译名一直使用多年，直到20世纪90年代初期，《轻兵器》上的文章仍然是以"春田"为主。而"斯普林菲尔德"这个音译法大概是从20世纪90年代才开始使用的。

斯普林菲尔德兵工厂始建于1794年。在二战中，斯普林菲尔德兵工厂的设计师约翰·坎特厄斯·加兰德为美军研制了M1"加兰德"步枪。约翰·坎特厄斯·加兰德，从1919年10月便开始在斯普林菲尔德兵工厂从事武器研究和设计工作，他在二战后还设计了M14自动步枪。

斯普林菲尔德兵工厂在二战后的主要产品还包括M60通用机枪和M79榴弹发射器。其中，M60通用机枪是世界上最著名的机枪之一，除美军装备外，还有韩国、澳大利亚等30多个国家军队使用它。据不完全统计，至今M60通用机枪已经生产了25万多挺。

1964年，斯普林菲尔德兵工厂关闭。

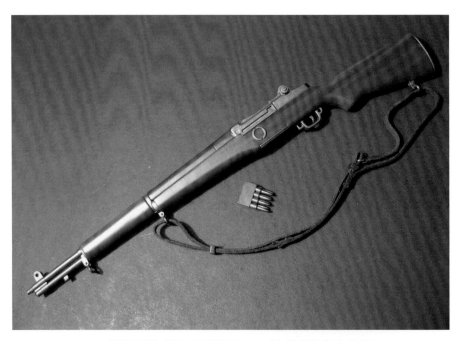

斯普林菲尔德兵工厂制造的M1"加兰德"半自动步枪

2.5　气冷式重机枪的反攻

一战时期，英、美、俄、德等主要参战国使用的重机枪几乎都是水冷式重机枪，只有法国和日本装备了气冷式重机枪。由于一战的主要形式是阵地战，水冷式重机枪在预设好的防御阵地中具有更强的持续作战能力。不过，水冷式重机枪在实战中还是暴露出许多问题。首先，实战中很少有需要长时间连续射击的时候，主要还是以短点射为主，所以水冷式重机枪的超长持续射击能力在实战中很少体现。其次，战场上取水困难，一旦没有了冷却用水，水冷式重机枪的作战效果就大打折扣。

到了二战时期，气冷式重机枪对水冷式重机枪展开了全面反攻，日本和法国继续使用传统的气冷式重机枪，而德国研制了划时代的气冷式通用机枪，美国和苏联则在战争中逐渐用气冷式重机枪取代了水冷式重机枪。主要参战国中，只有英国继续坚持使用水冷式重机枪。

在二战中，气冷式重机枪取代水冷式重机枪有其必然性。首先，步兵自动火力大幅增强，对重机枪的依赖降低。主要参战国都能做到步兵班配置轻机枪和冲锋枪，连、排的自动火力远远强于一战时期，即使没有重机枪支持，也可以独立展开作战，结果就是对重机枪的持续射击能力需求进一步降低。其次，二战的主要形式是大规模运动战，取代了一战的阵地战，所以武器的机动性非常重要，水冷式重机枪班组里，有水箱、软管、冷却水等必备配件，少了一样就无法作战。反观气冷式重机枪，只需要枪身和枪架就能投入战斗，更符合机动战要求。

九二式重机枪

制造商：日本日立兵器公司

定型时间：1932 年

口径：7.7 毫米

九二式重机枪是日本于 20 世纪 30 年代在三年式重机枪基础上改进而来的气冷式重机枪，口径从 6.5 毫米改为 7.7 毫米，改用九二式 7.7 毫米子弹。另外将握把从框式改为折叠式，将扳机从扣动式改为压铁式。该枪没有快拆枪管，拆换枪管需要专业工具协助，相当耗时，不利于火力持续发挥。

一式重机枪

制造商：日本日立兵器公司

定型时间：1941 年

口径：7.7 毫米

一式重机枪的开发主要是为了共通弹药和轻量化，因此仍以九二式重机枪的结构实施改良。在进弹结构上仍然采用保弹板设计，但取消了以往霍奇基斯重机枪在进弹机制中使用的弹药涂油润滑设备，重量比九二式重机枪大幅减轻了 20 千克。在火力的持续性上，一式重机枪仍然比不上其他国家的重机枪，另外由于轻量化的因素，因此在射击稳定性上也不如九二式重机枪。

DShK 重机枪

制造商：苏联图拉兵工厂

定型时间：1938 年

口径：12.7 毫米

DShK 重机枪是苏联从 1938 年开始装备的气冷式重机枪，其名称来源于原设计师瓦西里·捷格加廖夫及格奥尔基·施帕金（改进弹链供弹的设计师）的姓氏。该枪在二战时被大量采用，通常装在转轴三脚架作固定防空用途，或者安装在 GAZ-AA 防空装甲车上。二战后期，DShK 重机枪也被装在 IS-2 重型坦克及 ISU-152 自行火炮上。DShK 重机枪也被步兵用作支援用途，安装在轮式射架上。

维克斯 .50 重机枪

制造商：英国维克斯公司

定型时间：1932 年

口径：12.7 毫米

维克斯 .50 重机枪是二战期间英国军队所使用的水冷式重机枪兼高射机枪，是英军维克斯 .303（7.7 毫米）中型机枪的放大版本。该枪发射英式 12.7×81 毫米弹药，而非更广为人知的美式 12.7×99 毫米弹药。它可以安装在坦克及其他战斗车辆上使用，但更常用作英国海军和盟军船只的近距离防空武器，并且通常是将四挺机枪安装在一起。

霍奇基斯 M1929 重机枪

制造商：法国霍奇基斯公司

定型时间：1929 年

口径：13.2 毫米

霍奇基斯 M1929 重机枪是霍奇基斯公司研制的气冷式重机枪，在各国得到了广泛采用，包括德国、意大利、比利时、巴西、希腊、以色列、波兰、罗马尼亚、西班牙等。日本还进行了仿制生产，仿品称为九三式防空机枪。

菲亚特 - 雷维里 M1935 重机枪

制造商：意大利菲亚特公司

定型时间：1935 年

口径：8 毫米

　　菲亚特 - 雷维里 M1935 重机枪是一战时的菲亚特 - 雷维里 M1914 水冷式中型机枪的改进型，发射威力更大的 8×59 毫米子弹。该枪将水冷式枪管改为一个可拆式气冷枪管，因此重量大为减轻，原本的 50 发弹匣也被弹链取代。不过，该枪的复进杆露在枪身外，有夹断士兵手指的风险。此外，上弹系统也存在设计缺陷，因此也有发生膛炸的意外风险。

布雷达 M37 重机枪

制造商：意大利布雷达公司

定型时间：1937 年

口径：7.92 毫米、8 毫米

　　布雷达 M37 重机枪是布雷达公司研制的气冷式重机枪，1937 年被意大利陆军所采用，可发射 8×59 毫米布雷达子弹和 7.92×57 毫米毛瑟子弹两种口径的子弹。与其他步兵机枪不同的是，布雷达 M37 重机枪并无在发射后将弹壳初步抽出的凸轮机构，这意味着每发子弹在装入膛室以前，都必须先通过注油机构进行上油。如此一来，却吸引了灰尘和碎屑，特别是在沙漠环境中。

ZB37 重机枪

制造商：捷克斯洛伐克布鲁诺兵工厂

定型时间：1937 年

口径：7.92 毫米

　　ZB37 重机枪采用气冷式枪管，枪管上有散热片，枪管可以快速更换，这些都和 ZB26 轻机枪一样，其导气杆和枪机组件也沿用了 ZB26 轻机枪的设计。ZB37 重机枪的握把兼作拉机手柄，子弹上膛时把握把向前推，钩住联动杆再向后拉，到位后子弹已上膛可以被击发，若不拉到位的话无法按发射按钮。ZB37 重机枪采用金属弹链供弹，弹链直接由枪机连杆带动，这比其他机枪的进弹系统可靠。该枪的射速可调节为 450 发 / 分、550 发 / 分和 700 发 / 分。

传奇武器鉴赏：勃朗宁 M2 重机枪

勃朗宁 M2 重机枪是由约翰·勃朗宁设计的大口径重机枪，发射 12.7×99 毫米大口径的子弹，常见用于步兵架设的火力阵地及军用车辆如坦克、装甲运兵车等，主要用途是攻击轻装甲目标和集结有生目标以及低空防空。

勃朗宁 M2 重机枪自 1921 年开始服役以来，经历了二战、越战、海湾战争、2001 年阿富汗战争、伊拉克战争，可说是极为成功的重机枪设计，也是美军轻武器中服役时间最长的一种，直到 21 世纪在各国服役皆有很好的评价。除了增加了快拆枪管以外，勃朗宁 M2 重机枪的原始设计几乎没做太大改动，并具有多种衍生型。M2HB 是为了解决持续射击枪管容易过热的问题，于 1933 年推出的重枪管版本。后来更推出了可快速更换枪管的 M2QCB 及轻量版本，一直沿用至今。

自动原理

勃朗宁 M2 重机枪采用枪管短后坐式工作原理，卡铁起落式闭锁结构。射击时，随着弹头沿枪管向前运动，在膛内火药气体压力的作用下，枪管和枪机同时后坐。弹头飞出枪口后，闭锁卡

基 本 参 数	
口径	12.7 毫米
全长	1650 毫米
枪管长	1140 毫米
重量	38 千克
有效射程	1800 米

铁离开楔栓上的闭锁支承面，其两侧的销轴被定型板上的开锁斜面压下，于是整个闭锁卡铁脱离枪机下的闭锁槽，枪机开锁。随后，枪管节套猛撞内设的钩形加速子，加速子上端撞击枪机尾部，加速枪机后坐。该枪设有液压缓冲机构，枪管和节套后坐时，液压缓冲器的活塞被推向后，压缩缓冲器管内的油液，使其从活塞四周的油管内壁之间的缝隙向前逸出，对后坐产生缓冲作用。枪机复进时，枪机尾部的凸起撞击加速子上端使其向前回转，加速子释放液压缓冲器簧，推动枪管和节套复进。闭锁卡铁在楔栓上的闭锁斜面的作用下强制上抬，进入枪机下的闭锁槽中，枪机闭锁。

供弹机构

勃朗宁 M2 重机枪采用单程输弹、双程进弹的供弹机构，拨弹杆尾端的导柱卡入枪机顶部的曲线槽内，当枪机做往复运动时，实现供弹动作。

瞄准装置

勃朗宁 M2 重机枪采用简单的片状准星和立框式表尺，准星和表尺都安置在机匣上。

弹药

勃朗宁 M2 重机枪发射 12.7×99 毫米口径子弹，包括有普通弹、穿甲燃烧弹、穿甲弹、曳光弹、穿甲曳光弹、穿甲燃烧曳光弹、脱壳穿甲弹、硬心穿甲弹、训练弹等。

2.6　上置弹匣的轻机枪

一战后，机枪朝着轻型化、精确化方向发展，轻机枪开始大规模装备到班一级。二战时期，大部分轻机枪都采用上置弹匣供弹，包括捷克 ZB26 轻机枪、英国布伦轻机枪、日本九九式轻机枪、苏联 DP 轻机枪等。这些机枪的供弹口都在枪身上方，使用弹匣或漏夹从上方供弹。主要原因是这种轻机枪的结构比较简单，如果发生供弹故障，士兵掀开顶盖，就可以快速维修。此外，上置弹匣也便于更换弹药，快速性是下置弹匣所无法比拟的。最后，上置弹匣可以大幅降低火线高度，降低轻机枪脚架高度，这是机枪手的生命线。

上置弹匣也有很明显的缺点，首先是射界受阻。巨大的弹匣正好位于枪身正上方，挡住了射手的视线，只能将瞄准基线置于枪身左侧。这种设计让用惯了步枪的射手很不习惯，在瞄准时总是不自觉地向右偏移，需要时刻保持一个向左的力，防止弹道跑偏。另外供弹口朝上敞开，在战火纷飞的战场上很容易进入沙石等异物，导致供弹不畅，这是非常致命的。约翰·勃朗宁在设计轻机枪时就意识到了这个问题，所以他将弹匣下置，降低护木上方高度，尽量降低火线高度。二战后，机枪朝着通用化方向发展，不再使用上置弹匣，开始改用弹链、弹鼓或弹箱供弹，这种上置弹匣设计也就渐渐被淘汰了。

维克斯 - 贝蒂埃轻机枪

制造商：英国维克斯公司

定型时间：1925 年

口径：7.65 毫米

维克斯 - 贝蒂埃轻机枪的原型是法国人安德烈·贝蒂埃设计的贝蒂埃 M1922 轻机枪，英国维克斯公司于 1925 年取得了生产许可，并最终改进出维克斯 - 贝蒂埃轻机枪。该枪被用来替换水冷式维克斯机枪和刘易斯机枪。它和布伦轻机枪采用了相似的导气倾斜枪机，有可更换枪管。

马克沁 - 托卡列夫 M1925 轻机枪是托卡列夫在一战时的 PM M1910 重机枪基础上修改而成的轻机枪，主要改动包括：除去水冷套筒而改为可快拆式气冷枪管、加装两脚架、简化机匣结构、加装枪托和扳机、在枪身下方加装可插入 100 发弹鼓的插座。

马克沁 - 托卡列夫 M1925 轻机枪

制造商：苏联图拉兵工厂

定型时间：1925 年

口径：7.62 毫米

富雷尔 M25 轻机枪

制造商：瑞士布伦兵工厂

定型时间：1925 年

口径：7.5 毫米

富雷尔 M25 轻机枪是二战期间瑞士军队的制式武器，号称"保卫阿尔卑斯山的秘密武器"。该枪采用枪管短后坐式自动方式，而没有像当时的很多机枪那样采用导气式自动方式，因此降低了机件间的猛烈碰撞，抵肩射击时变得容易控制，从而提高了射击精度。该枪还安装有源于刘易斯轻机枪的后坐缓冲装置机构。

ZB26 轻机枪

制造商：捷克斯洛伐克布鲁诺兵工厂

定型时间：1926 年

口径：7.92 毫米

ZB26 轻机枪是捷克斯洛伐克生产的一款轻机枪，其外观最大特色是 20 发弹匣在枪身上方，这令其瞄准基线要移向弹匣左侧。另外，轮型表尺也是其外观特征之一。ZB26 轻机枪配备了快拆枪管，枪管上的提把不仅方便更换枪管，同时也方便持枪。该枪曾销售到多个国家，英国取得授权后重制成布伦轻机枪，而德国合并捷克斯洛伐克后改称为 MG26 (t) 轻机枪。

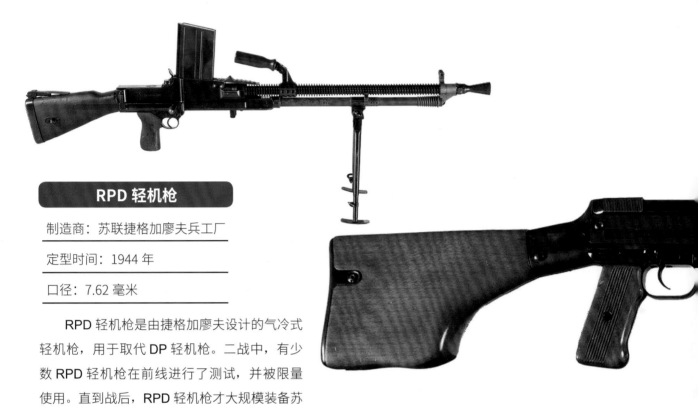

RPD 轻机枪

制造商：苏联捷格加廖夫兵工厂

定型时间：1944 年

口径：7.62 毫米

RPD 轻机枪是由捷格加廖夫设计的气冷式轻机枪，用于取代 DP 轻机枪。二战中，有少数 RPD 轻机枪在前线进行了测试，并被限量使用。直到战后，RPD 轻机枪才大规模装备苏联部队。它是第一支使用 7.62×39 毫米子弹的机枪，与 SKS-45 半自动步枪及 AK-47 突击步枪所使用的弹药相同。RPD 轻机枪是苏联战后的第一代班用支援武器，也是华沙条约组织的制式轻机枪。

DP 轻机枪

制造商：苏联捷格加廖夫兵工厂

定型时间：1928 年

口径：7.62 毫米

DP 轻机枪是由捷格加廖夫设计的气冷式轻机枪，其结构非常简单，零件多为切削加工。该枪采用导气式自动原理，其闭锁方式被称为鱼鳃式，特点是用两个左右设置的闭锁挡片，当撞针向前时强迫挡片向外伸出卡在机匣内侧的闭锁面以形成闭锁，当枪机框向后运动时，上边的开槽与闭锁挡片相互作用使其收回使枪机框能带动枪机向后运动开锁。DP 轻机枪在外表上最大的特征是其枪身上方的 47 发弹盘，虽然大幅降低了全枪的高度，但横向尺寸相当可观且质量不小。

布雷达 M30 轻机枪

制造商：意大利布雷达公司

定型时间：1930 年

口径：6.5 毫米

布雷达 M30 轻机枪是二战时期意大利军队所采用的气冷式轻机枪，采用延迟反冲式设计，当开火时枪管和枪机一起后退，由于枪管的凹槽而令枪机滑动开锁，然后枪管和枪机分开，枪机会完成退弹壳和重新上弹等动作，但这个系统有时会动力不足，导致无法退弹壳，因此要采用加油泵为射击中的子弹加上润滑油，时间一长便会因沾上尘土和积碳而引发故障。该枪的子弹是装在一个横置在右侧的固定式 20 发弹仓内，此弹仓不可拆除，这增加了故障的机会和上弹时的麻烦。

布伦轻机枪最初是由捷克斯洛伐克设计的 ZB26 轻机枪参加英国新型轻机枪选型，1933 年被英国军方选中，并根据英国军方的要求改进而来。它同 ZB26 轻机枪一样采用导气式工作原理，枪机偏转式闭锁方式，即枪机尾端上抬卡入机匣的闭锁槽实现闭锁。布伦式轻机枪枪管口径改为英制 7.7 毫米，发射英国军队的 7.7×56 毫米标准子弹。该枪良好的适应能力使得它的使用范围十分广泛，在进攻和防御中都可以使用。

布伦轻机枪

制造商：英国恩菲尔德兵工厂

定型时间：1935 年

口径：7.7 毫米

九七式轻机枪

制造商：日本名古屋兵工厂

定型时间：1937 年

口径：7.7 毫米

九七式轻机枪是日本在二战时用于坦克与装甲车的标准机枪，也被步兵当作轻机枪使用。该枪在机械结构上与捷克斯洛伐克 ZB26 轻机枪类似，但枪托不同，并拥有手枪式握把，为了防止弹壳影响车内操作，抛壳口装有集弹袋。它使用直立的 20 发盒状弹匣，并使用与九九式步枪相同的 7.7 毫米有坂子弹。作为步兵武器使用时，九七式轻机枪可以安装两脚架。

九六式轻机枪

制造商：日本南部兵器制造所

定型时间：1936 年

口径：6.5 毫米

九六式轻机枪原计划用于取代较旧的十一式轻机枪，不过由于当时十一式已经大量生产，因此两种武器在二战期间都有使用。九六式轻机枪仍与十一式轻机枪一样，采用三八式步枪的 6.5×50 毫米有坂子弹。两者最大的差异在于供弹装置，九六式采用容弹量为 30 发的曲形可卸式盒状弹匣。九六式的枪管可以快速替换，以避免过热。

Kg M/40 轻机枪是瑞典研制的长行程活塞气动式、气冷式枪管、开放式枪栓、纯全自动轻机枪，1940 年被瑞典陆军采用，发射 6.5×55 毫米子弹。德国克诺尔集团也生产了一小批，供德国国防军和武装党卫队所使用，发射弹药改为 7.92×57 毫米毛瑟弹，官方命名为 MG 35/36A 轻机枪。

Kg M/40 轻机枪

制造商：瑞典自动武器公司

定型时间：1940 年

口径：6.5 毫米

九九式轻机枪

制造商：日本日立兵器公司

定型时间：1939 年

口径：7.7 毫米

九九式轻机枪的设计基本上
与九六式轻机枪相同，并可共用
一些零件。不过，它取消了油泵，
并拥有较好的退壳机制，使其可
靠度超越日本以往的轻机枪。早
期版本在枪托处有一个单脚架，
以及可旋上枪口处螺纹的避火罩。
装在顶端的弯曲盒状可卸式弹匣
可容纳 30 发子弹，而有侧翼的枪
管可快速更换以避免过热。

M1941 "约翰逊" 轻机枪

制造商：美国食品机械化学公司

定型时间：1941 年

口径：7.62 毫米

M1941 "约翰逊" 轻机枪是 M1941 "约翰逊" 半自动步枪的衍生型，设计者也是约翰逊上尉，同样采用
后坐作用式机械原理，因此两者的内部结构大同小异，而且有很多零件可以通用，但由于 M1941 轻机枪要顾
及全自动射击，所以有两种闭锁方式，当要半自动射击时，枪机会关闭，以保证子弹的精准度。而当要全自动
射击时，枪机改为开放，以便冷却。上弹系统改成一个放在左侧的横置 20 发弹匣，作为轻机枪，它也加上了
两脚架和手枪式握把。

2.7 通用机枪取代中型机枪

　　一战结束后，因水冷式重机枪在战争中表现出极大的杀伤力，所以在《凡尔赛条约》中，明确规定了战败后的德国不得制造和装备水冷式重机枪（当时对重机枪的定义是使用弹链供弹、有三脚架、采用水冷而能长时间射击的机枪）。

　　20世纪30年代，为了回避条约的规定以及降低西方国家的质疑，德国受麦德森轻机枪的启发，开始研发能够长时间连续射击而重量轻于以往重机枪的新型机枪。德国军工部门开始将大量的德莱赛水冷式轻机枪改造成气冷式轻机枪，最终研发出外形和供弹系统都有较大变化的MG 13轻机枪（MG 13编号是故意以一战武器编号蒙蔽协约国检查）。MG13轻机枪的气冷式枪管可迅速更换，发射机构既可进行连发射击，也可单发射击。该枪设有空仓挂机，即最后一发子弹射出后，使枪机停留在弹仓后方。MG 13轻机枪既可使用25发弧形弹匣供弹，也可使用75发弹鼓，已经具备通用机枪的基本要素。

　　为了规避《凡尔赛条约》的限制，德国人还做了两手准备，在国内对现有机枪展开改造工作的同时，还在国外进行新型机枪的研究。1929年，德国莱茵金属公司入股瑞士索罗通公司，随即以莱茵金属公司的团队在瑞士进行研发，并推出了MG 30机枪，开启了德国气冷式机枪的先河。这款冠以"轻机枪"名号的武器在日后也成了MG 34通用机枪的前辈。从外形上看，MG 30和MG 34已经非常像了，甚至可以说就是插弹匣的MG 34。但当时由于条约限制，德国国防军并不能装备这种机枪，因此该枪只能由瑞士索罗通公司和奥地利斯泰尔公司生产。德奥合并后，奥地利的MG 30落入德军手中，但由于这批MG 30使用8毫米子弹，因此只能配给二线部队使用。

　　1934年，德国在MG 30机枪的基础上成功研制出世界上第一款真正意义上的通用机枪。它既具有重机枪射程远、威力大，连续射击时间长的优势，又兼备轻机枪携带方便、使用灵活，紧随步兵实施行进间火力支援的优点。

　　毫无疑问，德国机枪的发展有很强的递进性和继承性，可以说通用机枪的基本设计从一战后期就已经定型了，其后就是逐步改进完善的过程。从一战时期的MG 08/18轻机枪到二战期间研制的MG 42通用机枪，德国机枪都具有以下特点：采用枪管短后坐原理，可靠性高；枪管有复进簧，传递到人体的后坐力较小；后坐力小，加上枪托一般与枪管同一轴线，理论精度较高；在枪机加速器作用下，枪机回复速度快，射速较高。MG 34 和 MG 42 通用机枪对战后的机枪设计产生了很大影响，至今中型机枪领域仍是通用机枪的天下。

在德国大力发展通用机枪的同时，其他参战国仍在使用传统的中型机枪。虽然美国试图仿制了 MG 42 通用机枪，但是在测试中暴露出的问题使得美军不得不放弃了这一计划。

MG 13 轻机枪

制造商：德国莱茵金属公司

定型时间：1930 年

口径：7.92 毫米

MG 13 轻机枪采用枪管短后坐式工作原理，双臂杆式闭锁机构。双臂杆的回转轴在节套上，闭锁时双臂杆前端支撑枪机，击发后枪管节套和杠杆一起后退，杠杆后端遇到机匣上开锁斜面即行回转、开锁。枪机加速机构为杠杆凸轮式，加速凸轮的回转轴在机匣上。开锁后，枪管迫使加速凸轮回转，加速凸轮长臂迫使枪机加速后退。供弹方式为容纳 25 发弹的弧形弹匣，也可使用 75 发鞍形弹鼓供弹。发射机构可进行连发射击，也可单发射击。该枪设有空仓挂机，即最后一发子弹射出后，使枪机停留在弹仓后方。

MG 30 轻机枪

制造商：德国莱茵金属公司、

瑞士索罗通公司

定型时间：1930 年

口径：7.92 毫米

MG 30 轻机枪采用短冲程后坐作用式枪机，结构简单，容易大规模生产。供弹方式为 30 发弹匣，性能比较可靠。MG 30 轻机枪主要装备奥地利和瑞士军队，德军后来也装备了少量 MG 30 轻机枪，但由于 MG 34 通用机枪的出现，MG 30 轻机枪很快便从一线作战部队的武器序列中退出，仅在二线部队中使用。

贝莎中型机枪

制造商：英国伯明翰轻武器公司

定型时间：1939 年

口径：7.92 毫米

贝莎中型机枪是英国在二战初期以捷克斯洛伐克 ZB37 重机枪授权改进而成的气冷式中型机枪，由英国伯明翰轻武器公司（Birmingham Small Arms Company，BSA）生产，因此以其名字缩写而命名。贝莎机枪采用气动式原理，机匣右侧弹链供弹，发射 7.92×57 毫米子弹。改进型 Mk II 型加装了射速选择钮，高射速为每分钟约 800 发，低射速为每分钟约 500 发。为了提高生产效率及降低成本，后来又改进成更便宜的 Mk III 型，直接分为高射速型（H 型）及低射速型（L 型）。

MG 34 通用机枪

制造商：德国莱茵金属公司

定型时间：1934 年

口径：7.92 毫米

MG 34 通用机枪既是 20 世纪 30 年代德军步兵的主要机枪，也是德军坦克及装甲车辆的主要防空武器。该枪采用枪管短后坐式工作原理，闭锁机构为机头回转式。发射机构具有单发和连发功能，扣压扳机上凹槽时为单发射击，扣压扳机下凹槽或用二个手指扣压扳机时为连发射击。MG 34 通用机枪可用弹链直接供弹，作为轻机枪使用时的弹链容量为 50 发，作为重机枪使用时采用 50 发弹链彼此联接，容量为 250 发。

SG-43 中型机枪

制造商：苏联图拉兵工厂

定型时间：1943 年

口径：7.62 毫米

SG-43 中型机枪是苏联在二战时装备的中型机枪，于 1943 年取代 PM M1910 重机枪成为主要配备之一，在 20 世纪 60 年代被 PK 通用机枪取代。SG-43 机枪主要安装在三脚架、轮式射架或车辆上。该枪有多种衍生型，包括 SGMB、SGMT、SGM 等。

DS-39 中型机枪

制造商：苏联图拉兵工厂

定型时间：1939 年

口径：7.62 毫米

DS-39 机枪是由捷格加廖夫设计的气冷式中型机枪，发射 7.62×54 毫米子弹。枪管上有明显的径向散热片，其直径朝枪口逐渐变小（从 55 毫米减小至 35 毫米）。拉机柄位于机匣右侧，高压燃气通过位于机匣左侧、枪管以下的导气管推动枪机。导气管当中还内藏复进弹簧。可折叠式手柄可用于快速更换枪管。三脚架可以通过几个简单的步骤转换为防空模式。

T24 通用机枪

制造商：美国席格诺转轴器有限公司

定型时间：1944 年

口径：7.62 毫米

　　T24 通用机枪是美国仿制德国 MG 42 通用机枪而成的原型通用机枪，发射 7.62 毫米斯普林菲尔德子弹。原计划是在战争期间用作一款可以取代步兵班内的勃朗宁自动步枪和勃朗宁 M1919A4 轻机枪而开发的新型机枪，但最后并没有装备美国军队。由于 7.62 毫米斯普林菲尔德子弹的装药量过大，导致 T24 通用机枪在全自动射击时很难驾驭。

　　MG 45 通用机枪是以 MG 42 通用机枪为基础研制的通用机枪，又称 MG 42V。由于二战末期德国物力不足，MG 45 机枪产量极少，但其设计对战后的多款枪械都有启发作用。MG 45 机枪将 MG 42 机枪的滚轴式枪机改为延迟反冲枪机，因此理论上

所需要的工时与成本又进一步减少，并且机枪重量减轻至 9 千克左右。尽管 MG 45 机枪与 MG 42 机枪的枪机运作都有滚轴，但 MG 42 机枪的枪管为浮动式，而 MG 45 机枪的枪管是固定的，这是 MG 45 机枪和 MG 42 机枪最大的区别。MG 45 机枪不需要在发射前完全关闭膛室，由此增加了射速并简化了设计和结构。在外观上，因为不需要安装枪口增压器，所以 MG 45 机枪的枪管较短。

MG 45 通用机枪

制造商：德国莱茵金属公司

定型时间：1945 年

口径：7.92 毫米

传奇武器鉴赏：MG 42 通用机枪

基 本 参 数	
口径	7.92 毫米
全长	1120 毫米
枪管长	533 毫米
重量	11.57 千克
弹容量	250 发

MG 42 通用机枪是德国于 20 世纪 30 年代研制的通用机枪，是二战德军的标志性武器。该枪射速高达 1500 发 / 分，并会发出独特的撕裂布匹般的枪声。因此，MG 42 通用机枪被各国军人取了许多绰号，如"亚麻布剪刀""希特勒的拉链""希特勒的电锯"或"骨锯"等。

MG 34 通用机枪装备德军后，在实战中表现出较好的可靠性和射击性能，很快得到了德国军方的肯定，从此成为德国步兵的火力支柱。然而，MG 34 通用机枪有一个比较严重的缺点，即结构复杂，而复杂的结构直接导致制造工艺的复杂——耗费更多的工时和材料，但战争中需要的是可以大量制造和装备部队的机枪，以 MG 34 通用机枪的生产能力，即使德国所有兵工厂马力全开也无法满足前线的需要。

有鉴于此，德军一直要求武器研制部门对 MG 34 通用机枪进行改进。德国专家针对 MG 34 通用机枪有过多种改进方案，其中一种由德国金属冲压专家格鲁诺夫博士完成，他对 MG 34 通用机枪进行了多项重要的改进，其性能远超其他方案。最终，格鲁诺夫博士的方案发展成 MG 42 通用机枪。该枪可以通过简单流水线制造，其造价只有 MG 34 通用机枪的 70%，所费工时和材料只有 MG 34 通用机枪的 50%。

自动原理

　　MG 42 通用机枪采用枪管短后坐式工作原理，膛口枪管助退器兼有消焰、制退作用；闭锁机构为滚柱撑开式，仿形式枪机开锁加速机构。闭锁时，位于枪机头内的两滚柱进入枪管节套凹槽后，被位于机体内的楔块撑开，完成闭锁。开锁时，两滚柱在机匣仿形槽作用下使滚柱向内收拢开锁，同时通过楔块加速枪体后坐。

供弹机构

　　供弹机构与 MG 34 通用机枪使用的相同，为开式金属弹链，双程输弹机构利用枪机能量带动。在枪机后退时，内拨弹齿带动子弹和弹链移动半个链节距；枪机复进时，外拨弹齿再带动子弹和弹链移动稍大于半个弹链节距。击发机构为利用复进簧能量击发的击针式击发机构。

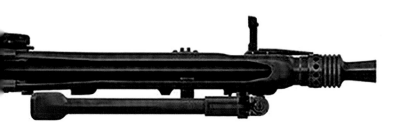

瞄准装置

　　MG 42 通用机枪采用机械瞄准具，由弧形表尺和准星组成，准星与照门均可折叠。此外，还有测试曳光弹或根据射程调整的加长针形瞄具。

枪管更换装置

　　MG 42 通用机枪的枪管更换装置结构特殊且更换迅速，该装置由盖环和卡笋组成，它们位于枪管套筒后侧，打开卡笋和盖环，便可以迅速地将枪管取出。

弹药

　　MG 42 通用机枪使用毛瑟 98 式 7.92 毫米子弹，最常使用普通弹，也可以装入穿甲弹来对付轻型载具。

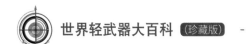

2.8 大放异彩的冲锋枪

　　二战是冲锋枪发展的黄金时代，参战各国都设计和生产了大量性能先进的冲锋枪，如美军汤普森冲锋枪、德军 MP 40 冲锋枪等。就连在战前将冲锋枪视为"土匪兵器"而不屑生产的英国陆军，也在开战以后大量生产和配发被戏称作"水喉管"的斯登冲锋枪，而苏联也以 PPSh-41 冲锋枪为主力，甚至比步枪更广泛装备部队，有些部队更以 PPSh-41 冲锋枪为唯一枪械。除了上述强国外，个别有工业基础的小国也研制和装备了冲锋枪，其中最有名的当属芬兰索米冲锋枪，它引领了北欧和苏联的冲锋枪潮流。

　　二战期间，冲锋枪在战场上大放异彩，成了各国士兵手中得心应手的武器，无论是防守阵地，还是发起冲锋，冲锋枪都能起到非常大的作用，极大地弥补了手动步枪火力的不足。为了降低生产成本，这一时期的冲锋枪通常采用冲压方式制造。

M1921 汤普森冲锋枪

制造商：美国自动军械公司	
定型时间：1921 年	
口径：9 毫米、11.43 毫米	

　　M1921 汤普森冲锋枪首次大量生产的版本，采用半后坐、延迟闭锁系统设计，装有烤蓝枪管。由于射速高，枪管会迅速过热，所以枪管带有散热刻纹，并配备了木质前握把。特有的方形机匣由一块钢材铣削而成。该枪的生产费用昂贵，当时的零售价为 225 美元，因为高质量的木质枪托、握把、前握把及微细部件制作方法困难。

塔林冲锋枪

制造商：爱沙尼亚塔林兵工厂

定型时间：1926 年

口径：9 毫米

塔林冲锋枪借鉴了德国 MP 18 冲锋枪的设计，主要修改了枪托和枪管。弹匣从枪身左侧插入，通常采用 40 发直型弹匣，必要时也可使用 50 发弹匣。重型步枪型枪托是由木头制成。后瞄准器为切线型，可在 100 ～ 600 米范围内调节。

汤普森冲锋枪第一种被美军大量采用的版本，在 20 世纪 30 年代大量装备美国海军和美国海军陆战队。M1928 型是 M1921 型的改进版，加装了降低射速的零件，瞄准具是可调整射程的折叠式觇孔瞄准具。二战爆发后，英国和法国也大量订购 M1928 型，此举挽救了自动军械公司，使其免于倒闭。

M1928 汤普森冲锋枪

制造商：美国自动军械公司

定型时间：1928 年

口径：11.43 毫米

MP 34 冲锋枪

制造商：奥地利斯泰尔兵工厂

定型时间：1929 年

口径：7.63 毫米、9 毫米、11.43 毫米

MP 34 冲锋枪是一种可选射击模式（单发或全自动）武器，以反冲作用枪机与开膛待击枪栓射击。该枪在 20 世纪 30 年代至二战期间被奥地利警察以及随后的德国国防军和武装党卫队所采用，而部分国家和组织直到 20 世纪 70 年代仍在使用。MP 34 冲锋枪可发射 9×19 毫米鲁格、9×23 毫米斯泰尔和 9×25 毫米毛瑟出口型等多种口径的子弹。

EMP 冲锋枪

制造商：德国埃尔马兵工厂

定型时间：1931 年

口径：9 毫米

EMP 冲锋枪是一支开放式反冲作用枪栓操作的冲锋枪，配备了快慢机以选择半自动或全自动射击。它使用了特殊的闭锁系统和伸缩式复进弹簧导杆装置。标准保险装置是枪身以上的一个钩形缺口，它将枪机上锁并锁定在击发位置。一些版本在枪身的左侧配备了额外的手动保险装置，位于弹匣插槽的后方。枪身左侧的弹匣插槽略向前倾，以协助供弹。抛壳口在枪身右侧。

索米 M1931 冲锋枪

制造商：芬兰冲锋枪公司

定型时间：1931 年

口径：9 毫米

索米 M1931 冲锋枪是芬兰在 20 世纪 30 年代设计的冲锋枪，"索米"（Suomi）在芬兰语中意为"芬兰"，因此有时索米 M1931 冲锋枪也被称为芬兰冲锋枪。该枪的枪管较长、做工精良，所以射程和精准度优于苏联的 PPSh-41 冲锋枪，而射速和装弹量则与 PPSh-41 冲锋枪一样。它最大的弊端在于生产成本过高，所采用的材料是瑞典的优质铬镍钢，并以狙击步枪的标准生产，费工费时。苏芬战争期间，该枪有过一些改进，例如加装了枪口制退器。

PPD-34 冲锋枪

制造商：苏联捷格加廖夫兵工厂

定型时间：1934 年

口径：7.62 毫米

PPD-34 冲锋枪是由苏联枪械设计师瓦西里·捷格加廖夫仿制德国 MP 18 和 MP28 冲锋枪而成，1934 年成为第一款在苏联军队中服役的冲锋枪。该枪采用 25 发可拆卸式弹匣，配用的 7.62×25 毫米托卡列夫子弹是参考毛瑟 C96 手枪发射的 7.63×25 毫米毛瑟弹。

二式冲锋枪

制造商：日本南部兵器制造所

定型时间：1935 年

口径：8 毫米

二式冲锋枪是南部麒次郎设计的 8 毫米冲锋枪，在测试期间，发现了它所使用的 8 毫米子弹容易造成卡弹，所以该枪主要装备海军，而陆军则没有采用。二式冲锋枪拥有从握把延伸而出的 50 发弯曲盒型弹匣，这种设计在当时非常少见。

MP 35 冲锋枪

制造商：德国伯格曼兵工厂

定型时间：1935 年

口径：9 毫米

MP 35 冲锋枪是德国于 20 世纪 30 年代初研制的冲锋枪，在二战期间被德国国防军、党卫军和德国警察所采用。该枪是一款采用反冲

作用、开放式枪机的可选射击模式冲锋枪。保险在机匣左侧，射手可以通过向扳机施加不同的压力选择发射模式，在扳机第一段为半自动模式，继续扣到底的第二段则为全自动模式。与当时许多其他的冲锋枪相反，MP 35 冲锋枪的弹匣是从武器的右侧插入。早期版本使用专用的弹匣，之后使用的是与 MP 28 冲锋枪兼容的弹匣。

ZK-383 冲锋枪

制造商：捷克斯洛伐克布鲁诺兵工厂

定型时间：1938 年

口径：9 毫米

ZK-383 冲锋枪是捷克斯洛伐克仿照德国 MP 18 冲锋枪而研制的 9 毫米冲锋枪，但安装了支架，可以担负部分轻机枪的功能。该枪仅生产了 2 万余支，在德国占领捷克斯洛伐克后曾装备德国军队。

MP 38 冲锋枪

制造商：德国埃尔马兵工厂

定型时间：1938 年

口径：9 毫米

MP 38 冲锋枪是由雨果·施梅瑟设计的 MP 36 试验型冲锋枪改进而来。1938 年，埃尔马兵工厂的设计师海因里希·沃尔默将 MP 36 冲锋枪加以改进，定型为 MP 38 冲锋枪。不过，该枪的简易保险不可靠，受到较大震动时较容易走火。

PPD-34/38 冲锋枪是 PPD-34 冲锋枪的中期改进型，主要改进是枪管增加散热片，并可使用容量较大的 71 发可拆卸式大型弹鼓供弹，这种弹鼓仿自芬兰的索米 M1931 冲锋枪。

PPD-34/38 冲锋枪

制造商：苏联捷格加廖夫兵工厂

定型时间：1938 年

口径：7.62 毫米

伯莱塔 M1938 冲锋枪

制造商：意大利伯莱塔公司

定型时间：1938 年

口径：9 毫米

伯莱塔 M1938 冲锋枪是意大利军队于 1938 年采用的冲锋枪，发射 9 毫米鲁格弹。该枪没有采用传统的快慢机来控制单发和连发，而是使用了双扳机，这是一种比较少见的设计。除意大利军队外，该枪还被德国、罗马尼亚和阿根廷的军队采用。

MAS-38 冲锋枪是法国在二战前夕研制的冲锋枪，其机匣部位很独特，很容易辨别。该枪在射击精度上，比德国 MP 40 冲锋枪更胜一筹。不过就威力而言，使用 9 毫米弹药的 MP 40 冲锋枪明显优于使用 7.65 毫米子弹的 MAS-38 冲锋枪。法国被德军占领后，仍继续生产 MAS-38 冲锋枪，主要装备维希法国和德国的警察武装。

MAS-38 冲锋枪

制造商：法国圣埃蒂安武器制造厂

定型时间：1938 年

口径：7.65 毫米

兰彻斯特冲锋枪

制造商：英国斯特林军备公司

定型时间：1940 年

口径：9 毫米

一战结束后，侧面装弹、卡宾枪式的冲锋枪仍然大受欢迎，其中有些几乎就是德国 MP 18 冲锋枪的翻版，英国的兰彻斯特冲锋枪就是典型例子。该枪由斯特林军备公司的乔治·兰彻斯特设计，使用 9×19 毫米鲁格弹，并配备 50 发纯铜弹匣，火力持续性较强。但这种武器也因价格昂贵，所以并未能够大规模装备部队。

欧文冲锋枪

制造商：澳大利亚约翰·莱萨特工厂

定型时间：1939 年

口径：9 毫米

欧文冲锋枪是由伊夫林·欧文所设计的澳大利亚首支冲锋枪，制式型发射 9×19 毫米鲁格子弹。该枪于 1942 年被澳大利亚陆军采用，并持续使用至 20 世纪 60 年代。该枪采用自由枪机、开放式枪栓，可选择半自动或全自动射击。管状机匣顶部有 33 发双排弹匣，机械瞄准具（觇孔式照门和片状准星）偏向右侧。该枪装有前握把和手枪式握把，在全自动射击时更容易控制。

达努维亚 39M 冲锋枪是由匈牙利枪械设计师德代·启拉利·帕尔于 20 世纪 30 年代末研制的 9 毫米冲锋枪，采用 40 发长弹匣，发射 9×25 毫米毛瑟子弹。该枪采用了帕尔独创的"杠杆延迟式反冲运动"自动装填设计，最大射速为 750 发 / 分。不使用时，弹匣可以向前旋转并藏进前托之中。

达努维亚 39M 冲锋枪

制造商：匈牙利达努维亚公司

定型时间：1939 年

口径：9 毫米

PPD-40 冲锋枪

制造商：苏联捷格加廖夫兵工厂

定型时间：1940 年

口径：7.62 毫米

PPD-40 冲锋枪是 PPD-34 冲锋枪的后期改进型，使用了与过去完全不同的供弹系统：将弹鼓直接插入枪身下部的大型凹槽。由于 PPD 系列冲锋枪的金属部件采用铣削方式制造，需要耗费大量人工，所以大规模生产的问题一直都无法解决，最终被制造更容易的 PPSh-41 冲锋枪所取代。

斯登冲锋枪

制造商：英国恩菲尔德兵工厂

定型时间：1940 年

口径：9 毫米

斯登（Sten）冲锋枪是英国在二战时期大量制造及装备的 9 毫米冲锋枪，英军一直使用至 20 世纪 60 年代。该枪是一种低成本、易于生产的武器，采用简单的内部设计，横置式弹匣、开放式枪机、后坐作用原理，弹匣装上后可充当前握把。紧凑的外形与较轻的重量让它具备绝佳的灵活性。该枪的弊端也不少，如射击精准度不佳、经常走火、极易卡弹等。

百式冲锋枪是日本在二战中唯一量产的冲锋枪，外观和设计与德国 MP 18 冲锋枪极为类似，木质枪托搭配反冲式枪机，并使用左侧进弹及双排弹匣，结构简单，但无法进行半自动射击。百式冲锋枪将枪管镀铬，以降低磨损及帮助清理。某些枪上还安装了防火帽，以降低后坐力。为了节省弹药，加入了降低射速的零件。

百式冲锋枪

制造商：日本南部兵器制造所

定型时间：1940 年

口径：8 毫米

奥里塔 M1941 冲锋枪是由罗马尼亚军官马丁·奥里塔在二战期间研制的冲锋枪，发射 9 毫米鲁格子弹。该枪是一种采用反冲作用、开放式枪栓的武器，其拉机柄位于机匣左边，击发时不会跳动。早期型附有按钮式手动保险装置，位于扳机护圈前面，快慢机则位于枪的右侧。后期型的保险装置改为杠杆式设计，并移除了快慢机。该枪采用木质的卡宾枪型枪托，并附有可调式的后准星（表尺）。

奥里塔 M1941 冲锋枪

制造商：罗马尼亚库吉尔兵工厂

定型时间：1941 年

口径：9 毫米

MP 41 冲锋枪

制造商：德国黑内尔公司

定型时间：1941 年

口径：9 毫米

MP 41 冲锋枪是雨果·施迈瑟在二战期间设计的冲锋枪，他在 MP 40 冲锋枪的基础上改用了 MP 28 冲锋枪的射控装置，沿用了 MP 40 冲锋枪的提前击发底火式反冲作用和开放式枪栓，但改为 MP 28 冲锋枪的木质枪托、击发机构和快慢机。MP 41 冲锋枪是专门为出口和警察部门而生产，除了配备给武装党卫队和警察部队外，也出口到了罗马尼亚。

PPSh-41 冲锋枪

制造商：苏联图拉兵工厂

定型时间：1941 年

口径：7.62 毫米

PPSh-41 冲锋枪（又称"波波莎"冲锋枪）是二战期间苏联生产数量最多的武器，在斯大林格勒战役中，它起到了非常重要的作用，成为苏军步兵标志性装备之一。该枪采用自由式枪机原理，开膛待击，带有可进行连发、单发转化的快慢机，发射 7.62×25 毫米托卡列夫子弹。它能够以 1000 发 / 分的射速射击，射速与当时其他大多数军用冲锋枪相比而言是非常高的。该枪的设计以适合大规模生产和结实耐用为首要目标，沉重的木质枪托和枪身使它的重心后移，从而保证枪身的平衡性，而且可以像步枪一样用于格斗，同时还特别适合在高寒环境下握持。

M50 冲锋枪

制造商：美国哈林顿 - 理查森兵工厂

定型时间：1941 年

口径：11.43 毫米

M50 冲锋枪是由美国人尤金·雷兴设计的冲锋枪，二战期间主要装备美国海军陆战队。由于结构简单，M50 冲锋枪非常便于生产，且造价低廉。不过，受限于 20 发弹容量，M50 冲锋枪在火力持续性方面有所不足。另外，美国海军陆战队认为 M50 冲锋枪的可靠性不高，尤其是当枪身被泥沙灰尘弄脏后会出现动作不畅的问题。M50 冲锋枪还有一种折叠枪托衍生型，称为 M55 冲锋枪，主要供美国海军陆战队坦克手和伞兵使用。

LF m/41 冲锋枪

制造商：丹麦哥本哈根兵工厂

定型时间：1941 年

口径：9 毫米

LF m/41 冲锋枪是芬兰索米 M1931 冲锋枪的丹麦仿制版，同样采用 9 毫米帕拉贝鲁姆子弹。该枪的造型非常前卫，有一个金属肩托，以及一个木球前握把。

M2 "海德" 冲锋枪

制造商：美国马林枪械公司

定型时间：1942 年

口径：11.43 毫米

M2 "海德" 冲锋枪是由美国枪械设计师乔治·海德所设计的冲锋枪，使用了当时还很罕见的锻压粉末金属技术以及大量的冲压件。该枪在重量上轻于 M1 汤普森冲锋枪，而且在成本上减少了 90%。在测试中，该枪创下了当时自动武器精准度的纪录，并且故障率很低。不过，两支采用锻压粉末金属零件的样枪在测试中出现了裂痕，导致美国军方对这种武器的质量极为不满，加上马林枪械公司没有大量生产的能力，导致此项计划被放弃。

M1928A1 汤普森冲锋枪

制造商：美国自动军械公司

定型时间：1941 年

口径：11.43 毫米

M1928A1 型汤普森冲锋枪在 M1928 型的基础上移除了木质前握把，改为枪管下的长方型护木，护木和枪托上设有背带环。该枪在珍珠港事件前投入大量生产，共制造了 56 万支。因为美国租借法案的关系，部分被送往法国、英国等地。该枪是美国海军陆战队在太平洋战场的主要装备，可使用 20、30 发直弹匣及 50 发弹鼓，但是 50 发弹鼓经常出现卡弹并且笨重。

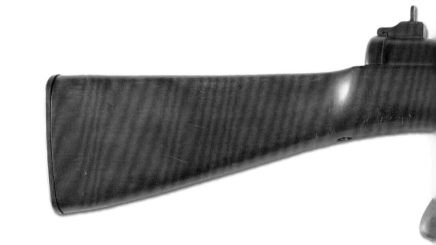

M1 型汤普森冲锋枪是 M1928 型的简化版，它改用单纯的后坐作用运作系统（反冲式系统），取消了枪机上的延迟机构，改变机匣形状，拉机柄从机匣上方改为位于机匣侧面，取消枪管上的螺纹状散热片与枪口制退器，固定孔式后照门取代可调式后照门，弹匣槽不再对应使用弹鼓，装有木质固定式枪托，并直接用螺栓锁在枪机容纳部上，射速降至每分钟约 600～700 发，同时推出了更便宜且易于生产的 30 发直式弹匣。

M1 汤普森冲锋枪

制造商：美国自动军械公司

定型时间：1942 年

口径：11.43 毫米

M1A1 汤普森冲锋枪

制造商：美国自动军械公司

定型时间：1942 年

口径：11.43 毫米

M1A1 型汤普森冲锋枪是 M1 型的改进型，后照门上加装了护翼。由于工序简化，M1A1 型的生产时间只是 M1928A1 型的一半，成本也有所降低。1939 年美国政府购买汤普森冲锋枪的单价为 209 美元，到了 1942 年春季，单价降至 70 美元。到 1944 年 2 月，包括配件的 M1A1 型单价只需 45 美元。在 1944 年末，M1A1 型被成本更低的 M3 冲锋枪取代。

M3 冲锋枪

制造商：美国通用汽车公司

定型时间：1942 年

口径：9 毫米、11.43 毫米

M3 冲锋枪是由通用汽车公司于二战时期大量生产的廉价冲锋枪，1942 年 12 月开始服役，用于取代造价昂贵的汤普森冲锋枪。由于外形像是为汽车打润滑油（黄油）的润滑油枪，也叫 M3 黄油枪。该枪是一种全自动、气冷、开放式枪机、由反冲作用操作的冲锋枪，设计上参考了英国斯登冲锋枪。M3 冲锋枪被设计为"用坏即丢"的武器，不需要维修，外观上也与以往的美制冲锋枪大相径庭。射速较慢、易于控制的 M3 冲锋枪在实战中表现良好，很快就得到了美军士兵的信赖。

奥斯汀冲锋枪

制造商：澳大利亚卡迈克尔公司

定型时间：1942 年

口径：9 毫米

奥斯汀冲锋枪是澳大利亚在斯登冲锋枪的基础上改进而来的，主要改进包括基于德国 MP 38 冲锋枪的折叠枪托，增加了前握把和几乎整个管状机匣长的拉机柄槽。开放的长槽使得泥土和污垢更容易进入。其最重要的内部变化是使用了德国 MP 40 冲锋枪的枪机和伸缩复进簧。

M42 冲锋枪

制造商：美国马林枪械公司

定型时间：1942 年

口径：9 毫米

M42 冲锋枪是由美国枪械设计师卡尔·西贝柳斯所设计的冲锋枪，发射 9×19 毫米鲁格子弹，二战期间主要装备美国战略情报局的特工，并被欧洲地区的游击队采用。该枪的设计非常简单，为直接反冲作用自动原理与可选射击模式武器。通常将两个 25 发弹匣焊接在一起，在第一个弹匣打光以后，只需上下 180 度倒转就完成重新装填。

EMP 44 冲锋枪是由埃尔马兵工厂设计的全金属制冲锋枪，发射 9×19 毫米鲁格子弹。该枪是由全金属制成，但也可以说是粗制滥造的拼装物，比如枪托是由焊接在一起的管状物制成。因为每个部分都为了易于制造而呈直角般连接，以至于它的外形非常怪异。由于 EMP 44 冲锋枪未能通过验收测试，最后被德国军方拒绝采用。

EMP 44 冲锋枪

制造商：德国埃尔马兵工厂

定型时间：1942 年

口径：9 毫米

威尔甘冲锋枪

制造商：英国伯明翰轻武器有限公司

定型时间：1942 年

口径：9 毫米

　　威尔甘冲锋枪是由伯明翰轻武器有限公司研制的 9 毫米冲锋枪，虽然在测试中表现良好，但没有被英军采用，生产量较少。该枪采用反冲作用自动原理、开放式枪机，理论射速为 500 发 / 分，使用 32 发可拆卸弹匣供弹。

　　PPS-43 冲锋枪是苏联在二战期间生产的冲锋枪，1942 年被列为苏军制式冲锋枪，总产量超过 100 万支。该枪大部分零件采用钢板冲压、焊接、铆接制成，具有结构简单、加工及操作方便等特点。PPS-43 冲锋枪采用自由枪机式工作原理，开膛待击，只能连发射击。保险手柄位于机匣下方、扳机护圈的右侧，可将枪机锁定于前方或后方位置。该枪使用较短的金属折叠式枪托，供弹方式为 35 发弧形弹匣。机械瞄准具包括 L 形翻转式表尺、方形缺口式照门，射程装定为 100 米和 200 米。

PPS-43 冲锋枪

制造商：苏联图拉兵工厂

定型时间：1942 年

口径：7.62 毫米

斯特林冲锋枪

制造商：英国斯特林军备公司

定型时间：1944 年

口径：9 毫米

斯特林冲锋枪是由斯特林军备公司在二战后期研制的冲锋枪，但战争期间并未被英军采用，直到 1953 年 8 月才被选为制式武器，并命名为 L2A1。之后经过了数次改良，出现了 L2A2 和 L2A3 等改进型。该枪的结构简单，突出特征在于其圆管形枪机容纳部下方的垂直型握柄，以及枪机容纳部左侧装设的香蕉型弹匣。握柄上附有一个选择钮，可以进行全自动与半自动射击模式的切换。圆管形枪机容纳部的前半部有许多小孔，能够增强散热能力。

FNAB-43 冲锋枪

制造商：意大利布雷西亚国家武器工厂

定型时间：1943 年

口径：9 毫米

FNAB-43 冲锋枪是意大利在二战期间研制的冲锋枪，仅生产了 7000 支。该枪在制造过程中大量使用了铣削和精密工程技术，没有采用任何木质或是模制的零件，所以造价非常昂贵。该枪是一种精良、精确且有效的武器，闭膛待击的特性以及全自动射速较慢，使其格外稳定和易于控制。

OG-43 冲锋枪

制造商：意大利阿玛格拉公司

定型时间：1943 年

口径：9 毫米

OG-43 冲锋枪是由意大利枪械设计师乔瓦尼·奥利亚尼所设计的冲锋枪，发射 9×19 毫米鲁格子弹。该枪采用短行程反冲作用原理，在半自动和全自动模式下都是开放式枪栓。枪身由压制钢材制成，弹匣兼作握把，并在扳机护环前方、穿孔的枪管罩的下方，设置了木质握把。枪托支架可向枪身折叠或向后方展开。

达努维亚 43M 冲锋枪

制造商：匈牙利达努维亚公司

定型时间：1943 年

口径：9 毫米

达努维亚 43M 冲锋枪是达努维亚 39M 冲锋枪的改进型，改为可折叠金属枪托，弹匣不可折叠，也不能与达努维亚 39M 冲锋枪通用。

TZ-45 冲锋枪

制造商：意大利詹多索兄弟工厂

定型时间：1944 年

口径：9 毫米

TZ-45 冲锋枪是由意大利枪械设计师托诺尼·詹多索和佐尔佐利·詹多索兄弟所研制的冲锋枪，在 1944 年至 1945 年少量生产，总产量仅 6000 支。枪身是由金属冲压件制成，并且将所有部件焊接在一起。从枪托到枪管的所有部件均由金属制成，以便于整体生产。枪机为简单的反冲式，但是复进弹簧围绕着为两件式设计的导杆所组装，而这导

杆会随着枪栓返回而伸缩。枪口设有充当补偿器的两条横向切口，枪托是由钢杆制成。当缩折时，钢质枪托杆会在机匣的旁边滑动。

KP m/44 冲锋枪

制造商：芬兰冲锋枪公司

定型时间：1944 年

口径：9 毫米

KP m/44 冲锋枪是芬兰在二战末期研制的冲锋枪，由索米 M1931 冲锋枪发展而来，同时借鉴了苏联 PPS-43 冲锋枪的特点，采用 9 毫米帕拉贝鲁姆子弹，标配 40 发长弹匣，也可通用索米 M1931 冲锋枪的弹鼓。该枪没能参加二战，战后一直服役到 20 世纪 70 年代。

传奇武器鉴赏：MP 40 冲锋枪

MP 40 冲锋枪是二战时期德军的主要武器装备之一，受到德军作战部队的欢迎。它在近距离作战中可提供密集的火力，不但装备了德国装甲部队和伞兵部队，在步兵单位的装备比率也不断增加，也是优先配发给一线作战部队的武器。除德国外，奥地利、比利时、以色列、意大利、克罗地亚等国也有使用，二战后还曾出现在多场局部战争中。

MP 40 冲锋枪由采用冲压金属机匣的 MP 36 试验型冲锋枪改良而来。1938 年，埃尔马兵工厂对 MP 36 冲锋枪进行改进，形成了 MP 38 冲锋枪。但是 MP 38 冲锋枪的保险装置不可靠，在受到较大震动时容易造成走火，于是又针对保险机构进行了修改，修改后的冲锋枪被命名为 MP 40。虽然 MP 40 经常被美英联军士兵称为"施迈瑟冲锋枪"，但是德国著名枪械设计师刘易斯·施迈瑟本人并未参与该枪的设计工作，不过其子雨果·施迈瑟倒是参与了衍生型 MP 41 的改良工作。

基 本 参 数	
口径	9 毫米
全长	833 毫米
枪管长	251 毫米
重量	4 千克
弹容量	32 发

生产工艺

MP 40 冲锋枪是一种为便于大量生产而设计、与传统枪械制造观念迥然不同的冲锋枪，它大量采用冲压、焊接工艺的零件，生产时零件在各工厂分头生产，然后在总装厂进行统一装配，这种模式非常利于大规模生产。该枪取消枪身上传统的木质固定枪托、护木组件以及枪管护筒等粗大笨重的结构，主要部件都是钢片压制而成，连唯一较费工时的木质枪托，也由钢质折叠式枪托代替。全枪没有复杂的工艺，钢片压制的枪身可在一般工厂的流水线中随意制造。机匣的下半部则以重量很轻的铝材制造。1940 ～ 1945 年，德国一共生产了超过110 万支 MP 40 冲锋枪。

自动原理

MP 40 冲锋枪采用自由枪机式工作原理。复进簧装在三节不同直径套叠的导管内，导管前端为击针。射击时，枪机后坐带动击针运动，并压缩导管内的复进簧，使复进簧平稳运动。由于后坐力很小，MP 40 冲锋枪在有效射程内的射击精度非常准确，能在近距离作战中提供密集的火力。

枪身尺寸

MP 40 冲锋枪的枪身经折叠以后，仅长 63 厘米，比当时各国的固定枪托武器都要短 20 厘米以上。这使它非常适合装甲兵、伞兵和山地部队使用，尤其是在狭窄的车厢和飞机的机舱里。

2.9 五花八门的反坦克武器

　　一战时期，集机动性、火力和防护为一体的坦克首次出现在战场，一度令德军束手无策。德军最初使用小型加农炮和大口径步枪来对抗英军的坦克。当大部分武器在实战中被证明几乎毫无作用之后，他们开始使用一种 7.92 毫米口径、具有穿甲能力的 K 型子弹，并研发了世界上第一款反坦克步枪，也就是毛瑟 M1918 反坦克步枪。虽然应急赶造的步枪存在后坐力极大、精准度较差的问题，但至少士兵面对坦克时手里有了一件堪用的武器。

　　照此思路，从一战到二战的短短几十年内，各种反坦克步枪层出不穷，其口径、射程和枪口初速也不断提高。然而到二战后期，坦克的装甲厚度已接近 100 毫米，此时反坦克步枪的威力已经完全不足以对坦克造成致命威胁，单一士兵所能携带的实心弹头已经无法击穿它们。如果真有一款步枪能够击穿二战后期的坦克装甲，那恐怕开枪之后，首先碎掉的是射手的肩膀。因此，反坦克步枪逐渐退出了反坦克的舞台。

　　俗话说，有矛就有盾。二战是坦克发展的黄金时代，而坦克的迅速发展也极大地推动了反坦克武器的进步。除了反坦克步枪，二战时期还出现了反坦克手榴弹、反坦克地雷、反坦克火箭筒、无后坐力炮、枪榴弹发射器等多种步兵反坦克武器。

毛瑟 M1918 反坦克步枪

制造商：德国毛瑟公司

定型时间：1918 年

口径：13.2 毫米

　　毛瑟 M1918 反坦克步枪是世界上第一种针对反装甲为单一研发目标的步枪，也是德国研发出的世界上第一种"高初速重型弹头步枪"。该枪可在 65 米内击穿 25 毫米装甲，能有效对付英国 Mark I 坦克（装甲厚 6 ~ 12 毫米），不过巨大的后坐力会让射击姿势没有准备好的射手，肩膀出现撕裂伤或脱臼。即便做好了射击准备，也会因为剧烈的摇晃导致晕眩。

索罗通 S-18/100 反坦克步枪

制造商：瑞士索罗通公司

定型时间：1934 年

口径：20 毫米

索罗通 S-18/100 反坦克步枪全长 1.76 米，采用左侧插入 10 发弹匣供弹。该枪可以半自动射击，枪口初速为 735 米 / 秒，发射 20×105 毫米子弹，在 100 米距离内，入射角为 60 度时，能保证击穿 20 毫米的普通装甲。在 500 米距离外，也能击穿 16 毫米的普通装甲。

博斯反坦克步枪是二战初期英军装备的反坦克步枪，采用手动枪机，5 发弹匣在枪身上方，发射内藏钢芯的 13.9×99 毫米穿甲弹，由于发射时会有强大的后坐力，故枪托具有缓冲器和很厚的护垫，枪口有减震的防火帽。该枪大量装备英国陆军步兵排，但随着德军坦克的装甲越来越厚，博斯反坦克步枪越显得无能为力，故很快就被 PIAT 取代，德军在敦刻尔克大撤退后掳获大批英军留下的博斯反坦克步枪，但德军对此却毫无兴趣，认为已是过时的武器。

博斯反坦克步枪

制造商：英国恩菲尔德兵工厂

定型时间：1937 年

口径：13.9 毫米

九七式反坦克步枪

制造商：日本小仓兵工厂

定型时间：1938 年

口径：20 毫米

九七式反坦克步枪采用气动式的延迟反冲机制，且枪管和机匣在开火后也能将后坐力缓冲掉 60%，增加了武器的稳定度，也保护了使用者（但仍经常有人因后坐力而锁骨骨折）。该枪是二战中最重的反坦克步枪，其中负责开火的部分重 52 千克（扣除护盾），若加上护盾和四个手提握把则重 68 千克，远重于原本设计的 40 千克。九七式反坦克步枪使用安装在机匣上的 7 发可拆式盒式弹匣，每分钟可发射十余发子弹，弹种包括实心钢制穿甲曳光弹、高爆弹和高爆燃烧弹。该枪可以击穿美军的轻型装甲车或两栖装甲运兵车，但并不能摧毁中型坦克。

20 世纪 30 年代，德国想研制一款方便携带的轻型反坦克步枪，在古斯特洛夫 - 威尔克公司工作的工程师布劳尔设计出了 PzB 38 反坦克步枪。该枪采用单发射击和复进式枪管，发射时枪管会向后缩进约 9 厘米，打开后膛并排出弹壳。此时膛室会处于开放状态方便射手填弹，填装完后射手要按下握把上的杠杆启动闭锁，后膛和枪管会在此向前移动并后定撞锤，准备好发射下一发子弹。尽管使用了容易制造的压制钢件，但过于复杂的闭锁机构使得 PzB 38 反坦克步枪难以生产，所以生产量较少。

PzB 38 反坦克步枪

制造商：	德国古斯特洛夫 - 威尔克公司
定型时间：	1938 年
口径：	7.92 毫米

PzB 39 反坦克步枪

制造商：	德国古斯特洛夫 - 威尔克公司
定型时间：	1939 年
口径：	7.92 毫米

　　PzB 39 反坦克步枪是 PzB 38 反坦克步枪的改进型，使用了升降式枪机闭锁机制，保留了与 PzB 38 相同的弹药、枪管，并将总长缩短为 1.62 米，重量仅为 12.6 千克。为了提高射速，在靠近膛室的地方安装了放置子弹的盒子，这个盒子并不是弹匣，只是为了让射手更容易拿到弹药。德国在入侵波兰时使用了 500 余支 PzB 39 步枪。苏德战争中，约有 2.5 万支 PzB39 步枪使用于实战。1944 年，PzB 39 步枪仍在服役，但此时对付轻型装甲目标都已力不从心。

九九式反坦克地雷

制造商：日本小仓兵工厂

定型时间：1939 年

重量：1.21 千克

　　九九式反坦克地雷是二战中日军地面部队使用的反坦克地雷，也可当作投掷用炸弹，中央雷体是用麻布包裹的钢体罐，内装 1.3 千克一号淡黄炸药，四边镶有磁铁，使用时拔掉延迟 10 秒的雷管保险后向敌方装甲目标投出，可炸毁 140 毫米以下装甲车辆，投掷用时由于有磁铁故会吸附于敌方装甲车上。由于九九式反坦克地雷没有采用聚能设计的锥形装药，因此威力有限，要用 6 枚才能炸毁一辆苏军 BT 坦克。

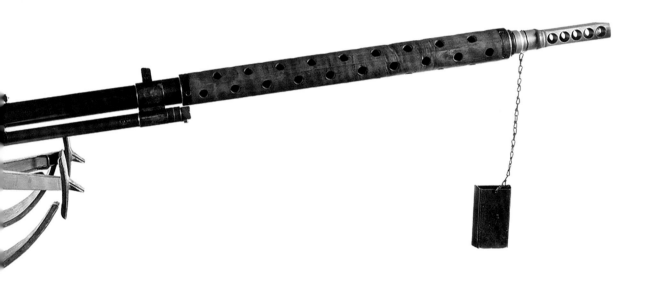

拉赫蒂 L-39 反坦克步枪

制造商：芬兰国家步枪工厂

定型时间：1939 年

口径：20 毫米

　　拉赫蒂 L-39 反坦克步枪是由芬兰枪械工程师艾莫·拉赫蒂所设计的半自动反坦克步枪，是二战期间芬兰陆军所使用的主要反坦克步枪。该枪发射瑞士索罗通 S-18/1000 反坦克步枪所用的 20×138 毫米弹药，具有出色的精度、贯穿力和射程，有着"猎象枪"的绰号。该枪的尺寸较大，全长 2.2 米，导致运输困难，后坐力也过大。该枪的全自动版本称为拉赫蒂 L-39/44，当作简易防空武器。

史密斯炮

制造商：英国恩菲尔德兵工厂

定型时间：1940 年

口径：76 毫米

　　史密斯炮是一位名叫威廉·史密斯的一战英国老兵发明的反坦克武器，主要装备英国地方志愿军部队。这种使用特制 76 毫米迫击炮炮弹的简易反坦克炮，最大射程可以达到 800 码（732 米），并且可以在 50 码（45 米）的距离上使用穿甲弹击穿 80 毫米的装甲。也就是说，这种简陋的火炮可以击穿"虎"式坦克的侧面装甲。而在更远的距离上，史密斯炮发射的穿甲弹也能击穿 60 毫米的装甲，完全可以穿透德军早期型三号和四号坦克的正面。由于做工简陋，史密斯炮曾发生过好几次炸膛事故。

诺索弗榴弹发射器

制造商：英国恩菲尔德兵工厂

定型时间：1940 年

口径：63.4 毫米

　　诺索弗榴弹发射器是英国在敦刻尔克大撤退后应急制造的反坦克武器，其结构非常简单，基本上就是一根大钢管，再加上击发机构和四脚架。这种榴弹发射器需要 3 人进行操作，采用的弹药被称为 76 号特种燃烧弹。按照设计者的构想，当弹丸被打出之后，76 号特种燃烧弹里面的磷遇到空气就会燃烧并渗透到坦克内部。事实上，76 号特种燃烧弹就是个玻璃瓶装着含磷混合物，用金属盖子封装，采用黑火药作为发射药。诺索弗榴弹发射器的最大射程为 251 米，这意味着使用者必须得冒着敌方的机枪扫射才能开火。

索罗通 S-18/1000 反坦克步枪

制造商：瑞士索罗通公司

定型时间：1940 年

口径：20 毫米

索罗通 S-18/100 反坦克步枪的放大版，使用更大口径的弹药（20×138 毫米），所以有着更高的枪口初速。不过，使用威力更大的弹药也导致后坐力显著增大。此外，它的外型尺寸较大，全枪长达 2.16 米，枪管长达 1.4 米，使得部署和使用都十分困难。二战期间，德国、意大利、罗马尼亚等国的军队都曾使用索罗通 S-18/100 反坦克步枪。

SPzB 41 反坦克步枪

制造商：德国毛瑟公司

定型时间：1941 年

口径：20 ～ 28 毫米

SPzB 41 反坦克步枪是德国在二战期间研制的反坦克武器，官方列级为重型反坦克步枪。不过，它的外形更像是反坦克炮，唯一的差异是它没有和反坦克炮一样的机械俯仰左右转动机制，而且它配备轻型枪管，更容易徒手操作，主要由伞兵和步兵使用。SPzB 41 步枪的锥膛枪管很特殊，弹托的直径为 28 毫米，发射时弹托会收拢，出膛时的直径只有 20 毫米。这种枪管从大到小的设计可以让弹丸以极高的初速射出，以获得更强的穿透力，但这种枪管的膛压很高，对枪管的损伤很大，而且对枪管的制造材料要求也很高。

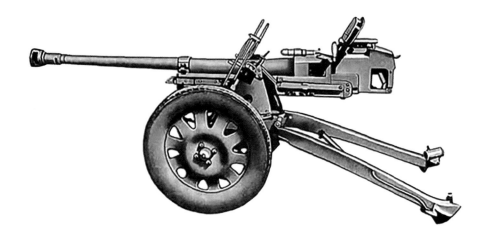

PTRS-41 反坦克步枪

制造商：苏联图拉兵工厂

定型时间：1941 年

口径：14.5 毫米

　　PTRS-41 反坦克步枪采用导气活塞式自动原理，偏移式闭锁枪机。短行程导气活塞安装在枪管上方，导气箍上有气体调节器，可切换三种导气量，根据不同的使用环境调节导出的火药燃气压力，以克服污垢或寒冷天气带给自动机的影响。PTRS-41 步枪的内部弹仓可装载 5 发 14.5×114 毫米子弹。子弹可以从下方装入弹仓，也可以从上方手动装入单发弹药。苏德战争初期，PTRS-41 步枪能有效对付德军坦克。随着战事的进行，德军坦克的装甲越来越厚，PTRS-41 步枪逐渐过时，但它在攻击卡车和其他轻装甲目标时依然十分有效。

PIAT 步兵用反坦克发射器

制造商：英国帝国化学工业公司

定型时间：1942 年

重量：15 千克

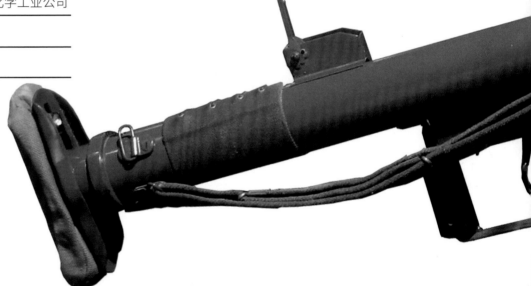

　　PIAT（步兵用反坦克发射器）是由英军在二战时期研制的一种反坦克武器，基于超口径迫击炮的原理，发射一枚 1.1 千克的前置炮弹。其射程按其发射方向而有所不同，直射作反坦克用时达 105 米，而曲射作爆破用时则可达 320 米。PIAT 的优点是制造成本低廉，使用时没有枪口烟雾。PIAT 于 1943 年开始服役，并于同年首次在西西里岛战役中使用，直至 20 世纪 50 年代初由美制"巴祖卡"火箭筒取代为止。苏联按租借法案获得大量 PIAT，而法国和波兰的地下抵抗组织也有使用。

PTRD-41 反坦克步枪

制造商：苏联捷格加廖夫兵工厂

定型时间：1941 年

口径：14.5 毫米

　　PTRD-41 反坦克步枪是由苏联红军在二战期间采用的一种单发反坦克步枪，发射 14.5×114 毫米子弹，枪口初速为 1114 米 / 秒，它能够在 100 米内贯穿厚 35 ～ 40 毫米的装甲。然而在战争初期以至整场战争当中，大部分德国坦克都有着厚于 50 毫米的正面装甲以及 30 毫米的侧面装甲，所以在许多时候射手都需要在很近的距离（有时甚至是零距离）开火才有机会打穿这些坦克的侧面装甲。

"巴祖卡"火箭筒

制造商：美国巴德公司

定型时间：1942 年

重量：5.9 千克（M1 型）

"巴祖卡"（Bazooka）火箭筒是美军在二战中使用的单兵反坦克火箭筒，因其管状外形类似于一种名叫"巴祖卡"的喇叭状乐器而得名。它由发射筒、肩托、挡焰罩、护套、挡弹器、握把、背带、瞄准具以及发射机构和保险装置等组成，配用破甲火箭弹。总体来说，"巴祖卡"火箭筒结构简单，坚固可靠，能适合非常恶劣环境下的使用，但由于研制仓促，"巴祖卡"火箭筒的外观显得有些粗糙且整体比较笨重。二战期间，"巴祖卡"火箭筒的主要型号包括 M1、M1A1、M9、M9A1 等。战后，陆续出现了 M20、M20B1、M20A1、M25 等改进型。

磁性吸附雷

制造商：德国莱茵金属公司

定型时间：1942 年

重量：3 千克

磁性吸附雷（Hafthohlladung，HHL）是德国在二战时期研制的附着式定量反坦克手榴弹，是德军单兵标配反坦克武器。弹体为漏斗状，内部结构为铜罩杯（杯口朝向目标）与杯底的高爆炸药。炸药后方（漏斗嘴的部分）就是引信。这个结构与 M24 手榴弹相同，都是一个内部表面粗糙的铁管盛装引信，单兵只要抽拉引信，内部表面粗糙的部分就会跟引信形成强烈摩擦而引燃，然后迅速升温到引爆炸药为止。HHL 的底部有三对磁铁，方便单兵直接将其吸附在敌方坦克的装甲上。HHL 的威力极大，可以摧毁厚达 140 毫米的轧压均质装甲。

"坦克杀手"（Panzerschreck）反坦克火箭筒是二战时期德军使用的一种可重复使用的88毫米口径反坦克火箭筒，由美国"巴祖卡"反坦克火箭筒仿制而来。与"巴祖卡"不同，"坦克杀手"的火箭弹在飞离发射管后会继续燃烧喷射，所以有着更强大的穿透力和更远的射程。不过，"坦克杀手"发射时会从前端和后端产生大量的烟雾，因此得到了"烟囱"的绰号。这也使得"坦克杀手"小组在发射后很容易被发现，必须迅速转移阵地。

"坦克杀手"反坦克火箭筒

制造商：	德国雨果·施耐德金属制品厂
定型时间：	1944 年
重量：	11 千克

M7 枪榴弹发射器

制造商：	美国斯普林菲尔德兵工厂
定型时间：	1943 年
长度：	190 毫米

M7枪榴弹发射器是二战期间美军安装在M1"加兰德"半自动步枪上的枪榴弹发射器，它是一种典型的"筒型"发射器。在安装之前，需要去除M1"加兰德"半自动步枪标准的气体调节阀。当安装枪榴弹发射器之后，M1"加兰德"半自动步枪也无法进行半自动射击。M7枪榴弹发射器使用M9和M9A1枪榴弹，其中后者的穿甲厚度可达75毫米，射程可达229米（在射击装甲目标时通常在46米以内）。但由于弹道和后坐力等原因，它的命中率并不高。

M8 枪榴弹发射器

制造商：美国斯普林菲尔德兵工厂

定型时间：1944 年

长度：190 毫米

M8 枪榴弹发射器的结构与 M7 枪榴弹发射器几乎相同，不同之处在于它设计为安装在 M1 卡宾枪上。使用者需要将 M1 卡宾枪的枪托侧向撑开才能发射，以免发射枪榴弹时的后坐力导致枪托破裂。即使在不破坏枪托的情况下，M8 枪榴弹发射器也不能使用 M7 助推装药以延长射程。所以 M8 枪榴弹发射器只是一种应急武器。

"铁拳"反坦克榴弹发射器

制造商：德国雨果·施耐德金属制品厂

定型时间：1943 年

重量：7 千克（Panzerfaust 150）

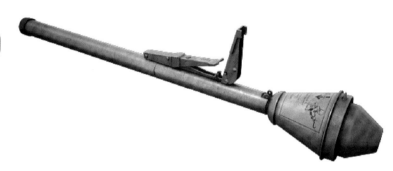

"铁拳"（Panzerfaust）反坦克榴弹发射器是二战时期德国制造的一种廉价的火药推进无后坐力反坦克榴弹发射器，1942 年开始生产并一直持续到二战结束，主要有 Panzerfaust 30 Klein、Panzerfaust 30、Panzerfaust 60、Panzerfaust 100、Panzerfaust 150 和 Panzerfaust 250 等型号，各个型号的总产量超过 600 万。"铁拳"使用起来非常简单，发射前士兵只要打开保险，一个简易表尺就会自动竖起，然后瞄准目标，按下发射钮。破甲弹射出之后，其四片弹簧尾翼会自动打开并稳定飞行。由于重量和体积的限制，"铁拳"的初速很低，以至其有效射程较短，而且飞行弹道比较弯曲。

"防空铁拳"手提防空火箭弹

制造商：德国雨果·施耐德金属制品厂

定型时间：1945 年

重量：6.5 千克

二战末期，德军失去制空权（尤其在西线），为了对付盟军的战斗轰炸机，德国研制了单兵使用的"防空铁拳"（Fliegerfaust）手提防空火箭弹。当时，德国军方订购了 1 万具"防空铁拳"和 400 万发火箭弹，但还未全面配发给德军士兵，二战就结束了。在实战当中发现"防空铁拳"的射高还是不够，于是德国计划进一步改良以增加其射高和威力，但因战争结束而作罢。

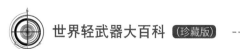
2.10　迅速发展的手榴弹和枪榴弹

二战期间，手榴弹不仅应用广泛，并且得到了迅速发展，出现了空心装药反坦克手榴弹。当时手榴弹的发展主要表现在以下几个方面：改进发火方式，出现了方向碰炸机构，并开始应用在手榴弹引信上；将空心装药结构用于手榴弹战斗部，成为反坦克手榴弹；各种特种手榴弹相继出现，如发烟、燃烧、催泪、震晕手榴弹等；新材料开始在手榴弹上应用。

由于手榴弹的投掷距离有限，为了满足前线士兵对于近距离火力支援的要求，特别是攻击超过手榴弹投掷距离的目标，德国研制了枪榴弹发射装置。众多不同种类的枪榴弹以及灵活性使得这种武器相当受欢迎，它可以用来攻击坦克、防御工事以及步兵等目标。

M1914/30 手榴弹

制造商：苏联图拉兵工厂
定型时间：1930 年
重量：0.5 千克

M1914/30 手榴弹是一战时期俄国 M1914 手榴弹的改进型，采用钢板冲压成型的弹体，内部装填 TNT 炸药，弹体外加装了一个破片套。在战争期间 TNT 炸药短缺的情况下，也采用过硝胺炸药。

九一式手榴弹

制造商：日本东京炮兵工厂

定型时间：1931 年

重量：0.53 千克

　　九一式手榴弹是十年式手榴弹的改进型，两者的基本构造相似，主要差异在于九一式采用半球顶，而十年式采用有刻纹的顶。与十年式相同的是，弹身底部有一个螺旋栓孔可接上通过榴弹发射器发射时需要的备用推进剂罐。引信属于撞击触发型，需要拔除安全插销并敲击榴弹盖顶端触发。

　　RGD-33 手榴弹是苏军在二战中广泛使用的一种有柄手榴弹，它具有攻防两用的特点，因此广受欢迎，在各兵种中都曾经大量装备过。由于生产数量很大，直到 20 世纪 60 年代仍有部分继续使用。RGD-33 手榴弹的外观比较简洁，看起来就像两个圆柱体套接而成，一个粗短一个细长，粗短的圆柱体即是弹体，而细长的圆柱体是握柄。弹体外面带有一个刻有菱形花纹的可拆卸破片套，当手榴弹装上破片套时用作阵地防御，杀伤力较大。而不带破片套时，则作为进攻手榴弹使用，依靠弹体内自带的较小破片套进行杀伤。

RGD-33 手榴弹

制造商：苏联图拉兵工厂

定型时间：1933 年

重量：0.75 千克

74 号反坦克手榴弹

制造商：英国凯氏兄弟公司

定型时间：1940 年

重量：1.02 千克

74 号反坦克手榴弹，俗称黏性炸弹（Sticky Bomb），是英国在二战中设计和生产的手榴弹。由于英军在敦刻尔克大撤退时，失去了大量的反坦克炮，它便成为一种替代品，以解决反坦克炮数量不足的问题。它内部有一个盛载硝酸甘油的玻璃球，其表面被糊上了强力黏合剂，用以固定在金属外壳上。当使用者拉出手榴弹手柄上的针，外壳会一分为二而露出玻璃球，另一支针将启动爆炸机制。使用者需要将它黏在敌方坦克或其他载具上，并启动其手柄上的杠杆，5 秒后硝酸甘油就会爆炸。

69 号手榴弹

制造商：英国梅卡尔公司

定型时间：1940 年

重量：0.383 千克

69 号手榴弹是英国在二战期间研制的进攻型反人员手榴弹，弹体长度为 114 毫米，直径为 60 毫米，装药量为 92 克。该手榴弹的最大特点是采用酚醛树脂来制造弹体和其他零件，可以有效控制杀伤破片数量，进攻时使用更为安全，这在当时来说是非常先进的。由于 69 号手榴弹性能优良，英军一直使用到 20 世纪 60 年代初。

九七式手榴弹

制造商：日本东京炮兵工厂

定型时间：1937 年

重量：0.45 千克

九七式手榴弹是二战时期日本步兵的标准配备，由九一式手榴弹改进而来，两者外观上几乎一模一样，差别在于九七式的基座没有可接上推进剂罐的连接器。九七式的引信由发火组件和延期信管两大部件组成，发火组件包括击针、保险销和火帽，延时信管是在铜管内装上延时火药制成，平时击针和延时信管由保险销隔离。使用时，拔除保险销，将弹体在硬物上用力撞击一下，使击针击发火帽点燃延时信管，然后投出。这种手榴弹的安全性不高，很容易出现早炸。

九九式手榴弹

制造商：日本东京炮兵工厂

定型时间：1939 年

重量：0.3 千克

九九式手榴弹是九七式手榴弹的改进型，可以用手投掷或是用百式掷弹筒发射。与早期的九一式或九七式手榴弹不同，九九式的弹体并无分段，而是光滑并在两端扩开的。它的直径也比九一式稍小。操作时须先拉扯接在安全插销上的线用以将插销拔除，再将引信的末端在一个硬物上敲击一次，然后立即掷出。由于撞针是内建的，并不需要旋上或旋下撞针固定器，这点与日本早期的手榴弹不同。

M9 反坦克枪榴弹

制造商：	美国斯普林菲尔德兵工厂
定型时间：	1942 年
重量：	0.59 千克

M9 反坦克枪榴弹是美国为搭配 M7 和 M8 枪榴弹发射器而研制的 22 毫米反坦克枪榴弹，在二战中得到广泛使用，并持续使用至 20 世纪 50 年代。该榴弹具有钢质弹身和尾翼组件，弹体以内装填了 113 克"彭托利特"炸药。弹尾装有触发引信。

RPG-40 反坦克手榴弹

制造商：	苏联图拉兵工厂
定型时间：	1940 年
重量：	1.22 千克

RPG-40 手榴弹的反坦克能力来自填充其中的 760 克炸药在被点燃时产生的爆炸效果，这种效果可以穿透大约 20 毫米厚的装甲，在接触厚重装甲时也有可能造成装甲剥落。RPG-40 手榴弹在对付德军早期型号的坦克时相当有效，但对后期如四号坦克及"豹"式坦克等较为先进的德军坦克时效果却不显著。1943 年时，RPG-40 手榴弹被更为有效的 RPG-43 手榴弹取代。

68 号反坦克枪榴弹

制造商：	英国梅卡尔公司
定型时间：	1940 年
重量：	0.894 千克

68 号反坦克枪榴弹是英国于 1940 年研制和生产，并在二战期间使用的反坦克枪榴弹。它是早期型的锥形装药榴弹，弹头的设计很简单，能够贯穿 52 毫米的装甲。该榴弹是从杯型发射器所发射，简易的翼片可使其在空中具有一定的稳定性。当榴弹撞击物体以后，榴弹尾部的击铁超越了蠕动式弹簧的阻力并且向前抛向穿刺式雷管时，就会引发爆炸。

F-1 手榴弹

制造商：苏联图拉兵工厂

定型时间：1941 年

重量：0.6 千克

F-1 手榴弹是苏联在二战时期基于法国 F1 手榴弹设计的反人员破片防御手榴弹，以铁片作外壳，通常可抛掷到 30 米至 45 米，有效杀伤半径约为 30 米。F-1 手榴弹内装 60 克 TNT 炸药，连引信共重 600 克，引信的引爆时间为 3.2 秒至 4 秒。苏联在二战后将大量 F-1 手榴弹及其他武器运住多个国家，包括伊拉克及其他阿拉伯地区，而这些国家亦推出过仿制版本。

RG-41 手榴弹是苏联在 1941 年定型的一种进攻型无柄手榴弹，用于取代 RGD-33 攻防两用手榴弹。由于 RG-41 手榴弹的引信通用性较差，所以苏联在其基础上继续改进，研制出了 RG-42 手榴弹。

RG-41 手榴弹

制造商：苏联图拉兵工厂

定型时间：1941 年

重量：0.44 千克

M17 破片枪榴弹

制造商：美国斯普林菲尔德兵工厂
定型时间：1943 年
重量：0.667 千克

M17 破片枪榴弹是美国为搭配 M7 和 M8 枪榴弹发射器而研制的 22 毫米破片枪榴弹，在二战中得到了广泛使用。使用者拧紧弹头后，将 M17 安装到枪榴弹发射器，将一发特制高膛压空包弹药装入步枪膛室，借以将其击发出去。如果 M17 掉落在沙子、水中或泥土上，则不会爆炸。只有结实的地面才能让它引发爆炸。

RG-42 手榴弹

制造商：苏联图拉兵工厂
定型时间：1942 年
重量：0.42 千克

RG-42 手榴弹是苏联在 1942 年定型的一种进攻型无柄手榴弹，特点是采用了薄皮弹体和预制破片套，这样的结构可以有效控制爆炸后破片的大小，在当时是非常先进的。该手榴弹在二战中和战后一段时间内都曾大量使用过。不过，RG-42 手榴弹存在一些设计缺陷，因此战后不久即被更优秀的 RGD-5 手榴弹所取代。

RPG-43 反坦克手榴弹

制造商：苏联图拉兵工厂
定型时间：1943 年
重量：1.2 千克

RPG-43 反坦克手榴弹是世界上最早成功采用聚能破甲原理的手榴弹，因其药型罩设计不够合理，所以它主要依靠大装药量来保证破甲效果。全弹长 200 毫米，装有 612 克 TNT 炸药。它使用一种结构颇为复杂的碰炸引信，破甲深度为 75 毫米，对人员的杀伤半径为 20 米左右。

RPG-6 反坦克手榴弹

制造商：苏联图拉兵工厂

定型时间：1943 年

重量：1.13 千克

RPG-6 反坦克手榴弹是二战后期苏联在 RPG-43 反坦克手榴弹的基础上改进而来的，其最大的改进就是优化了空心装药结构和药型罩形状，在弹体前部加装了半球形风帽，既减小了飞行阻力，又保证了炸高，因此在装药量比 RPG-43 略少的情况下，破甲能力却有所提高。RPG-43 的装药量为 612 克 TNT 炸药，破甲深度为 75 毫米，而 RPG-6 的装药量为 560 克 TNT 炸药，破甲深度却达到了 100 毫米。

四式手榴弹

制造商：日本海军技术局

定型时间：1944 年

重量：0.455 千克

四式手榴弹是日本在二战末期研制的用于"最后一搏"的手榴弹。当时，日本严重缺乏金属材料，因此设计了一种便宜又易于制造的陶瓷制手榴弹。这种手榴弹拥有赤陶或瓷制的破片型弹体。弹体为球形，并有着套上橡皮套的瓶颈以及一个简单的引信。四式手榴弹被大量配给民事防护组织，也被大量送往前线，日军在硫磺岛战役与冲绳岛战役中皆有使用。

2.11　火焰喷射器广泛应用

二战时期，主要参战国都装备和使用了火焰喷射器。1942年，美国哈佛大学率先使用凝固汽油令火焰喷射器射程强化。二战后期，为了攻克日军在岛上修筑的地下要塞，美国曾将火焰喷射器投入硫磺岛战役与冲绳战役中，除了以火焰直接攻击日军士兵，还使用了火焰喷射器的燃烧特性，将日军地下要塞的氧气燃烧殆尽，用于窒息被困在地堡内的日军。

苏联也大量使用了火焰喷射器（尤其是在城市战中），并且改装了许多装甲车辆使其成为专职的喷火载具。与其他国家不同，苏联还专门生产了制式喷火坦克，如OT-34和OT-55喷火坦克等。相比之下，德国绝大多数火焰喷射器由单兵携带，不过喷火小组由2～3人组成，并且只有一人携带火焰喷射器，其余人担任观测员角色。喷火手只配置手枪以及冲锋枪用作自卫。值得一提的是，火焰喷射器装备笨重，容易成为狙击手的攻击目标，而且被俘的喷火手多数被当场处决。

FmW 35 火焰喷射器

制造商：	德国伯尔西瓦尔德兵工厂
定型时间：	1935年
重量：	35.8千克

FmW 35火焰喷射器是德国研发的单人操作的火焰喷射器，主要用于清除战壕和建筑物中的敌人，射程为25米。它的重量为35.8千克，其中包含11.8升的燃料，这种燃料是汽油和焦油的混合物，可以延长射程。点火装置为一个氢气炬，能支持约10秒的连续使用。FmW 35火焰喷射器的生产持续至1941年，之后就开始被更先进的FmW 41火焰喷射器取代。

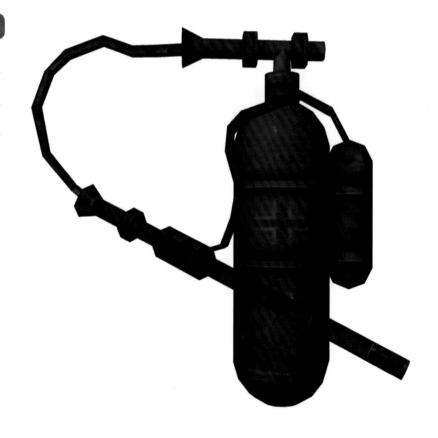

ROKS-2 火焰喷射器

制造商：苏联图拉兵工厂

定型时间：1935 年

重量：22.7 千克

一战时期，携带火焰喷射器的士兵很容易遭到敌方的优先攻击。因此，如果对火焰喷射器的外观做一些改变，能大大提高士兵的生存率。基于这一理念，苏联设计师特意将 ROKS-2 火焰喷射器的外观设计得跟普通步兵武器一样，其油罐很像士兵们常用的背包，而喷枪则与普通步枪类似，实际上喷枪的枪托就来自莫辛-纳甘 M1891/30 步枪。只有压力气瓶、输油管以及枪口的点火装置，能让人看出它的真正身份。ROKS-2 火焰喷射器的有效射程为 25 米，最大射程可达 45 米。

FmW 41 火焰喷射器

制造商：德国伯尔西瓦尔德兵工厂

定型时间：1941 年

重量：22 千克

FmW 41 火焰喷射器是 FmW 35 火焰喷射器的改进型，使用一个内置在燃料缸的氢炬来点燃其燃料。燃料和推进剂分开装在两个不同的缸中，燃料容量是 7.5 升的焦油和石油混合物。经过实战测试，FmW 41 被证明比 FmW 35 更可靠和更容易使用。它的射程增加到了 32 米，重量也更轻。

No.2 火焰喷射器

制造商：英国恩菲尔德兵工厂

定型时间：1943 年

重量：29 千克

No.2 火焰喷射器是英国在二战中研制的单兵火焰喷射器，外形非常独特，其燃料罐外形很像面包圈，"面包圈"的中央有一个小型的球状压缩空气瓶，所以被英军士兵戏称为"救生圈"。燃料罐内侧安装了两条斜拉背带，使士兵能轻松将其背起。同时，为了防止火焰喷射器在行军、奔跑时掉落，技术人员还在燃料罐下侧加装了一条大尺寸的军用腰带，使士兵能将其束缚在腰间。1943 ～ 1944 年，英国总计生产了7000 具 No.2 火焰喷射器。MK I 型为测试、训练用，而 MK II 型为实战型号。

ROKS-3 火焰喷射器

制造商：苏联图拉兵工厂

定型时间：1941 年

重量：20 千克

苏联遭到德国入侵后，工业生产能力大大降低，为了满足前线对常规兵器的数量要求，设计精密的 ROKS-2 火焰喷射器不得不放弃，而简单的 ROKS-3 火焰喷射器应运而生。这种新型火焰喷射器放弃了背包形式的油罐，改用两个可背负于框架中的圆柱形油罐，喷枪仍与步枪类似，但更易于生产。

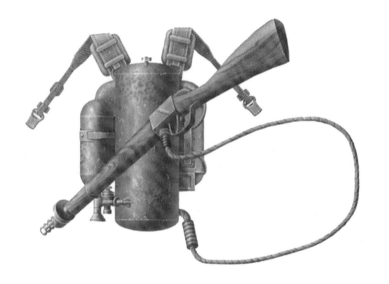

M1 火焰喷射器

制造商：美国陆军化学战争工作局

定型时间：1941 年

重量：31.8 千克

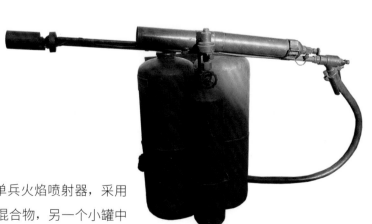

M1 火焰喷射器是美国在二战中研制的单兵火焰喷射器，采用三罐式设计，两个较大的燃料罐中装有石油混合物，另一个小罐中装有压缩氮气作为压力源。M1 火焰喷射器可以进行 5 次 2 秒钟的短喷射，射程只有 20 米。它在实战中暴露出了一些问题，例如电池点火装置不可靠，在南太平洋潮湿的环境中，它的电池容易被盐碱和潮湿的空气腐蚀，导致无法正常点火。

M2 火焰喷射器

制造商：美国陆军化学战争工作局

定型时间：1943 年

重量：30.8 千克

M2 火焰喷射器是 M1 火焰喷射器的改进型，构造大致相同，重量略微减轻。二战中，M2 火焰喷射器经常使用于欧洲战场和太平洋战场上，对于一些封闭阵地（例如战壕或碉堡等防御工事）非常有效。特别是在太平洋战区的塞班岛战役、硫磺岛战役以及冲绳岛战役之中，M2 火焰喷射器对坚守于洞窟阵地或是丛林之中的日军威胁极大，并使火焰喷射兵成为日本士兵最恐惧和憎恶的攻击对象。

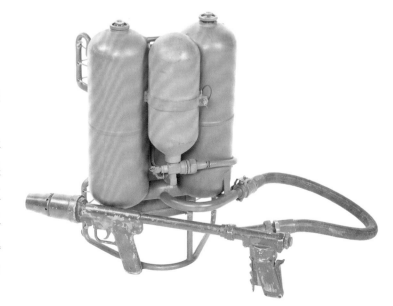

2.12 步兵标配迫击炮

迫击炮是一种炮身短、射角大、弹道弧线高、以座板承受后坐力、采用炮口装填、发射带尾翼弹的曲射滑膛火炮，自问世以来就一直是支援和伴随步兵作战的一种有效的压制兵器，是步兵极为重要的常规兵器。

世界上第一门真正的迫击炮诞生在 1904 年的日俄战争期间，发明者是俄国炮兵大尉尼古拉耶维奇。这种在战场上应急诞生的火炮，当时被叫作"雷击炮"。一战中，由于堑壕战的展开，各国开始重视迫击炮的作用，在"雷击炮"的基础上，研制出多种专用迫击炮。1927 年，法国研制的斯托克斯 - 勃朗特 81 毫米迫击炮采用了缓冲器，克服了炮身与炮架刚性连接的缺点，结构更加完善，已基本具备现代迫击炮的特点。

二战时，迫击炮已是步兵的基本装备，如当时美国第 101 空降师 506 团 E 连的编制共140 人，分为 3 个排和 1 个连指挥部。每排有 3 个 12 人的步兵班和 1 个 6 人的迫击炮班，每个步兵班配备 1 挺机枪，每个迫击炮班配备 1 门 60 毫米迫击炮。此时，迫击炮的结构已相当成熟，完全具备了现代迫击炮的种种优点，如射速高、威力大、质量轻、结构简单、操作简便等，特别是无须准备即可投入战斗这一特点使其在二战中大放异彩。

SBML 2 英寸迫击炮

制造商：英国皇家军械公司

定型时间：1918 年

口径：50.8 毫米

英国第一种 50.8 毫米（2 英寸）迫击炮诞生于 1918 年，命名为 MK I 型，但从 1919 年开始就处于闲置状态。直到 20 世纪 30 年代英军提出为班排装备轻型迫击炮，才又研制了 MK II 型。在此之后，英国又陆续研制了 12 种改进型。该迫击炮有两种基本型号，一种仅用于步兵，它的结构简单，分炮管和小型座板两部分，炮弹装入炮膛后用扳机击发。第二种安装通用炮架，座板较大，瞄准具也较复杂。如果需要也能拆去炮架直接架设在地面上。至于其他型号，主要不同在于炮管长度、瞄准具和因工厂生产需要而改型，甚至还有装备印度陆军和空降兵的改型。

ML 3 英寸迫击炮

制造商：英国皇家军械公司

定型时间：1932 年

长度：81 毫米

ML 3 英寸迫击炮是英国军队在二战中使用的大口径迫击炮，重 52.4 千克，可分解为身管、两脚架和座板三个部分，由 3 名步兵背负携行或用马驮运。由于性能优良，该迫击炮被多个国家采用。英国军队一直使用至 20 世纪 60 年代中期，才被 L16 迫击炮取代。

GrW 34 迫击炮

制造商：德国莱茵金属公司

定型时间：1934 年

口径：81 毫米

GrW 34 迫击炮是德国在二战中使用的一种迫击炮，其射速和射程都颇为优秀，在训练有素的士兵手中可以发挥出较大的威力。在单兵携带时，这种迫击炮可以分解为炮筒、底座和支架三个部分。GrW 34 迫击炮的炮身寿命为 16000 ～ 20000 发，之所以会有落差是因为早期生产的为合金钢，后期为节约资源以普通碳钢制作。配备弹药主要有两种：高爆榴弹和烟雾弹，搭配撞击引信。高爆炮弹离开炮管后最长飞行时间是 26 秒，可制创约 30 米直径的杀伤圈，一个训练有素的炮班可以在首发炮弹落点前的飞行时间中完成 6 发至 7 发炮弹的射击任务。

LeGrW 36 迫击炮

制造商：德国莱茵金属公司

定型时间：1936 年

口径：50 毫米

　　LeGrW 36 迫击炮是德国在二战中使用的一种轻型迫击炮，采用可以伸缩的炮筒。它的火力较弱，射程也近，最初被用作排一级步兵单位的支援武器。每个标准德军步兵排中有一个炮兵班负责携带一具 LeGrW 36 迫击炮。1943 年，该炮停止生产，前线部队逐渐停止使用。不过，由于仅需两名士兵就可以携带这种轻巧的武器，而且它的威力及射程要比步兵班中的其他武器更大，在二战结束前的时间里还是有很多部队在使用。

GrW 42 迫击炮

制造商：德国莱茵金属公司

定型时间：1941 年

口径：81 毫米

　　GrW 42 迫击炮是 GrW 34 迫击炮使用短炮筒后的轻量化版本，最初计划供伞兵使用。然而由于 50 毫米口径的 LeGrW 36 迫击炮射程太近，所以 GrW 42 迫击炮也常被用来替换 LeGrW 36 迫击炮。GrW 42 发射的炮弹重量是 LeGrW 36 迫击炮的 3.5 倍，射程则为两倍，重量则不到两倍，同时还可分解为三部分携带。

M2 迫击炮

制造商：美国沃特弗利特兵工厂

定型时间：1940 年

长度：60 毫米

M2 迫击炮是美国于 20 世纪 30 年代研制的 60 毫米前装式迫击炮，二战期间被美军广泛使用。二战后，美国陆军开始换装 M19 迫击炮，不过 M19 迫击炮的弹着精度被认为不如 M2 迫击炮，因此 M2 迫击炮一直留用到 20 世纪 80 年代，之后才以 M224 迫击炮取代。M2 迫击炮由炮身、炮架、座板、瞄具组成，炮架为两脚架，座板为方形，采用滑膛、炮口装填、撞击发射的设计。该迫击炮主要使用 M49A2 高爆弹、M302 白磷弹和 M83 照明弹。

2.13 趋于小型化的刺刀

一战后，随着机枪、半自动步枪、冲锋枪等自动武器和迫击炮的出现，白刃冲锋和人海战术的作用日渐势微，刺刀的地位随之逐步下降。刺刀的细节设计上也是如此，如一战以后新设计的刺刀，多半不再有护手钩这一部分，因为这个部件除了在手持使用时防止自伤外，主要是在格斗时用来别、卡对方的刺刀，而近身肉搏的减少使得这一部件不再像以前那样重要了。

到了二战期间，冲锋枪和突击步枪的出现，使得刺刀不再是步兵必备的武器。虽然参战各国仍然制造了数量庞大的刺刀，但战斗以刺刀决出胜负的例子却越来越少，仅有日本军队还会发起刺刀冲锋。究其原因，一是因为日本信奉武士道精神，二是为了节约资源。其他国家的军队，多是以刺刀作为阻吓工具，或是多功能的战斗刀，其长度也逐渐缩短。

二战期间研制的部分枪械采用了折叠刺刀，其原型早在 1830 年就已经在荷兰制造的前膛枪上出现，但直到 20 世纪以后才重新引起重视。折叠式刺刀不使用时折回，固定在枪管下方或一侧，使用时向前展开并固定，如苏联生产的莫辛 - 纳甘 M1944 骑枪和 SKS 半自动步枪，这种方式避免了刺刀意外丢失的问题，不过却有用途单一的弊端，因此最终并未成为军用刺刀的主流。

M1884/98 III 刺刀

制造商：德国毛瑟公司

定型时间：1935 年

长度：38.4 厘米

20 世纪 30 年代中期，毛瑟 Kar98k 步枪被定为德国国防军的标准制式步枪。同时，德国军工部门也为它配备了制式刺刀，即 M1884/98 III 刺刀。这是一种短剑式刺刀，一侧开刃，刀的两面都有宽大的血槽。护手部分与一战中德军使用的制式刺刀有所不同，去除了枪口环，用以提高枪支射击时的精准度，而且护手整体尺寸也有所缩小。刺刀鞘为金属制成，刀鞘开口处附近铸有一个向下伸展出的金属钩，以安装在一个真皮制成的悬挂带上。

M1 刺刀

制造商：美国岩岛兵工厂

定型时间：1944 年

长度：25.4 厘米

一战中，美军广泛使用的是 16 英寸（406 毫米）长的 M1905 刺刀，美军士兵们普遍认为它不适合进战搏斗。因此，美军在二战中设计和生产了 M1 刺刀，率先进入了短刺刀时代。与美军早期的刺刀相比，M1 刺刀除了刀身缩短，其他结构没有太大变化。缩短的刀身不仅让 M1 刺刀更便携，在紧急情况下也能够发挥出更大的效能。

二式刺刀

制造商：日本东京炮兵工厂

定型时间：1942 年

长度：32.3 厘米

二式刺刀是二战期间日本军队为伞兵步枪与冲锋枪配备的制式刺刀，二式步枪、百式冲锋枪、二式冲锋枪均可安装。该刺刀的刀身采用模制机械加工，刀刃长 19.5 厘米。整个战争期间，二式刺刀一直制作精良，战争末期也未出现制作工艺简化的情况。

M1942 刺刀

制造商：美国岩岛兵工厂	
定型时间：1942 年	
长度：40.6 厘米	

M1942 刺刀是美国军队在二战期间使用的主要刺刀之一，生产于 1942 ～ 1943 年。除了握把是黑色塑胶柄、刀鞘是军绿塑胶玻璃纤维材料以及加了烤蓝涂层之外，其结构与一战时期美军的 M1905 刺刀大致相同。1944 ～ 1946 年，随着 M1 刺刀大量配发部队，M1905 和 M1942 等刺刀被大幅截短，这些截短型刺刀的正式称谓为 M1905E1。

M3 格斗刀

制造商：美国岩岛兵工厂	
定型时间：1943 年	
长度：29.8 厘米	

为了适应二战前线士兵近身格斗和工具化要求，美军于 1943 年初期设计了一种易于制造、生产快速并且成本较低的制式格斗短刀，即 M3 格斗刀。该刀是为携带 M1 卡宾枪和 M1911A1 手枪的军人配发的堑壕格斗双刃短刀，护手不带枪口环。M3 格斗刀的使用虽然仅限于短兵相接的肉博战，但却为美军以后的刺刀发展奠定了基础，之后的 M4、M5、M5A1、M6 和 M7 等刺刀都采用了 M3 格斗刀的刀体形状和刀刃结构。

M4 刺刀

制造商：美国岩岛兵工厂	
定型时间：1944 年	
长度：29.8 厘米	

M4 刺刀适用于 M1 卡宾枪，整体形状和 M3 格斗刀类似，区别在于增加了枪口环和刺刀座卡口，使之成为一款格斗、枪刺两用刺刀。该刺刀的金属部分全部经过烤蓝防锈处理，早期刀鞘为不带钢皮鞘头的 M8 型，后期为带钢皮鞘头的 M8A1 型。M4 刺刀从二战后期持续服役至 20 世纪 50 年代。

2.14　纳粹德国的最后一搏

　　二战后期，德国的优势已经消失得无影无踪。在与苏联交战时，他们消耗了大量的人力和财力。为了放手一搏，德国高层决定建立一支以民兵为主的武装人民冲锋队。由于这支冲锋队缺少武器，工厂的生产速度远远达不到需求量，于是德国政府批准了"简单武器计划"，旨在研制像英国斯登冲锋枪一样简单的轻武器。随后，德国各兵工厂推出了多种被戏称为"最后一搏"的劣质武器，与前期工艺精良的德制武器有着天壤之别。

VMG-27 人民机枪

制造商：德国毛瑟公司

定型时间：1927 年

口径：7.92 毫米

　　VMG-27 人民机枪是由德国枪械设计师海因里希·沃尔默设计的轻机枪，采用枪管短后坐原理，全枪只有 78 个零件，大大少于同时期其他德国机枪，如 MG 08/15 轻机枪有 383 个零件。VMG-27 人民机枪结构简单，易于生产，使用 50 发弹鼓供弹。该枪设计完成后并没有被德国军方采用，直到二战末期才装备人民冲锋队。

　　46 型冲锋火焰喷射器（Einstossflammenwerfer 46）是德国在二战后期设计的单发一次性火焰喷射器。为了节约成本，便于大量生产，它的构造非常简单，只能喷射半秒，有效射程为 27 米。46 型冲锋火焰喷射器主要装备人民冲锋队，但后来也被空降猎兵部队使用。

46 型冲锋火焰喷射器

制造商：德国伯尔西瓦尔德兵工厂

定型时间：1944 年

重量：3.6 千克

HIW VSK 卡宾枪

制造商：德国黑森工业公司

定型时间：1944 年

口径：7.92 毫米

HIW VSK 卡宾枪是德国在二战末期研发的试验型卡宾枪，采用了前冲作用式枪机，使用 5 发弹夹条以装填其内置式弹匣。该枪有两种衍生型，战斗步枪型发射 7.92×57 毫米毛瑟子弹，卡宾枪型发射 7.92×33 毫米短弹。

人民手枪

制造商：德国瓦尔特公司、毛瑟公司等

定型时间：1945 年

口径：9 毫米

人民手枪是由大量的冲压件以及最少的机加件组成，采用气体延迟反冲式闭锁。这种闭锁方式是发射药气体从枪管经一小孔进入有活塞的小口径长圆筒，延迟枪机的开放。只有少量试验品在二战末期被制造出来。

VG 1-5 半自动步枪

制造商：德国瓦尔特公司、斯普文科公司等

定型时间：1945 年

口径：7.92 毫米

VG 1-5 步枪是德国在二战末期仓促研制的半自动步枪，共有五种不同型号，包括瓦尔特公司的 VG 1、斯普文科公司的 VG 2、莱茵金属公司的 VG 3、毛瑟公司的 VG 4 以及斯泰尔公司的 VG 5。这些武器的设计非常简单，有些还是衍生自毛瑟 Kar98k 步枪，但由于德国在二战末期严重缺乏资源，质量不如战争初期理想。VG 1-5 步枪主要装备人民冲锋队，不过战争后期德军武器匮乏，其他部队也曾使用 VG 1-5 步枪。

Spz-kr 突击步枪

制造商：德国毛瑟公司

定型时间：1945 年

口径：7.92 毫米

Spz-kr 突击步枪是德国在二战末期制造的犊牛式突击步枪，主要以斯登冲锋枪的零件组成，其中最引人注目的是机匣和枪托的部分，它没有护木，其用作充当握把的弹匣及弹匣释放钮则是来自 StG 44 突击步枪。该枪的所有衍生型皆能够进行半自动或全自动射击，使用者只需扣一半扳机便能进行单发射击，继续扣下去就是连发射击。

StG 45 突击步枪是德国在二战末期设计的试验型突击步枪，原计划替换 StG 44 突击步枪，但直到德国战败也没有正式装备，仅仅生产了 30 支。StG 45 突击步枪采用与 StG 44 突击步枪相同口径的 7.92×33 毫米子弹，可配用 StG 44 突击步枪的 30 发弹匣，也可使用便于卧姿射击的 VG1-5 人民突击步枪的 10 发弹匣。为了节约弹药及提高连发准确度，StG 45 突击步枪的射速降至每分钟 350 ～ 450 发。

StG 45 突击步枪

制造商：德国毛瑟公司

定型时间：1945 年

口径：7.92 毫米

MP 3008 冲锋枪

制造商：德国埃尔马兵工厂

定型时间：1945 年

口径：9 毫米

MP 3008 冲锋枪是德国在二战末期制造的冲锋枪，其设计与英国斯登冲锋枪非常相似，只是将供弹口改为下置。该枪采用廉价的反冲作用及开放式枪栓设计，枪身全部由钢材制造，没有握把，使用 MP 40 弹匣。

Chapter 03
冷战前后

二战结束后，美国和苏联同为世界上的"超级大国"，为了争夺世界霸权，两国及其盟国展开了数十年的斗争。在这段时期，虽然分歧和冲突严重，但双方都尽力避免世界范围的大规模战争（第三次世界大战）爆发，其对抗通常通过局部代理战争、科技和军备竞赛、太空竞赛、外交竞争等"冷"方式进行，即"相互遏制，不动武力"，因此称之为"冷战"。在此期间，轻武器作为军备竞赛中的重要组成部分，获得了日新月异的发展。

1947—1999 年

1947 年 美国杜鲁门主义上台，标志着冷战开始

1950 年 以色列推出采用包络式枪机的乌兹冲锋枪，使几乎被突击步枪淘汰的冲锋枪重新得到发展

1951 年 苏联军队装备 AK-47 突击步枪，是第一支被用作制式装备的突击步枪

1955 年 华沙条约组织成立，标志着两极格局形成

1960 年 美国开发 M79 榴弹发射器作为步兵火力的支援，引起各国关注和仿制

1963 年 苏联开发了第一种专用的狙击步枪 SVD

1964 年 美国军队装备 M16 突击步枪，成为第一支大量生产和装备部队的小口径步枪

1974 年 苏联军队装备小口径版本的 AK-74 突击步枪

1978 年 奥地利军队装备采用无托结构的 AUG 突击步枪

1979 年 苏联入侵阿富汗

1990 年 两德统一

1991 年 苏联解体，美国成为世界上唯一的超级大国，世界格局变为多极化进程中的"一超多强"

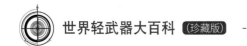
3.1 小口径化的突击步枪

二战后期，德国研制出 StG 44 突击步枪，这是世界上第一款真正意义上的突击步枪。由于德国濒临战败，StG 44 突击步枪在二战中没有发挥多大作用。二战结束以后，StG 44 突击步枪由于自身性能的局限，很快退出了历史舞台。然而，突击步枪这个枪械大家族中的新成员却并没有因此而夭折。冷战时期，苏联 AK 系列和美国 M16 系列逐渐成为世界突击步枪中的两大代表性枪族。此外，德国、法国、比利时、奥地利和瑞士等国也不乏经典之作，突击步枪的性能越来越出色，在战争中的作用也越来越大。

冷战时期，突击步枪的一大发展趋势就是小口径化。二战期间，自动步枪的大量应用让美国意识到 7.6 毫米子弹连发时的精度太低，于是在二战结束后，美国便开始研制小口径子弹及小口径步枪。1964 年，美军将发射 5.56 毫米口径子弹的新式步枪命名为 M16 突击步枪，开创了步枪小口径化的先河。

随着 M16 突击步枪在战争中显出优势，各国看到了小口径步枪的优点，于是各国军队掀起了一股步枪小口径化的热潮。随着时代的发展，小口径步枪逐渐演变成三个系列：采用 5.8 毫米子弹的中国步枪，采用 5.45 毫米子弹的俄罗斯步枪，采用 5.56 毫米子弹的北约成员国家步枪。

突击步枪小口径化的优点：

（1）减轻士兵负重。使用小口径步枪可使士兵在不增加负荷的前提下，大幅度提高弹药携带量，增大了其在战场上的火力持续能力，对保障作战胜利具有重要意义。

（2）提高射击精度。小口径弹药一个突出的优点是后坐冲量小，这样就容易操作和使用步枪，提高了步枪的射击精度和点射命中率。

（3）增大杀伤威力。小口径弹药初速高，弹头进入肌肉组织后翻滚、变形，因此其侵彻力和杀伤威力也较大。

（4）扩大杀伤区域。小口径步枪的弹道低伸、直射距离远，故小口径步枪在 300 米内的杀伤区域比同级较大口径步枪大得多；同时，士兵在近战时，可不变更表尺进行射击，提高了火力密集度。

（5）有利于战时后勤供应。小口径弹药由于体积小、质量轻，使用同样的运输工具时，后勤运输量可成倍提高，所以在战时，使用小口径步枪可节约大量的人力、物力和财力，有利于后勤供应。

Vz.58 突击步枪

制造商：捷克斯洛伐克布罗德兵工厂

定型时间：1958 年

口径：7.62 毫米

Vz.58 突击步枪采用短行程活塞导气式原理运作，其闭锁方式为闭锁卡摆动式，击发方式为击锤平移式。该枪具有空仓挂机功能，在子弹打光后枪机会保持开放状态，其拉机柄位于枪机右边。该枪能够实施单发或全自动射击，射手需通过位于机匣右边的快慢机选择射击模式。该枪发射苏式 7.62×39 毫米中间型威力子弹，并以一个轻合金制成的 30 发容量弹匣供弹。

AKM 突击步枪

制造商：苏联伊兹玛什兵工厂

定型时间：1959 年

口径：7.62 毫米

AKM（Avtomat Kalashnikov Modernizirovannyi，卡拉什尼科夫自动步枪改进型）突击步枪是卡拉什尼科夫在 AK-47 基础上改进而来的突击步枪，采用冲铆机匣代替了 AK-47 的铣削机匣，不仅大大降低了生产成本，而且减轻了重量。由于采用了许多新技术，改善了 AK 系列的不少缺陷，AKM 比 AK-47 更实用，更符合现代突击步枪的要求。AKM 扳机组上增加的"击锤延迟体"，从根本上消除了哑火的可能性。在试验记录上，AKM 未出现一次因武器方面引起的哑火现象，可靠性良好。此外，AKM 的下护木两侧有突起，便于控制连射。

RK 62 突击步枪

制造商：芬兰瓦尔梅特公司、沙科公司

定型时间：1962 年

口径：7.62 毫米

RK 62 突击步枪是以 AK-47 突击步枪改良而成，被芬兰国防军选为制式突击步枪。该枪的理论射速为 700 发 / 分，与 AK-47 的理论射速相差不大。由于零件制造的精确度要比 AK-47 水平高出许多，因此在半自动单发射击时的精准度要优于 AK-47。Rk 62 采用可翻滚式的觇孔式照门，附带有迷你氚瓶，当季节进入北极圈的永夜冬季或者气候转变为昏暗时，射手借助氚的放射性萤光指示对目标进行瞄准。RK 62 与 AK-47 的枪口有极大的差异，前者拥有精心设计的消焰器，并且因此改变了刺刀安装方式。

HK33 突击步枪

制造商：德国黑克勒·科赫公司	
定型时间：1968 年	
口径：5.56 毫米	

　　HK33 突击步枪发射 5.56×45 毫米北约标准弹药，采用后坐作用原理、滚轮延迟反冲式运作系统、闭锁式枪机设计，扳机系统设有保险、单发及全自动模式，当调至保险时系统会强制锁定扳机。该枪采用 25 发或 30 发弹匣供弹，瞄准装置与 HK G3 自动步枪相同，装有固定前准星和可调风偏及距离（100、200 及 400 米）的后照门，上机匣对应黑克勒·科赫公司生产的瞄准具导轨，枪口消焰器可发射枪榴弹及挂上刺刀。

Stoner 63 突击步枪

制造商：美国凯迪拉克·盖奇公司	
定型时间：1963 年	
口径：5.56 毫米	

　　Stoner 63 是由尤金·斯通纳设计的模组化武器系统，它有多种型号，衍生型包括突击步枪、卡宾枪及轻机枪，有 15 种部件可以更换，其中小部分可以通用，气动系统可根据其武器型号来改变设定位置。该枪采用活塞长行程导气方式，枪机回转式闭锁，在机枪的导气箍有气体调节器。枪管可快速更换，可在短时间内转换至不同型号，具有良好的可靠性和通用性，尤其是在潮湿闷热的越南丛林仍可有效地运作。

AR-18 突击步枪

制造商：美国阿玛莱特公司	
定型时间：1963 年	
口径：5.56 毫米	

　　AR-18 突击步枪是阿玛莱特公司在 AR-15 自动步枪基础上改进而成的突击步枪，虽然未能成为任何一个国家的制式步枪，但其设计却影响了后来的许多步枪。AR-18 步枪的结构与 AR-15/M16 系列步枪不同，反而与 M14 自动步枪有些类似，只是拉柄与活塞连杆不是一个总成。这个短行程活塞传动结构后来被许多新型步枪沿用。

AMD-65 突击步枪

制造商：匈牙利武器与机械工厂

定型时间：1965 年

口径：7.62 毫米

AMD-65 突击步枪是匈牙利生产的 AKM 突击步枪仿制型，主要配发给车辆乘员及伞兵使用，同时可用作步兵武器以应付室外的战斗，也可用作装甲车辆的火力支援武器。该枪发射 7.62×39 毫米中间型威力子弹，有 20 发、30 发和 40 发三种容量的弹匣可选。该枪装有可折叠枪托，枪口有一个特制的枪口制退器。另外，护木前端有一个向前倾斜的前握把，能够降低部分后坐力并增加机动性，但也导致 AMD-65 的精度比起其他没有前握把的 AK 步枪更差。

FN CAL 突击步枪

制造商：比利时国营赫斯塔尔公司

定型时间：1966 年

口径：5.56 毫米

FN CAL 突击步枪与 FN FAL 自动步枪的外形很相似，但内部结构有较大改动，而且广泛采用了钢冲压件。FN CAL 采用导气式工作原理，枪机回转闭锁方式。击发和发射机构与美国 M1 "加兰德" 步枪相似，但它有三发可控点射机构，既可以控制枪口上跳，提高精度，又可以节省弹药。FN CAL 有空仓挂机装置，当弹匣中的子弹打完之后，枪机框（连同枪机）停留在后方。压下空仓挂机，即可换装弹匣。

加利尔突击步枪

制造商：以色列军事工业公司

定型时间：1972 年

口径：5.56 毫米、7.62 毫米

加利尔步枪是以芬兰 Rk 62 突击步枪为基础改进而来，而 Rk 62 则衍生自苏联 AK-47 突击步枪。该枪有多种衍生型，标准型（加利尔 AR）有 5.56×45 毫米和 7.62×51 毫米两种口径；轻机枪型（加利尔 ARM）有重枪管、可折叠式提把和两脚架，同样有 5.56 毫米和 7.62 毫米两种口径；卡宾枪型（加利尔 SAR）采用较短的枪管，也有 5.56 毫米和 7.62 毫米两种口径；加利尔狙击型采用重枪管、两脚架，只有 7.62 毫米口径；近距离作战型（加利尔 MAR）的枪管进一步缩短，只有 7.62 毫米口径。

AK-74 突击步枪

制造商：苏联伊热夫斯克兵工厂

定型时间：1974 年

口径：5.45 毫米

AK-74 是卡拉什尼科夫于 20 世纪 70 年代在 AKM 基础上改进而来的突击步枪，它是苏联装备的第一种小口径突击步枪，直至现在仍然是许多苏联成员国的制式步枪。与 AK-47 和 AKM 相比，AK-74 的口径减小，射速提高，后坐力减小。由于使用小口径弹药并加装了枪口装置，AK-74 的连发散布精度大大提高，不过单发精度仍然较低，而且枪口装置导致枪口焰比较明显，尤其是在黑暗中射击。此外，AK 系列枪机撞击机匣的问题依然没有解决，且仍采用缺口式照门，射击精度仍低于一些西方枪械。

APS 水下突击步枪

制造商：苏联图拉兵工厂

定型时间：1975 年

口径：5.66 毫米

APS 水下突击步枪发射特制的 5.66×120 毫米箭形弹，以 26 发容量的聚合物制弹匣供弹，枪管没有膛线。因此，APS 并不适合在水上使用，否则会令精度下降，还会降低寿命。APS 能够有效对付穿着潜水衣和防护头盔的敌人，同时还能穿透他们厚实坚硬的水下呼吸器材和一些小型水下载具的塑胶外壳。据称，APS 比部分手枪有着更大的杀伤力，但同时也因其笨重的枪身而需要较长时间的瞄准，特别是在水中摆动的时候。

RK 76 突击步枪

制造商：芬兰瓦尔梅特公司

定型时间：1976 年

口径：7.62 毫米

RK 76 突击步枪是 RK 62 突击步枪的衍生型，发射 5.56×45 毫米北约口径（SS109/M855）和 7.62×39 毫米苏联口径（M43）这两种口径的子弹。该枪是世界上以 AK 改良而成的步枪当中，可靠性、制造工艺均属上乘的型号。枪身的金属表面都进行了工业级磷化处理，在各种气候条件下都能正常运作。枪口初速取决于其所使用的弹药，发射北约弹药时为 900 米 / 秒，而苏联弹药则是 719 米 / 秒。

FN FNC 突击步枪是在 FN CAL 突击步枪的基础上改进而成，有两种不同长度的枪管，一种是膛线缠距为 305 毫米的标准枪管，发射美国 M193 子弹。另一种是膛线缠距为 178 毫米的短枪管，发射比利时 SS109 子弹。两种枪管可以互换使用。枪管用高级优质钢制成，内膛精锻成型，故强度、硬度、韧性较好，耐蚀抗磨。其前部有一圆形套筒，除可用于消焰外，还可发射枪榴弹。击发系统与其他现代小口径突击步枪相似，有半自动、三点发和全自动三种发射方式。

FN FNC 突击步枪

制造商：比利时国营赫斯塔尔公司

定型时间：1977 年

口径：5.56 毫米

SIG SG 540 突击步枪

制造商：瑞士西格公司

定型时间：1977 年

口径：5.56 毫米

　　SIG SG 540 突击步枪是瑞士于 20 世纪 70 年代研制的小口径突击步枪，其研制目的是为了取代 SIG SG 510 自动步枪成为瑞士武装部队的新一代制式步枪。不过，瑞士武装部队最终没有采用此枪，反而采用了以其衍生型 SG 541 为基础改进而成的 SIG SG 550 突击步枪，而 SIG SG 540 及其衍生型主要用于出口。

AEK-971 突击步枪

制造商：苏联科夫罗夫兵工厂

定型时间：1978 年

口径：5.45 毫米、5.56 毫米、7.62 毫米

　　AEK-971 是科夫罗夫兵工厂于 20 世纪 70 年代初研制的突击步枪，有 AEK-971（5.45×39 毫米）、AEK-972（5.56×45 毫米）、AEK-973（7.62×39 毫米）三种主要版本。此外，还有折叠枪托版本 AEK-971S 和 AEK-973S。该枪最主要的特点是使用了平衡自动反冲系统，其导气装置有两个导气室和两个导气活塞，第一个导气活塞和正常的一样使导气杆运动，而第二个导气活塞则与配重装置连接且运动方向与第一个导气活塞相反，这种同步反方向移动的配重装置抵消了射击时的后坐力，使步枪在全自动射击时非常平稳。

　　R4 突击步枪是南非在以色列加利尔突击步枪的基础上改良而成的突击步枪，发射 5.56×45 毫米北约标准子弹。该枪保留了 AK 步枪的活塞长行程导气原理、机头回转式闭锁结构，导气管位置、拉机柄位置甚至机匣的外形也十分相似，但改用了加利尔步枪的握把式射击模式选择钮、机匣上方的后照门及 L 形拉机柄，并改用更轻的塑料护木。

R4 突击步枪

制造商：南非维克多武器公司

定型时间：1980 年

口径：5.56 毫米

K2 突击步枪

制造商：韩国大宇集团

定型时间：1983 年

口径：5.56 毫米

K2 突击步枪是一种采用长行程导气式自动原理、可选射击模式（全自动与半自动）的小口径突击步枪，发射 5.56×45 毫米北约标准子弹，以 20 或 30 发弹匣供弹。护木、握把和可折叠枪托均由高强度聚合物制成。它的枪机系统由 M16 突击步枪衍生而来，但是各个部件与 M16 突击步枪均不通用。

SIG SG 550 突击步枪采用导气式自动方式，子弹发射时的气体不是直接进入导气管，而是通过导气箍上的小孔进入活塞头上面弯成 90 度的管道内，然后继续向前，抵靠在导气管塞子上，借助反作用力使活塞和枪机后退而开锁。该枪大量采用冲压件和合成材料，大大减轻了重量。枪管用镍铬钢锤锻而成，枪管壁很厚，没有镀铬。标准型的 SIG SG 550 有两脚架，以提高射击的稳定性。

SIG SG 550 突击步枪

制造商：瑞士西格公司

定型时间：1986 年

口径：5.56 毫米

C7 突击步枪

制造商：加拿大迪玛科公司

定型时间：1986 年

口径：5.56 毫米

C7 突击步枪是加拿大军队的制式步枪，为 M16 突击步枪的衍生型。与 M16 突击步枪相比，C7 突击步枪改良了护木，加长了枪托。C7 突击步枪具备全自动发射能力，配发 20 发或 30 发塑料弹匣，还能与 M16 突击步枪的铝制弹匣通用。C7 突击步枪与 M16 突击步枪的外形区别主要在于机匣铭文，C7 突击步枪印有枫叶标记，并加强了拉机柄的强度。

AS 突击步枪采用导气式工作原理，枪机回转闭锁方式，可拆卸的弧形双排盒式弹匣供弹。击锤式击发机构能实现单发或连发射击，保险机构可避免无意扣压扳机或枪膛未闭锁时出现走火。该枪配有特制的枪口消声器，可降低射击噪声。它还配有折叠式枪托，并可安装 4 倍率的光学瞄准镜。该枪发射增强穿甲弹头子弹时，能够击穿 5 毫米厚钢板或软蒙皮物质，可用于杀伤 400 米内穿有防弹衣的人员。

AS 突击步枪

制造商：苏联中央精密机械工程研究院

定型时间：1988 年

口径：9 毫米

丰和 89 式突击步枪

制造商：日本丰和工业公司

定型时间：1989 年

口径：5.56 毫米

丰和 89 式突击步枪是丰和 64 式 7.62 毫米自动步枪的后继型，由丰和工业公司基于美国 AR-18 突击步枪开发而成。该枪在设计之初就针对丰和 64 式自动步枪的缺点作了大幅改进，不仅枪身尺寸更小，重量也大幅减轻。该枪采用可卸式三发点射机构，不与单、连发基本扳机机构连为一体。活塞和活塞筒设计独特，不但能有效避免火药气体污染枪机，还有助于提高其动作可靠性和零部件寿命。

AR70/90 突击步枪

制造商：意大利伯莱塔公司

定型时间：1990 年

口径：5.56 毫米

AR70/90 突击步枪采用导气式工作原理，回转式枪机闭锁，枪机上有两个闭锁突笋，活塞筒在枪管上方。活塞筒与气体调节器固定在一起，气体调节器有 3 个位置：打开时为正常位置，再打开为恶劣条件下使用的位置，关闭时为发射枪榴弹的位置。标准型击发机构可进行单发、连发和三发点射。AR70/90 的梯形机匣用钢板冲压而成，钢制枪机导轨焊接在机匣壁上。机匣上部的提把由弹簧锁扣夹紧。卸下提把，可在楔形机匣盖上部安装光学瞄准镜或光电瞄准具，而它的普通机械瞄准具为片状准星和觇孔式照门。

扎斯塔瓦 M90 突击步枪

制造商：南斯拉夫扎斯塔瓦

武器公司

定型时间：1990 年

口径：5.56 毫米

扎斯塔瓦 M90 突击步枪是苏联 AK 步枪的一种衍生型，发射 5.56×45 毫米北约标准子弹，以 30 发弹匣供弹。与俄制的 AK 步枪相比，M90 在外观上最大的变化是护木上有三个散热口，而非只有两个。该枪有一种折叠枪托衍生型，被命名为 M90A。

Vahan 突击步枪

制造商：亚美尼亚

定型时间：1992 年

口径：5.45 毫米

Vahan 突击步枪发射苏联 5.45×39 毫米小口径子弹，并以 AK-74 步枪的 30 发弹匣供弹（也能与 RPK-74 机枪的 45 发长弹匣通用）。该枪也能对应 GP-25/30 下挂式榴弹发射器、刺刀，并通过位于机匣左侧的瞄准镜座安装各种瞄准镜。保险装置为杠杆式，位于板机护环内侧。与大多数突击步枪不同，Vahan 突击步枪采用了少见的杠杆延迟反冲原理，这种设计的优点是成本低廉，并能减少后坐力。不过，Vahan 突击步枪没有使用气动式原理运作的枪械可靠，尤其是在恶劣环境之下。

9A-91 突击步枪

制造商：俄罗斯图拉仪器设计局

定型时间：1992 年

口径：9 毫米

9A-91 突击步枪发射 9×39 毫米亚音速子弹，主要用户是俄罗斯执法机构的特种部队。该枪是一种气动式、转拴式枪机的步枪，气动式操作类型是长行程活塞传动，位于枪管上方，而转拴式枪机是四锁耳的设计。拉机柄位于枪机机框右侧，早期型为焊接固定式，后期型则改为向上方折叠。机匣采用低成本的金属钢板冲压成型方式生产，主要目的是为了减少生产成本、所需的金属原料和生产所需的时间，而且更容易进行维护及维修。

AK-101 突击步枪

制造商：俄罗斯伊热夫斯克兵工厂

定型时间：1994 年

口径：5.56 毫米

AK-101 突击步枪是俄罗斯生产的发射 5.56×45 毫米弹药的突击步枪，是 AK 枪族的成员之一，主要用于出口。AK-101 是 AK-100 系列的第一种型号，由于 AK 系列步枪在世界上的良好声誉，AK-101 已被近二十个国家所采用。AK-101 与 AK-74M 较为相似，采用现代化的复合工程塑料技术，装有 415 毫米枪管、AK-74 的枪口制退器，机匣左侧装有瞄准镜座，可加装瞄准镜及榴弹发射器。

AN-94 突击步枪是俄罗斯军队现役的小口径突击步枪，其精准度极高，在 100 米距离上站姿无依托连发射击时，头两发弹着点距离不到 2 厘米，远胜于 SVD 狙击步枪发射专用狙击弹的效果。然而，这种高精准度却并非所有士兵都需要，对于普通士兵来说，AN-94 突击步枪的两发点射并没有多大帮助。而且突击步枪在现代战争中多用于火力压制，AN-94 与 AK-74 所发挥的作用并没有太多差别。尽管 AN-94 的内部结构精细，但外表处理比较粗糙，容易磨破衣服或擦伤皮肤。

AN-94 突击步枪

制造商：俄罗斯伊热夫斯克兵工厂

定型时间：1994 年

口径：5.45 毫米

AK-102 突击步枪

制造商：俄罗斯伊热夫斯克兵工厂

定型时间：1994 年

口径：5.56 毫米

AK-102 突击步枪可视为 AK-101 突击步枪的缩短版本，与之后的 AK-104、AK-105 在设计上非常相似。相比其他 AK 系列步枪，AK-102 最大的特点是缩短了枪管，使其成为一种介于全尺寸型步枪和紧凑卡宾枪之间的混合型态。AK-102 非常轻巧，主要原因是用能够防震的现代化复合工程塑料取代了旧型号所采用的木材。这种新型塑料结构不但能够应对各种恶劣的气候，而且还可以抵御锈蚀。当然，塑料结构最大的特点是重量更轻。该枪由 30 发可拆式的黑色弹匣供弹，弹匣由玻璃钢制成，有轻巧耐用的特点。枪托由聚合物塑料制成，内部为附件储存室。

AK-104 突击步枪

制造商：俄罗斯伊兹玛什公司

定型时间：1994 年

口径：7.62 毫米

AK-104 突击步枪是 AK-74M 突击步枪的缩短版本，也可以视为卡宾枪。该枪主要装备俄罗斯内务部队和部分军方特种部队，用于城市内特种作战。此外，也门、不丹和委内瑞拉等国的军队也有装备。AK-104 突击步枪与 AK-102 突击步枪在结构和外形上极为相似，两者最大的区别在于口径，AK-102 突击步枪发射 5.56×45 毫米弹药，而 AK-104 突击步枪则发射 7.62×39 毫米弹药。

SR-3 突击步枪

制造商：	俄罗斯图拉兵工厂
定型时间：	1994 年
口径：	9 毫米

SR-3 突击步枪是一种 9 毫米口径的紧凑型全自动突击步枪，绰号"旋风"（Vikhr）。该枪被俄罗斯联邦安全局、俄罗斯联邦警卫局等部门采用，主要用作要员保护。SR-3 采用上翻式调节的机械瞄准具，准星和照门都装有护翼以防损坏。由于该枪的瞄准基线过短，且亚音速子弹的飞行轨迹弯曲度太大，所以实际用途与冲锋枪相近，其有效射程仅为 100 米。不过，该枪的 9×39 毫米亚音速子弹的贯穿力还是比冲锋枪和短枪管卡宾枪强上许多，能在 200 米距离上贯穿 8 毫米厚的钢板。

AK-105 突击步枪

制造商：	俄罗斯伊兹玛什公司
定型时间：	1994 年
口径：	5.45 毫米

AK-105 突击步枪是 AK-74M 突击步枪的缩短版本，主要用户为俄罗斯军队和执法机构，用于补充 AKS-74U 卡宾枪的耗损空缺。此外，也被亚美尼亚军队采用。AK-105 非常轻便，其主要原因是用能够防震的现代化复合工程塑料取代了旧型号所采用的木材。这种新型塑料结构不但能够应对各种恶劣的气候，而且还可以抵御锈蚀。该枪的供弹装置主要有三种，包括 30 发的双排弹匣、60 发的四排弹匣和 100 发的弹鼓。

HK G36 突击步枪是德国联邦国防军自 1997 年以来的制式步枪，采用导气自动方式，枪机回转式闭锁机构，折叠枪托。除枪管外，机匣、护木、枪托、背带环和握把均由黑色塑料制成，使全枪重量大幅度减轻。全枪结构简单，便于操作，左、右手射手均可使用。由于性能优异，黑克勒·科赫公司在 HK G36 突击步枪的基础上推出了多种衍生型，以满足不同的作战需求。

HK G36 突击步枪

制造商：	德国黑克勒·科赫公司
定型时间：	1996 年
口径：	5.56 毫米

INSAS 突击步枪

制造商：印度军械工厂委员会

定型时间：1998 年

口径：5.56 毫米

　　INSAS 突击步枪采用导气式工作原理，融合了多种步枪的设计特色，机匣和手枪握把借鉴了 AK 系列步枪，前护木类似 M16 突击步枪，而拉机柄则是基于黑克勒·科赫步枪而设计。此外，还采用了老式的李·恩菲尔德枪托底板，以便将擦拭器具和油瓶分离。该枪采用效果良好的气推活塞系统驱动枪机框和回转式枪栓，快慢机可进行单发和三发点射选择，但没有连发设置。印度还在 INSAS 突击步枪的基础上发展了一种重枪管型，作为班用轻机枪。

AK-107 突击步枪

制造商：俄罗斯伊兹玛什公司

定型时间：1999 年

口径：5.45 毫米

　　AK-107 突击步枪是俄罗斯研制的 5.45×39 毫米口径突击步枪，是 AK-100 枪族的成员之一。该枪的出口型被命名为 AK-108，采用 5.56×45 毫米弹药。AK-107 突击步枪所采用的平衡自动反冲系统（Balanced Automatics Recoil System，BARS）可大幅降低步枪的后坐力，从而提高射击精度以及加强全自动连射时的可控性。试验结果表明，AK-107 突击步枪在非固定位置进行全自动连发时着弹分布面积比 AK-74 突击枪好得多。

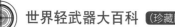
传奇武器鉴赏：AK-47 突击步枪

AK-47 突击步枪是由苏联著名枪械设计师米哈伊尔·季莫费耶维奇·卡拉什尼科夫设计的突击步枪，20 世纪 50 年代至 80 年代一直是苏联军队的制式装备。除了大规模装备苏联军队外，世界上有数十个国家进行了仿制或特许生产。AK 系列步枪是使用最广泛的枪械之一，其广泛程度在轻武器历史上只有马克沁机枪、毛瑟 Kar98k 步枪和勃朗宁大威力手枪可以与之相比，而卡拉什尼科夫则因为 AK 系列步枪在世界范围内的广泛使用也被誉为"世界枪王"。

与二战时期的步枪相比，AK-47 突击步枪的枪身短小、射程较短、火力强大，适合较近距离的突击作战的战斗。它的枪机动作可靠，即使在连续射击时或有灰尘等异物进入枪内时，它的机械结构仍能保证它继续工作。在沙漠、热带雨林、严寒等极度恶劣的环境下，AK-47 突击步枪仍能保持相当好的效能。此外，AK-47 突击步枪的结构简单，易于分解、清洁和维修。AK-47 突击步枪的主要缺点是全自动射击时枪口上扬严重，枪机框后坐时撞击机匣底，机匣盖的设计导致瞄准基线较短，瞄准具不理想，导致射击精度较差，特别是 300 米以外难以准确射击，连发射击精度更低。

基 本 参 数	
口径	7.62 毫米
全长	780 毫米
枪管长	415 毫米
重量	4.3 千克
弹容量	30 发

自动原理

AK-47 突击步枪采用导气式自动原理、回转式闭锁枪机，导气管位于枪管上方，通过活塞推动枪机动作。

保险机构

AK-47 突击步枪的保险 / 快慢机柄在机匣右侧，可以选择半自动或者全自动的发射方式，拉机柄位于机匣右侧。该枪的保险非常有特色，一般突击步枪从上至下都是"保险，半自动，全自动"，而它却是"保险，全自动，半自动"。在应对突发状况时，士兵们总会把快慢机扳到底，扣住扳机不放而射出全部子弹，而 AK-47 突击步枪只会打出一发，有效地节约了子弹，提高了安全性。

瞄准装置

AK-47 突击步枪采用机械瞄准具，并配有夜视瞄准具。柱形准星和表尺 U 形缺口照门都有可翻转附件，内装荧光材料。表尺分划为 100 ～ 800 米，一个分划为 100 米，战斗表尺装定 300 米。但使用瞄准具瞄准时，只能上下拧动准星作高低校正，无法进行风偏修正，而且夜间射击时往往将准星护翼误认为是准星。

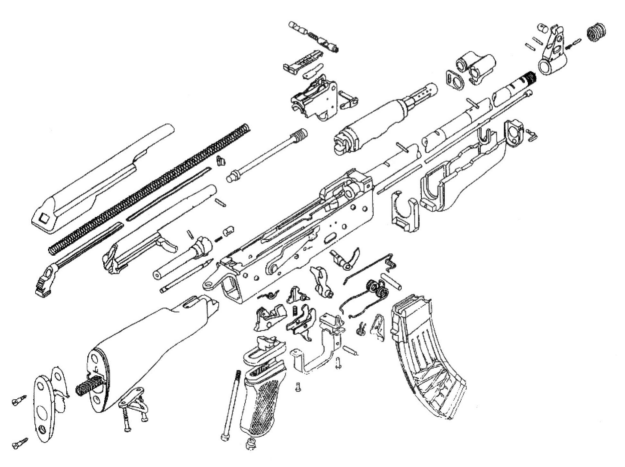

传奇武器鉴赏：M16 突击步枪

基 本 参 数	
口径	5.56 毫米
全长	986 毫米
枪管长	508 毫米
重量	3.1 千克
弹容量	20、30 发

M16 突击步枪是美国著名枪械设计师尤金·斯通纳设计的 5.56 毫米口径突击步枪。它既是二战后美国换装的第二代步枪，也是世界上第一种装备部队并参加实战的小口径步枪，对后来的轻武器小型化产生了深远影响。M16 突击步枪不仅大量装备北约国家的军队，还被其他数十个国家采用。除军队外，还被特警队、私人保安机构等组织广泛采用。

M16 系列突击步枪主要分成三代：第一代是 M16 和 M16A1，于 20 世纪 60 年代装备部队，发射美国 M193 和 M196 子弹，能够以半自动或者全自动模式射击。第二代是 M16A2 和 M16A3，于 20 世纪 80 年代开始服役，发射比利时 SS109 子弹（北约 5.56 毫米标准子弹）。M16A2 可以半自动射击，也可以三发点射。M16A3 是 M16A2 的全自动改型，生产数量不多，主要装备美国海军。第三代是 M16A4，于 21 世纪初逐渐取代 M16A2。它取消了固定可拆卸携带提把、金属照门，取而代之的是皮卡汀尼导轨。

自动原理

M16 突击步枪采用直喷式气动操作，即舍去一般活塞传动所需的活塞、汽缸、连杆等零件，直接将高压气经由气导管导流气体向后"吹送"枪机完成枪支的自动 / 半自动运作。采用这种自动原理的枪械，导管必须维持很小的直径以便气体有足够的压力"吹送"枪机，而如果子弹的推进火药品质不好的话，则易造成气导管与枪机产生严重的积碳，进而容易导致枪机不正常运作，发生闭锁不全的情形。为此，M16 突击步枪特意在抛壳盖 / 抛壳挡板后方安装了复进助推器。

M16A1 突击步枪

保险机构

M16 和 M16A1 的保险 / 快慢机顺序从左至右为"保险，半自动，全自动"。由于训练不足的美军部队在使用全自动武器的时候，掌握不到控制连发射击的技巧，经常按下扳机不放，而造成散射。美国陆军得出结论：三发点射能够在节省弹药、精准度和火力密度之间提供一个最好的平衡。因此，M16A2 将原本的全自动模式改成了三发点射模式。之后的全自动改进型 M16A3 沿用了 M16A1 的快慢机，M16A4 则沿用了 M16A2 的三发点射模式。

M16A2 突击步枪

M16A4 突击步枪

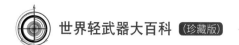
知名兵工厂探秘：伊热夫斯克兵工厂

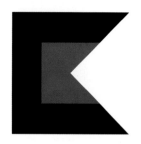

卡拉什尼科夫集团 LOGO

　　伊热夫斯克是乌拉尔山中的一座小城市，在俄罗斯帝国时代，伊热夫斯克依靠乌拉尔山丰富的铁矿和坐落于伏尔加河流域的地理条件，既成为以钢铁工业为支柱产业的工业城市，也成为俄国的重要工业基地。1807 年，伊热夫斯克兵工厂正式成立，成为俄国政府兵工厂。

　　帝俄时代，伊热夫斯克兵工厂、谢斯特罗列茨克兵工厂与图拉兵工厂并称为俄罗斯帝国的三大轻武器生产基地。十月革命爆发后，卡累利阿地区以北的芬兰独立，谢斯特罗列茨克兵工厂更加接近邻国国境。苏联被迫关闭了该兵工厂，并将其设备转移到了图拉兵工厂和伊热夫斯克兵工厂。十月革命胜利后，伊热夫斯克兵工厂生产了几乎所有的轻武器。

伊热夫斯克兵工厂 LOGO

二战爆发后，伊热夫斯克兵工厂的惊人生产能力发挥得淋漓尽致。从 1941 年开始到战争结束，伊热夫斯克兵工厂生产了约 1.3 亿支步枪和卡宾枪，比德国所有军工厂的产量还高。这些枪支不断地被运往前线，为卫国战争的胜利做出了卓越贡献。此外，伊热夫斯克兵工厂还曾大规模生产反坦克步枪、航空机枪、航空机炮和手枪等武器。

在战争中，由于德军逼近了莫斯科以南的图拉市，苏联政府匆忙决定将图拉兵工厂向内地转移。战后，汲取两次世界大战的经验，苏联政府决定将伊热夫斯克市作为最大的轻武器生产基地。图拉兵工厂虽然得到重建，但未能恢复曾经的霸主地位，轻武器的生产开发中心随之转移到伊热夫斯克兵工厂。

1947 年，伊热夫斯克兵工厂迎来了 AK-47 突击步枪的发明者米哈伊尔·季莫费耶维奇·卡拉什尼科夫，开始生产 AK-47 突击步枪。在其后的数十年间，卡拉什尼科夫一直在伊热夫斯克兵工厂工作，为苏联贡献了上百个轻武器设计方案。1963 年，叶夫根尼·德拉贡诺夫设计的 SVD 狙击步枪在伊热夫斯克兵工厂投产，与 AK 系列一起成就了"伊热夫斯克轻武器王朝"。

苏联解体后，伊热夫斯克兵工厂进行民营化改制，改组为伊兹玛什（Izhmash）公司。2013 年，伊兹玛什公司与俄罗斯多家轻武器制造商合并，联合组建卡拉什尼科夫集团。

伊热夫斯克军工厂制造的 AK-47 突击步枪

3.2 硕果仅存的战斗步枪

战斗步枪（Battle rifle）是指二战后的可选择全自动、半自动发射模式，使用标准威力子弹的军用步枪。相较于发射中间型威力子弹的突击步枪而言，战斗步枪发射的子弹在有效射程、穿透力、停止作用和后坐力上都明显要高出一截。

在"突击步枪"一词出现之前，"战斗步枪"一词本是用来（不严格地）泛指士兵用于"战斗"的任何步枪。现在特指单发子弹威力较大，但枪管不厚，很少使用两脚架的自动步枪。虽然战斗步枪大都是 7.62 毫米口径，但并非 7.62 毫米口径的步枪（例如 AK-47 突击步枪）就一定是战斗步枪，两者的区别只在于子弹是否是标准威力子弹。

由于战斗步枪的后坐力较大，无法作为步兵的理想武器使用，所以冷战以来世界各国设计和制造的战斗步枪并不多。不过，威力大、射程远的战斗步枪在一些特定的作战环境下仍能发挥重要作用，例如一些高精度的战斗步枪便被选为中远程狙击步枪使用。

CETME 自动步枪

制造商：西班牙赛特迈公司

定型时间：1952 年

口径：7.62 毫米

二战后，发明滚轮延迟反冲式闭锁枪机的德国工程师路德维希·福尔格里姆勒在 1950 年被西班牙赛特迈公司雇用。不久之后，由福尔格里姆勒设计的新型步枪被批准，并以公司名称命名为 CETME 自动步枪。该枪具有多种衍生型，其中 A 型是原型枪，B 型是正式投产的型号，具有钢质护木，发射 7.62 毫米赛特迈子弹，其弹头比 7.62 毫米北约标准子弹更轻。C 型是轻量化后的版本，发射 7.62×51 毫米北约标准子弹。E 型是改用塑料及铝质护木、握把及枪托的版本，可靠性不佳，所以很快就停产。L 型及 LC 型是发射 5.56×45 毫米北约子弹的改型，在 1984 年取代了 C 型被西班牙陆军选为制式步枪，直到 1999 年被 HK G36 取代。

FN FAL 自动步枪是比利时枪械设计师塞弗设计的自动步枪，其单发精度较高，但由于使用的弹药威力大，射击时后坐力大，导致连发射击时难以控制，存在散布面较大的问题。不过瑕不掩瑜，由于 FN FAL 自动步枪工艺精良、可靠性好，被多个国家的军队选为制式步枪。直到 20 世纪 80 年代后期，随着小口径步枪的兴起，许多国家的制式 FN FAL 自动步枪才逐渐被替换。在 20 世纪 60 年代到 70 年代，FN FAL 自动步枪是西方雇佣兵最爱的武器之一，因此被美国的雇佣兵杂志誉为"20 世纪最伟大的雇佣兵武器之一"。

FN FAL 自动步枪

制造商：比利时国营赫斯塔尔公司

定型时间：1953 年

口径：7.62 毫米

AR-10 自动步枪是尤金·斯通纳设计的自动步枪，发射 7.62×51 毫米北约标准子弹。该枪采用直接导气系统运作，并采用钛、铝合金机匣及玻璃纤维护木和枪托，这种创新设计令它比其余两个竞争对手（M14 及 FN FAL 自动步枪）轻了 1 千克左右，但最终美军选择了 M14 自动步枪，不久后 AR-10 自动步枪的设计被用于 AR-15（后来又衍生成 M16 突击步枪）上。标准型 AR-10 自动步枪的生产数量不多，主要用户为危地马拉、缅甸、意大利、古巴、苏丹及葡萄牙等国的军队。

AR-10 自动步枪

制造商：美国阿玛莱特公司

定型时间：1956 年

口径：7.62 毫米

SIG SG 510 自动步枪

制造商：瑞士西格公司

定型时间：1957 年

口径：7.5 毫米、7.62 毫米

SIG SG 510 自动步枪（SG 510-1）于 1957 年装备瑞士军队，被命名为 Stgw 57。该枪采用与 HK G3 及 CETME 自动步枪相同的滚轮延迟反冲式系统，能发射枪榴弹，而且精准度高，在恶劣环境下仍可正常运作。该枪的衍生型包括 SG 510-2（轻量化版本）、SG 510-3（改为发射 7.62×39 毫米弹药）和 SG 510-4（玻利维亚及智利专用版本，改为发射 7.62×51 毫米北约标准弹药）。由于 SIG SG 510 尺寸和重量过大，20 世纪 80 年代逐渐被小口径的 SIG SG 550 步枪取代。

HK G3 自动步枪

制造商：德国黑克勒·科赫公司

定型时间：1958 年

口径：7.62 毫米

HK G3 自动步枪采用半自由枪机式工作原理，零部件大多是冲压件，机加工件较少。机匣为冲压件，两侧压有凹槽，起导引枪机和固定枪尾套的作用。枪管装于机匣之中，并位于机匣的管状节套的下方。管状节套点焊在机匣上，里面容纳装填杆和枪机的前伸部。装填拉柄在管状节套左侧的导槽中运动，待发时可由横槽固定。HK G3 的优点是射击精度高，缺点是射速慢和全自动射击时后坐力大。

M14 自动步枪

制造商：美国斯普林菲尔德兵工厂

定型时间：1959 年

口径：7.62 毫米

M14 自动步枪在 20 世纪 50 年代末取代 M1 "加兰德" 半自动步枪成为美军制式步枪，后被 M16 突击步枪取代，但其衍生型仍在服役。该枪具有精度高和射程远的优点，使用 7.62×51 毫米北约标准子弹，由 20 发可拆卸弹匣供弹。该枪的主要配件有冬季扳机、M6 刺刀、M76 枪榴弹发射插座和两脚架等。

BM-59 自动步枪

制造商：意大利伯莱塔公司

定型时间：1959 年

口径：7.62 毫米

BM-59 自动步枪是伯莱塔公司以美国 M1 "加兰德"半自动步枪为基础改进而来的自动步枪，加入了全自动射击功能，发射 7.62×51 毫米北约标准子弹，以 20 发可拆卸弹匣供弹，并新增了两脚架和能对应枪榴弹的消焰器。1990 年，意大利军队以更先进的伯莱塔 AR70/90 突击步枪取代了 BM-59 自动步枪。

丰和 64 式自动步枪采用日本传统的步枪外形和枪机结构，闭锁方式为枪机偏转式，拉机柄在机匣的上方，左右手均可操作。活塞筒和活塞位于枪管上方，塑料制造的护木上有散热孔，护木前端可安装折叠式两脚架。该枪发射 7.62 毫米减装药子弹，也可发射北约全装药子弹，但必须调节气体调节器旋钮以减小火药气体量和施加于活塞头的压力。

丰和 64 式自动步枪

制造商：日本丰和工业公司

定型时间：1964 年

口径：7.62 毫米

3.3 小巧轻便的卡宾枪

　　卡宾枪（Carbine）是构造和普通步枪基本相同但枪管短于一般步枪、射程略近的轻便步枪，又称马枪、骑枪。它的中文名称来源于英文的译音。

　　卡宾枪源于 19 世纪拿破仑战争中法国卡拉宾骑兵所使用的一种短铳。在许多情况下，卡宾枪只是同型普通步枪的缩短型，以牺牲精度和威力来换取机动性。原先卡宾枪主要是供骑兵和炮兵装备使用。二战时期，半自动的 M1 卡宾枪是美军工兵、士官、军官的主要武器，它的灵活特性，深受士兵欢迎。

　　越南战争时期，美军特种部队、低阶军官和士官也装备了卡宾枪。进入 20 世纪 80 年代后，由于突击步枪和冲锋枪的发展路线改变，全自动的卡宾枪用途更为广泛，是各国特种部队、宪兵、工兵、装甲兵、运输兵、炮兵甚至特警队的武器之一。卡宾枪与突击步枪口径相同，更可通过更换零件变换而成。

AKS-74U 卡宾枪

制造商：苏联图拉兵工厂

定型时间：1979 年

口径：5.45 毫米

　　AKS-74U 卡宾枪是 AK-74 突击步枪的独立变种版本，同样发射 5.45×39 毫米子弹，但它的枪口消焰器较为不同，消焰器尾部为喇叭形，既可降低射击时的后坐力，也可卡在铁丝上，以子弹发射时的威力冲断铁丝。AKS-74U 主要装备特种部队、空降部队、工兵、通信兵、炮兵、车辆驾驶员、机组人员及执法部队。

C8 卡宾枪

制造商：加拿大迪玛科公司

定型时间：1986 年

口径：5.56 毫米

C8 卡宾枪是 C7 突击步枪的缩短版本，装有 14.5 英寸（368.3 毫米）枪管，膛线缠距为 1 ∶ 7。该枪采用直接导气式原理、转栓式枪栓，可以选择半自动发射和全自动发射。除加拿大军队外，英国军队也装备了 C8 卡宾枪，命名为 L119A1，主要装备特种部队、海军陆战队和宪兵。

M4 卡宾枪是 M16 突击步枪的缩短版本，具有紧凑的外形和强大的火力，适合近距离作战。该枪采用导气、气冷、转动式枪机设计，以弹匣供弹，可以选择射击模式。最初的 M4 卡宾枪只有"单发"及"三发点射"模式，其后的 M4A1 卡宾枪以"单发"及"全自动"模式取代"三发点射"。M4 卡宾枪的长度比 M16 突击步枪短，重量也较轻，令射手能在近战时快速瞄准目标，两者有 80% 的部件可以共用。

M4 卡宾枪

制造商：美国柯尔特公司

定型时间：1994 年

口径：5.56 毫米

SIG SG 552 卡宾枪

制造商：瑞士西格公司

定型时间：1998 年

口径：5.56 毫米

SIG SG 552 卡宾枪是 SIG SG 550 突击步枪的缩短版本，同样使用改良自 AK 突击步枪的导气系统。该枪发射 5.56×45 毫米北约标准子弹，装有折叠枪托，扳机护圈可打开以便戴手套时操作，备有可装配件的战术导轨。SIG SG 552 卡宾枪的主要用户是瑞士军队，并被法国、德国、塞尔维亚等国的特警队采用。

MK 18 Mod 0 卡宾枪

制造商：美国柯尔特公司

定型时间：1999 年

口径：5.56 毫米

MK 18 Mod 0 是柯尔特公司在 M4 卡宾枪基础上改进而来的卡宾枪，主要装备美军特种部队。该枪采用标准的 M4A1 下机匣，但内部导气孔直径增大至 0.18 毫米，改装了缓冲器，采用扩大的拉机柄锁。最初的 MK 18 Mod 0 卡宾枪将可拆提把切断，只保留后准星部分，现在大多改为装上可拆后备照门。Mk 18 Mod 0 卡宾枪的枪管长度为 262 毫米，膛线缠距为 178 毫米，护木内的枪管直径为 16 毫米。

3.4　风靡全球的手动狙击步枪

　　二战结束后，半自动步枪、自动步枪与突击步枪很快取代手动步枪的地位，大量配发到陆军的各个单位。不过，手动步枪并没有完全退出军用和警用的行列。因为手动步枪的精准度比一般自动步枪更好，适合进行精确战术射击。

　　枪械之所以能够全自动射击，是因为它要依靠第一发子弹发射时所产生的后坐力或者是发射药所产生的火药燃气来进行退壳、上弹等一系列复杂的机械动作，以此完成下一发子弹的发射，这些动作对枪械的影响很大，因此全自动步枪精度较低是无法避免的。这点对于需要高精度的狙击步枪来说，是无法接受的。另外，狙击步枪一般都不会在一线使用，因此也不需要具备较大的火力密度与较高的射速。因此，手动狙击步枪成为理想的精确战术射击武器，被世界各国军队和警队大量采用。

　　手动狙击步枪的优点是结构简单、造价低廉、保养容易、可靠性强、精准度较高，由于子弹发射药产生的燃气不需要对枪机做功，因此手动狙击步枪的射程更远。

FR-F1 狙击步枪

制造商：法国地面武器工业公司

定型时间：1965 年

口径：7.5 毫米

FR-F1 狙击步枪是地面武器工业公司在 MAS 36 手动步枪和 MAS 49/56 半自动步枪的基础上改进而来的手动狙击步枪，曾是法国军队的制式武器，主要是作为步兵分队的中、远程狙击武器，打击重点目标。该枪采用旋转后拉式枪机，只能进行单发射击。枪口装有兼作制动器的消焰装置。枪托用胡桃木质成，底部有硬橡胶托底板。根据射手需要，可以在枪托上加装高 8 毫米或 17 毫米的托腮板。

M40 狙击步枪是雷明顿 700 步枪的衍生型之一，1966 年被美国海军陆战队选为制式狙击步枪。该枪装有雷德菲尔德（Redfield）3 ～ 9 倍率瞄准镜，但瞄准镜及木质枪托在越南战场的炎热潮湿环境下，容易出现受潮膨胀等严重问题，以致无法使用。

M40 狙击步枪

制造商：美国雷明顿公司

定型时间：1966 年

口径：7.62 毫米

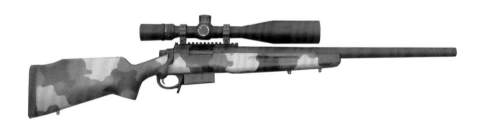

布朗精密战术步枪

制造商：美国雷明顿公司

定型时间：1969 年

口径：7.62 毫米

布朗精密战术步枪（Brown Precision Tactical Elite）是雷明顿 700 步枪的衍生型之一，可作为狙击武器使用。该枪于 1969 年装备美军部队，越南战争后期成为美国陆军、海军和海军陆战队的通用狙击步枪。1988 年开始逐渐被 M24 狙击步枪取代，但仍在国民警卫队及其他特种作战部队中使用。布朗精密战术步枪的枪管是严格挑选出来的，经过测量仪器精确测量，保证符合规定的制造公差，枪管没有镀铬。

SSG 69 狙击步枪

制造商：奥地利斯泰尔·曼利夏公司

定型时间：1969 年

口径：7.62 毫米

　　SSG 69 狙击步枪是奥地利陆军自 1969 年以来的制式狙击步枪，也被不少执法机关所采用。该枪是一种手动装填步枪，开、闭锁时需人工将枪机转动 60 度。闭锁方式为枪机回转式。扳机为两道火式，扳机行程的长短和扳机拉力的大小均可以进行调整。枪托采用合成材料制成，枪托底板后面的缓冲垫可以拆卸，因此枪托长度可以调整。

M40A1 狙击步枪

制造商：美国雷明顿公司

定型时间：1977 年

口径：7.62 毫米

　　M40A1 狙击步枪是 M40 狙击步枪的主要改进型之一，换装了温彻斯特 M70 钢制扳机护圈及弹匣底板，并改用较重、表面经乌黑氧化涂层处理的阿特金森不锈钢枪管，枪托换为麦克米兰玻璃纤维枪托。1980 年，M40A1 狙击步枪又进行了重大改进，改用 Uneul 10 倍瞄准镜。

　　L42A1 狙击步枪是在 No.4 Mk I (T) 狙击步枪的基础上变换口径而成，1970 年开始批量生产并进入英国军队服役。最初将 No.4 Mk I (T) 狙击步枪改装成 L42A1 狙击步枪的方法比较简单，之后逐渐变得复杂。新的部件包括枪管、弹匣、抛壳挺和上护木，瞄准镜也需要重新校正，以适应 7.62×51 毫米子弹的弹道。同样，备用的机械瞄准具也有所改变。L42A1 狙击步枪的重型枪管由高质量的 EN19AT 钢冷锻而成，枪管外表面有冷锻时产生的"蛇皮"表纹。

L42A1 狙击步枪

制造商：英国恩菲尔德兵工厂

定型时间：1970 年

口径：7.62 毫米

SP66 狙击步枪

制造商：德国毛瑟公司

定型时间：1976 年

口径：7.62 毫米

　　SP66 狙击步枪是毛瑟公司专门为军队和执法机构研制的单发狙击步枪，由毛瑟 66 型猎枪发展而来。该枪的击针簧力度很强，击针打击底火的速度非常快，枪机闭锁时间大幅缩短。扳机力和行程都可调整，扳机上还配有 10 毫米宽的扳机护圈，射手戴手套时也可射击。该枪使用特制的 7.62 毫米狙击弹，也可发射 .300 温彻斯特 - 玛格南子弹。

FN 30-11 狙击步枪

制造商：比利时国营赫斯塔尔公司

定型时间：1976 年

口径：7.62 毫米

　　FN 30-11 狙击步枪采用优质材料，结构结实，射击精度高。枪管为加重型，装有很长的枪口消焰器。前托下方装有高低可调的两脚架。为了适应每个狙击手的需要，FN 30-11 狙击步枪还设计了长度可调的枪托。该枪主要供军队和执法机构保卫机场、军事重地和国家机关等重要设施。

SSG-82 狙击步枪

制造商：德国恩斯特·台尔曼公司

定型时间：1982 年

口径：5.45 毫米

SSG-82 狙击步枪发射 5.45×39 毫米小口径子弹，采用浮置式重型枪管，枪托短而结实，托腮处直而高，握持比较舒适。该枪配备蔡司 4×32 固定倍率瞄准镜，瞄准镜底座采用转动式，可进行风偏和高低调节。SSG-82 狙击步枪的弹匣与缩短的 AK-74 弹匣相似，通过向前按压弹匣卡笋，可卸下弹匣。

PM 狙击步枪

制造商：英国精密国际公司

定型时间：1982 年

口径：7.62 毫米

PM 狙击步枪是精密国际公司"北极作战"（Arctic Warfare，AW）系列狙击步枪的原型枪，20 世纪 80 年代中期被英军以 L96 的名称列装。PM 狙击步枪主要有步兵型、警用型和隐藏型三种。英国陆军购买了超过 1200 支步兵型，其他国家一些的军队（如法国外籍兵团）也购买了一些步兵型。

帕克黑尔 M82 狙击步枪

制造商：英国帕克黑尔公司

定型时间：1982 年

口径：7.62 毫米

帕克黑尔 M82 狙击步枪是在 1200TX 打靶步枪基础上改进而成的手动狙击步枪，既可供军用，又可供执法机构使用，也可作为射手训练步枪和比赛用运动步枪。该枪的自由浮置式重型枪管用镍铬钢冷锻而成，重约 2 千克。这种枪管的强度比普通枪管高 5%～10%，提高了耐磨损性能。该枪装有可拆卸和折叠的两脚架，其高度可以调节。除机械瞄准具外，该枪还配有 4 倍放大率的光学瞄准镜。

FR-F2 狙击步枪

制造商：法国地面武器工业公司

定型时间：1984 年

口径：7.62 毫米

FR-F2 狙击步枪是地面武器工业公司在 FR-F1 狙击步枪的基础上改进而成，从 20 世纪 80 年代中期开始逐步取代 FR-F1 狙击步枪，装备法国军队直到现在，装备级别和战术使命与 FR-F1 狙击步枪完全相同。

FR-F2 狙击步枪的基本结构如枪机、机匣、发射机构都与 FR-F1 狙击步枪一样，主要改进了人机工效。该枪没有机械瞄准具，只能用光学瞄准镜进行瞄准射击，除配有 4 倍白光瞄准镜，还配有夜间使用的微光瞄准镜。

SSG 3000 狙击步枪

制造商：瑞士西格公司

定型时间：1984 年

口径：7.62 毫米

SSG 3000 狙击步枪采用模块化设计，枪管和机匣为一个组件，而扳机组和弹仓为一个组件，主要零件都可以快速转换。重型枪管由碳钢冷锻而成，枪管外壁带有传统的散热凹槽，而枪口位置也带有圆形凹槽。枪口装置具有制动及消焰功能，两道火扳机可以单 / 双动击发，其行程和扳机力可调整。该枪在欧美国家的执法机关和军队中比较常见。

帕克黑尔 M85 狙击步枪

制造商：英国帕克黑尔公司

定型时间：1985 年

口径：7.62 毫米

帕克黑尔 M85 狙击步枪是帕克黑尔公司参加英国陆军新一代狙击步枪招标时推出的产品，其性能优异，但最终以细微的差距败于精密国际 PM 狙击步枪。即便如此，帕克黑尔 M85 狙击步枪还是被巴西海军陆战队所采用。该枪配有机械瞄准具和光学瞄准镜，其中光学瞄准镜是施密特 - 本德 6×42 瞄准镜，高度与方向均可调。另外，还可以安装微光瞄准镜。

AW 狙击步枪

制造商：英国精密国际公司

定型时间：1988 年

口径：7.62 毫米

AW 狙击步枪是精密国际公司"北极作战"系列狙击步枪的基本型，被英国陆军命名为 L96A1。该枪与 PM（L96）狙击步枪一样使用 7.62×51 毫米北约标准子弹，"北极作战"的名称源于其在严寒气候下良好的操作性。AW 狙击步枪的枪机具有防冻功能，即使在 -40 度的低温中仍能可靠地运作。该枪可以达到 0.75 MOA 的精准度，在 550 米距离上发射比赛弹的散布直径小于 5.1 厘米。

NM149S 狙击步枪的研发工作始于 1985 年，其研发目的是用于对 800 米以内的目标实施精确瞄准射击。该枪的枪托表面浸渍树脂，利用托底板垫片可调整长度。该枪配有机械瞄准具，还配有施密特·本德公司的 6×42 瞄准镜，不用对武器调整归零，可以随便装卸。如果需要，也可加装两脚架和消音器。NM149S 狙击步枪主要装备挪威陆军和执法机构。

NM149S 狙击步枪

制造商：挪威武器系统公司

定型时间：1985 年

口径：7.62 毫米

86SR 狙击步枪

制造商：德国毛瑟公司

定型时间：1986 年

口径：7.62 毫米

86SR 狙击步枪是毛瑟公司为特种部队和警察设计的手动狙击步枪，用于取代毛瑟 SP66 狙击步枪，也可用作比赛步枪。与 SP66 狙击步枪相比，86SR 狙击步枪改用了可拆卸的大容量弹匣，因此火力更强。86SR 狙击步枪的盒式弹匣可以容纳 9 发 7.62 毫米北约标准子弹。该枪曾通过严格的寒带地区和热带地区试验，并在各种条件下都能保证首发命中，因此受到特种部队的青睐。

M24 狙击步枪

制造商：美国雷明顿公司

定型时间：1988 年

口径：7.62 毫米

    M24 狙击步枪是雷明顿 700 步枪的衍生型之一，1988 年被美国陆军选为制式狙击步枪。为了耐受沙漠恶劣的气候，该枪特别采用碳纤维与玻璃纤维等材料合成的枪身和枪托，可在 −45℃ 至 +65℃ 气温变化中正常使用。该枪的精度较高，有效射程可达 1000 米，但每打出一颗子弹都要拉动枪栓一次。为了确保射击精度，M24 狙击步枪设有瞄准具、夜视镜、聚光镜、激光测距仪和气压计等配件，远程狙击命中率较高，但是操作较为烦琐。

SSG 2000 狙击步枪

制造商：瑞士西格公司

定型时间：1989 年

口径：5.56 毫米、7.5 毫米、7.62 毫米

    SSG 2000 狙击步枪采用锤锻而成的重型枪管，内有锥形膛线，枪口装有消焰/制动器。与大多数手动步枪不一样，该枪的弹仓在枪托中间，由下方装弹。该枪可发射 .300 温彻斯特-玛格南子弹、7.62×51 毫米北约标准子弹、瑞士 7.5×55 毫米子弹和 5.56×45 毫米子弹。该枪曾被瑞士、英国、阿根廷、约旦、马来西亚等国的军队和警察所采用，目前仍有一部分在服役中。

SR-93 狙击步枪

制造商：德国毛瑟公司

定型时间：1993 年

口径：8.58 毫米

SR-93 狙击步枪是毛瑟公司为参加德国国防军在 20 世纪 90 年代早期开展的 G22 狙击步枪选型试验而研制，在莱茵金属公司兼并毛瑟公司之前，毛瑟公司只生产了少量 SR-93 狙击步枪，大部分流向民用市场，小部分被德国和荷兰的特警队采用。该枪的一个特点是它能不使用工具就把枪机转换成左手操作或右手操作，只需改变拉机柄的安装方向。

Sako TRG 狙击步枪

制造商：芬兰沙科公司

定型时间：1989 年

口径：7.62 毫米

Sako TRG 狙击步枪主要分为 TRG-21/41 和 TRG-22/42 两个系列。1989 年，沙科公司推出了 .308 温彻斯特口径的 TRG-21 狙击步枪。随后，又推出了将 TRG-21 的枪机延长并放大的型号，以使用 .338 拉普阿 - 玛格南子弹，并且将其命名为 TRG-41。20 世纪 90 年代后期，为了满足军用需求，沙科公司对 TRG-21 和 TRG-41 的设计进行改进，其结果就是 TRG-22 和 TRG-42。TRG 系列狙击步枪的核心是冷锻而成的机匣和枪管，两者都为 TRG 提供了最大的强度、最轻的重量以及良好的耐磨性。

SR-100 狙击步枪

制造商：德国埃尔玛公司

定型时间：1993 年

口径：7.62 毫米、8.58 毫米

SR-100 狙击步枪与毛瑟 SR-93 狙击步枪一起参加了德国国防军的 G22 狙击步枪选型试验，却落败于英国精密国际公司的 AWM-F 狙击步枪（AWM 狙击步枪的枪托折叠型）。SR-100 狙击步枪可以发射 3 种不同口径的弹药，分别为 .308 温彻斯特、.300 温彻斯特 - 玛格南和 .338 拉普阿 - 玛格南，可以通过更换枪管、枪机和弹匣来改变口径。

R93 狙击步枪

制造商：德国布拉塞尔公司

定型时间：1993 年

口径：5.56 毫米、5.59 毫米、6 毫米、

6.5 毫米、7.62 毫米、8.58 毫米

　　R93 狙击步枪是一种战术型狙击步枪，可通过更换枪管的方式发射 5.56 毫米、5.59 毫米、6 毫米、6.5 毫米、7.62 毫米和 8.58 毫米等多种口径的弹药。该枪的瞄准具可通过皮卡订尼战术导轨安装在枪管上，配合原厂特制的比赛级弹药，R93 狙击步枪可以准确命中远处的小型目标。在布拉塞尔公司被西格 - 绍尔公司收购之后，R93 狙击步枪的销售改由西格 - 绍尔公司负责。

CZ 700 狙击步枪

制造商：捷克兵工厂

定型时间：1995 年

口径：7.62 毫米

　　CZ 700 狙击步枪的机匣非常结实，这是由于闭锁突笋设在后方的缘故。为了保持机匣的牢固性，设在右侧的抛壳窗相当小，正好容空弹壳向右下方抛出。进弹口也较小，恰好插入双排 10 发铝制盒式弹匣。CZ 700 狙击步枪没有安装机械瞄准具，但在机匣顶部预留有安装韦弗式导轨或光学瞄准具的螺孔。

SV-98 狙击步枪

制造商：俄罗斯伊兹玛什兵工厂

定型时间：1998 年

口径：7.62 毫米

SV-98 狙击步枪是由俄罗斯枪械设计师弗拉基米尔·斯特隆斯基所设计的手动狙击步枪，以高精度著称。该枪的射击精度远高于发射同种子弹的 SVD 狙击步枪，甚至不逊于以高精度闻名的奥地利 TPG-1 狙击步枪。不过，SV-98 狙击步枪保养比较烦琐，使用寿命较短。

AWM 狙击步枪

制造商：英国精密国际公司

定型时间：1996 年

口径：7 毫米、7.62 毫米、8.58 毫米

AWM 狙击步枪是 AW 枪族中使用大威力弹药的型号，其名称中的"M"意为"Magnum"（玛格南）。该枪可以发射的弹药包括 7 毫米雷明顿 - 玛格南、.300 温彻斯特 - 玛格南和 .338 拉普阿 - 玛格南等。其中使用 .338 拉普阿 - 玛格南弹药的又被称为 AWSM 狙击步枪，"SM"意为"Super Magnum"（超级马格南）。由于弹壳直径比原来的 7.62×51 毫米子弹更大，为不改变弹匣宽度和铝底座的相关尺寸，AWM 狙击步枪的弹匣容量只有单排 5 发。

AWP 狙击步枪

制造商：英国精密国际公司

定型时间：1996 年

口径：6.2 毫米、7.62 毫米

AWP 狙击步枪是 AW 枪族中专供执法机构使用的型号，其名称中的"P"意为"Police"（警察）。与 AW 狙击步枪相比，AWP 狙击步枪采用较长和管壁较厚的重型不锈钢枪管，取消了后备的机械瞄准具，并可在枪托底部安装一个弹簧定位的后脚架，可与两脚架共同构成三点支撑，提高瞄准射击时的稳定性。AWP 狙击步枪可以发射 .243 温彻斯特和 .308 温彻斯特两种子弹。

AWS 狙击步枪

制造商：英国精密国际公司

定型时间：1996 年

口径：7.62 毫米

AWS 狙击步枪是 AW 枪族中的消音型，其名称中的"S"意为"Suppressed"（消音器）。为了不增加全枪长度及保证较好的精度，AWS 狙击步枪采用与枪管结合在一起的整体式消音器。枪管可以拆卸，射手可在 3 分钟内拆卸带消音器的枪管并换上标准的 AW 或 AWP 枪管，在更换枪管后，瞄准镜需要重新归零。美国陆军"三角洲"特种部队和英国陆军特别空勤团都装备了 AWS 狙击步枪。

SV-99 狙击步枪是由俄罗斯枪械设计师弗拉基米尔·斯特隆斯基所设计的手动狙击步枪，发射 5.6×15 毫米长子弹。该枪的最大特点就是采用了肘节式闭锁机构的直拉式枪机，开闭锁是通过一套杠杆装置实现的。该枪的枪管采用冷锻法制造，有 6 条右旋膛线，缠距为 420 毫米，枪膛没有镀铬。

SV-99 狙击步枪

制造商：俄罗斯伊兹玛什兵工厂

定型时间：1999 年

口径：5.6 毫米

Scout 狙击步枪

制造商：奥地利斯泰尔·曼利夏公司

定型时间：1999 年

口径：7.62 毫米

Scout 狙击步枪的枪机头有 4 个闭锁突笋，开锁动作平滑迅速。枪机尾部有待击指示器，当处于待击位置时向外伸出，夜间可以用手触摸到。枪托由树脂制成，重量很轻。枪托下有容纳备用弹匣的插槽和附件室，枪托前方有整体式两脚架。机匣顶部有韦弗式瞄准镜座，可以安装各种瞄准镜，枪管上方也有瞄准镜座，因此有多个位置可以安装不同类型的瞄准镜。

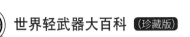

3.5　有限使用的半自动狙击步枪

　　尽管手动狙击步枪具有自动步枪无法比拟的诸多优势，但也存在不容忽视的缺点，其中最严重的就是射速较慢，每发射一发子弹就需要拉动一下枪机（现在大多手动狙击步枪都采用旋转后拉式枪机）。因此，手动狙击步枪并不能满足所有战斗需求。为此，世界各国军队和警队也装备了一定数量的半自动狙击步枪。

　　半自动狙击步枪的优点是操作简单，射速较高（与手动狙击步枪相比），在近距离遭遇多个目标时，应对起来较为容易。当然，半自动狙击步枪发射子弹时，发射药所产生的燃气需要对枪机做功，以完成退壳和下一发子弹的上膛，因此精度和射程都比不上手动狙击步枪。在战场上，半自动狙击枪和手动狙击枪可以结合使用，以获得最大的作战效能。

SVD 狙击步枪

制造商：苏联伊热夫斯克兵工厂

定型时间：1967 年

口径：7.62 毫米

　　SVD 狙击步枪是苏联枪械设计师德拉贡诺夫设计的半自动狙击步枪，1967 年开始装备部队。随着莫辛 - 纳甘 M1891/30 狙击步枪的退役，SVD 狙击步枪成为苏联军队的主要精确射击装备。不过由于苏军狙击手是随同大部队进行支援作战，而不是以小组进行渗透、侦察、狙击和反器材作战，因此 SVD 狙击步枪发挥的作用有限，仅仅将班排单位的有效射程提升到 800 米。即便如此，SVD 狙击步枪的可靠性仍然是公认的，在许多局部冲突中都曾出现。

M21 狙击步枪

制造商：美国岩岛兵工厂

定型时间：1969 年

口径：7.62 毫米

M21 狙击步枪是在 M14 自动步枪的基础上改进而成的半自动狙击步枪，1975 年被美军选为制式武器。M14 自动步枪本身是一支相当不错的步枪，因此 M21 狙击步枪推出后便深受部队的欢迎。该枪的消焰器可外接消音器，不仅不会影响弹丸的初速，还能把泄出气体的速度降至音速以下，使射手位置不易暴露，这在战争中是一项非常重要的优点。

G3SG/1 狙击步枪是 HK G3 自动步枪的衍生型，虽然它只是一支用自动步枪拼凑出来的狙击步枪，但是仍然被多个国家的军队采用。由于狙击步枪主要用于精确射击目标，扳机力要求比其他枪械小，所以 G3SG/1 狙击步枪在扳机后方设有调整杆，允许射手自行调整扳机扣力。不同于一般的半自动狙击步枪，G3SG/1 狙击步枪仍然拥有全自动发射功能。该枪配用特制的 7.62×51 毫米射击比赛用子弹，以及放大倍率为 1.5 ～ 6 倍的亨索尔特瞄准镜。

G3SG/1 狙击步枪

制造商：德国

定型时间：1972 年

口径：7.62 毫米

PSG-1 狙击步枪

制造商：德国黑克勒·科赫公司

定型时间：1972 年

口径：7.62 毫米

PSG-1 狙击步枪的精度高、威力大，但不适合移动使用，主要用于远程保护。该枪大量使用高技术材料，并采用模块化结构，各部件的组合很合理，人机工效设计比较优秀。不过，该枪射击之后弹壳弹出的力量相当大，可以弹出 10 米之远。虽然这一点对于警方的狙击手来说不算问题，但却限制了 PSG-1 狙击步枪在军队的使用，因为这很容易暴露狙击手的位置。

扎斯塔瓦 M76 狙击步枪是南斯拉夫扎斯塔瓦武器公司研制的半自动狙击步枪，发射 7.92×57 毫米毛瑟弹。该枪在设计概念上类似于苏联 SVD 狙击步枪，两者均是使用 10 发弹匣的半自动狙击步枪。不过，扎斯塔瓦 M76 狙击步枪的内部构造和外部造型均与 AK-47 突击步枪相似。正是因为它采用了 AK-47 突击步枪的设计，所以被证明是简单和可靠的。除采用普通机械瞄准具外，扎斯塔瓦 M76 狙击步枪还装有 4 倍放大率的光学瞄准镜。

扎斯塔瓦 M76 狙击步枪

制造商：南斯拉夫扎斯塔瓦武器公司

定型时间：1976 年

口径：7.92 毫米

加利尔狙击步枪

制造商：以色列军事工业公司

定型时间：1974 年

口径：7.62 毫米

加利尔狙击步枪是以色列军事工业公司在加利尔突击步枪的基础上改进而来的半自动狙击步枪，发射 7.62×51 毫米北约标准子弹。该枪装有可调整扣力的两道火扳机机构、可折叠至右侧的木质枪托以及可折叠的重型两脚架。枪托的长度和高度完全可调，并配有可调节高度的托腮板。

PSL 狙击步枪于 1974 年开始装备罗马尼亚军队，并陆续出口到其他国家。该枪是一种气动式半自动步枪，它以滚转式枪机运作，机匣以钢板冲压而成，保险装置为 AK 样式。机匣左侧附有导轨，可供射手装上各种瞄准镜。PSL 狙击步枪的标准瞄准镜为 LPS-4 瞄准镜，为苏制 PSO-1 瞄准镜的仿制品。

PSL 狙击步枪

制造商：罗马尼亚库吉尔兵工厂

定型时间：1974 年

口径：7.62 毫米

"塔布克"狙击步枪

制造商：伊拉克阿尔 - 奎迪沙瓦武器公司

定型时间：1978 年

口径：7.62 毫米

　　"塔布克"（Tabuk）狙击步枪是以扎斯塔瓦 M70 狙击步枪（苏联 AKM 突击步枪的南斯拉夫仿制衍生型）为蓝本修改而成的半自动狙击步枪，发射 7.62×39 毫米中间型威力子弹，也是现代少数使用这种中间型威力子弹的狙击步枪。该枪实际上就是一支加装了带制动器的长枪管、骨架式枪托和光学瞄准具的半自动 AKM。

VSS 狙击步枪

制造商：苏联中央精密机械、工程研究院

定型时间：1987 年

口径：9 毫米

　　VSS 狙击步枪是苏联设计制造的微声狙击步枪，由 AS 突击步枪改进而来。两者的结构原理完全一样，外形上的主要区别在于枪托和握把。VSS 狙击步枪取消了独立小握把，改为框架式的木质运动型枪托，枪托底部有橡胶底板。该枪自 20 世纪 80 年代投入使用，在车臣作战的俄罗斯特种部队经常使用这种武器。

　　MSG90 狙击步枪是由 PSG-1 狙击步枪改进而来，发射 7.62×51 毫米北约标准子弹。该枪采用了直径较小、重量较轻的枪管，在枪管前端接有一个直径 22.5 毫米的套管，以增加枪口的重量，在发射时抑制枪管震动。另外，由于套管的直径与 PSG-1 狙击步枪的枪管一样，所以 MSG90 狙击步枪可以安装 PSG-1 狙击步枪所用的消音器。MSG90 狙击步枪没有安装机械瞄准具，只配有放大倍率为 12 倍的瞄准镜。

MSG90 狙击步枪

制造商：德国黑克勒·科赫公司

定型时间：1990 年

口径：7.62 毫米

SR-25 狙击步枪

制造商：美国奈特公司

定型时间：1990 年

口径：7.62 毫米

SR-25 狙击步枪是由美国枪械设计师尤金·斯通纳设计、奈特公司制造的半自动狙击步枪，其设计是基于 AR-10 自动步枪。为了提高 SR-25 狙击步枪的射击精度，奈特公司经过多番比较，最终选择了雷明顿公司制造的重型枪管。SR-25 狙击步枪的枪管采用浮置式安装，枪管只与上机匣连接，两脚架安在枪管套筒上，枪管套筒不接触枪管。虽然 SR-25 狙击步枪主打民用市场，但其性能完全达到了军用狙击步枪的要求。

M25 狙击步枪

制造商：美国岩岛兵工厂

定型时间：1991 年

口径：7.62 毫米

M25 狙击步枪最初是由美国陆军第 10 特种大队的汤姆·柯柏上士设想的一种 M21 狙击步枪的改进型，由美国陆军和海军联合研制。1991 年，美军把这种改进后的狙击步枪正式命名为 M25 狙击步枪，主要供美国陆军特种部队和海军"海豹"突击队使用。美国特种作战司令部将 M25 列为轻型狙击步枪，作为 M24 狙击步枪的辅助武器。

扎斯塔瓦 M91 狙击步枪是南斯拉夫扎斯塔瓦武器公司研制的半自动狙击步枪，发射 7.62×54 毫米子弹。与扎斯塔瓦 M76 狙击步枪相似，扎斯塔瓦 M91 狙击步枪的设计也受到了 SVD 狙击步枪和 AK-47 突击步枪的影响。它具有与 SVD 狙击步枪相似的连握式枪托、消焰器、机匣以及枪机，内部结构方面则以 AK-47 突击步枪为基础放大而成。机匣左边设有导轨，可安装光学瞄准镜和夜视仪。

扎斯塔瓦 M91 狙击步枪

制造商：南斯拉夫扎斯塔瓦武器公司

定型时间：1991 年

口径：7.62 毫米

SVDS 狙击步枪

制造商：苏联伊热夫斯克兵工厂

定型时间：1994 年

口径：7.62 毫米

SVDS 狙击步枪是 SVD 狙击步枪的折叠型，适合空降部队和机械化部队使用。枪托由钢管焊接装配而成，可以向右折叠，枪托折叠后的全枪长度为 875 毫米。与 SVD 狙击步枪一样，SVDS 狙击步枪既可发射专用的狙击弹和曳光穿甲燃烧弹，也可发射常规的 7.62×54 毫米钢芯弹。

VSK-94 狙击步枪

制造商：俄罗斯图拉仪器设计局

定型时间：1994 年

口径：9 毫米

VSK-94 狙击步枪是一种轻型微声狙击步枪，其尺寸小巧，非常适合特种部队使用。该枪发射 9×39 毫米子弹，能准确地对 400 米距离内的目标发动突袭。它可以安装高效消音器，以便在射击时减小噪声，还能完全消除枪口焰，大大提高射手的隐蔽性和攻击的突然性。

MSSR 狙击步枪

制造商：菲律宾政府兵工厂

定型时间：1996 年

口径：5.56 毫米

MSSR 狙击步枪是菲律宾海军陆战队在美国 M16A1 突击步枪基础上改进而来的半自动狙击步枪，其名称意为"海军陆战队侦察狙击步枪"（Marine Scout Sniper Rifle）。菲律宾海军陆战队目前装备的 MSSR 狙击步枪为第三代版本，装有布什内尔 3 ～ 9 倍可变倍率瞄准镜，经由三个镜圈装在机匣顶部的 M16A1 提把上。枪管为比赛级枪管，膛线缠距为 283 毫米。MSSR 狙击步枪装有两脚架，以减低后坐力及提高精确度。

3.6 大口径的反器材狙击步枪

反器材狙击步枪是一种特殊的大口径狙击步枪，破坏效果高于普通狙击步枪。反器材狙击步枪的主要作战对象是敌方的装甲车、飞机、舰船、雷达、工事掩体、油库等有一定防护能力的高价值目标，也可以用来在远距离杀伤敌方作战人员，能轻松打穿防弹玻璃、防弹背心。由于火力强大，其弹药击中人体后会出现肢体分离的情况。

反器材狙击步枪脱胎于两次世界大战之间流行的反坦克步枪，口径一般在12.7毫米到20毫米。因为口径大，反器材狙击步枪的重量也大，为保证射击精度，往往要使用前脚架才可以射击，也有少数型号可以做到抵肩射击。为了减轻重量和提高精度，反器材狙击步枪大部分都牺牲了自动机构，有些弹仓内甚至只有一发子弹，因此射击后需要较长时间装填。反器材狙击步枪的枪管较长，其枪管可以随时拆卸和组装。

现代战场上，轻型步兵战车以及各种类型的通信、指挥、运输、雷达、后勤保障车辆等轻型装甲目标日益增多。传统的步兵轻武器在远距离上对付这些目标时，存在着步枪、轻机枪射程近、威力小，中、小口径狙击步枪威力弱、杀伤效果差，单兵反坦克火箭发射痕迹大、有效射程不足、精度差，重机枪重量大、后坐力大，自动榴弹发射器破甲威力有限等问题；而便携式反坦克导弹等高技术武器则造价过高，无法大量装备。具有射程远、威力大、精度高等显著优点的反器材狙击步枪为单兵提供了一种打击轻型装甲目标及车辆的有效手段。

TAC-50 狙击步枪

制造商：美国麦克米兰公司

定型时间：1980 年

口径：12.7 毫米

TAC-50 狙击步枪使用 12.7×99 毫米北约标准子弹，破坏力惊人，可用来对付装甲车辆和直升机。2000 年，加拿大军队将 TAC-50 狙击步枪选为制式武器，并重新命名为"C15 长程狙击武器"。2002 年，加拿大军队的罗布·福尔隆下士在阿富汗某山谷上，以 TAC-50 狙击枪在 2430 米距离击中一名塔利班武装分子，创下当时最远狙击距离的世界纪录。

RC-50 狙击步枪

制造商：美国罗巴尔公司

定型时间：1985 年

口径：12.7 毫米

RC-50 狙击步枪是罗巴尔公司设计并制造的手动狙击步枪（反器材步枪），发射 12.7×99 毫米子弹。为了减轻后坐力，RC-50 狙击步枪的枪口前方装有 1 个补偿装置，枪托上有 1 个塑料缓冲垫。该枪的专用瞄准具为 16 倍光学瞄准镜，需通过机匣顶部的支架来安装。考虑到不同作战需求，RC-50 狙击步枪也能使用其他瞄准镜。该枪还有可折叠枪托版本，被命名为 RC-50F。

M82A1 狙击步枪是 M82 系列重型特殊用途狙击步枪（Special Application Scoped Rifle，SASR）的主要型号之一，具有超过 1500 米的有效射程，搭配高能弹药，可以有效摧毁雷达站、卡车、停放的战斗机等目标，因此能够胜任反器材攻击和爆炸物处理等任务。由于 M82A1 狙击步枪可以打穿许多墙壁，因此也被用来攻击躲在掩体后的人员。

M82A1 狙击步枪

制造商：美国巴雷特公司

定型时间：1986 年

口径：12.7 毫米

"猎豹" 狙击步枪

制造商：匈牙利伊斯特万·费列季与巴托利·伊普索尔格私人有限公司

定型时间：1990 年

口径：12.7 毫米、14.5 毫米

"猎豹"（Gepard）狙击步枪是匈牙利设计制造的重型狙击枪（反器材步枪），具有射程远、杀伤力大及精度高等优点。该枪在正式装备匈牙利军队后的第一个型号是 1990 年推出的 M1 型。之后，又推出了多种改进型，包括 M1A1、M1A2、M2/M2A1、M3、M4、M5 和 M6 等。各个型号都可以改换口径，以发射 12.7×99 毫米、12.7×108 毫米或 14.5×114 毫米子弹。

PGM Hecate II 狙击步枪

制造商：法国 PGM 精密公司

定型时间：1993 年

口径：7.62 毫米、12.7 毫米

PGM Hecate II 狙击步枪是法国军队的现役狙击步枪，又称为 FR-12.7 狙击步枪。除法国外，还被德国、波兰、瑞士、奥地利和拉脱维亚等国所采用。该枪的机匣为模块化结构，由铝合金制成。机匣顶部设有一条北约标准的皮卡汀尼导轨，并可对应多种瞄准镜。两脚架安装在护木下方，可向前折叠起来。

扎斯塔瓦 M93 狙击步枪

制造商：南斯拉夫扎斯塔瓦武器公司

定型时间：1993 年

口径：12.7 毫米

扎斯塔瓦 M93 狙击步枪是南斯拉夫制造的手动狙击步枪（反器材步枪），绰号"黑箭"（Black Arrow）。该枪有两种不同设计，分别发射 12.7×108 毫米子弹和 12.7×99 毫米子弹。扎斯塔瓦 M93 狙击步枪的旋转后拉式枪机设计是以毛瑟式操作系统作为基础的，具有精确可靠的优点。该枪只配备了 8 倍率光学瞄准镜作为瞄准具，有效射程为 1600 米。

RT-20 狙击步枪

制造商：克罗地亚金属里耶卡公司

定型时间：1994 年

口径：20 毫米

RT-20 狙击步枪是克罗地亚研制的超大口径狙击步枪，发射 20×110 毫米子弹。该枪采用了工艺先进的枪管、优异的瞄准镜和完善的制动系统，具有很高的射击精度，主要用于反器材和反装甲用途。该枪没有配备机械瞄准具，但配有望远式光学瞄准镜，安装在枪管上并偏向左侧。

OSV-96 狙击步枪

制造商：俄罗斯图拉仪器设计局

定型时间：1994 年

口径：12.7 毫米

OSV-96 狙击步枪是一款重型半自动狙击步枪（反器材步枪），绰号"胡桃夹子"（Cracker）。该枪主要发射 12.7×108 毫米全金属被甲型及穿甲型狙击弹药，以及 B-32 型、BZT 型、BS 型等各式穿甲燃烧弹。此外，也可以通用 12.7 毫米大口径普通机子弹，但精度会受到影响。OSV-96 狙击步枪能够攻击距离超过 1800 米的敌方人员，以及距离超过 2500 米的战斗物资。

风行者 M96 狙击步枪

制造商：美国 EDM 武器公司

定型时间：1996 年

口径：12.7 毫米

风行者 M96（Windrunner M96）狙击步枪是一种旋转后拉式枪机及弹匣供弹式狙击步枪（反器材步枪），发射 12.7×99 毫米北约标准子弹。尽管风行者 M96 狙击步枪外形简陋，但 EDM 武器公司的官方资料宣称其精度很高。该枪被设计成能够在 1 分钟之内不利用任何工具就能分解成 5 个或 2 个部分，从而缩短整体长度，以便携带和储存。分解后的风行者 M96 狙击步枪全长不超过 813 毫米，并可以在战场上快速组装，而且精度不变。

哈里斯 M96 狙击步枪

制造商：美国哈里斯公司

定型时间：1996 年

口径：12.7 毫米

哈里斯 M96 狙击步枪采用导气活塞式自动原理，只能半自动射击，发射 12.7×99 毫米北约标准子弹。枪体部件主要由钢和阳极化铝制成，外露金属部件均有黑色聚四氟乙烯涂层。枪管为重型自由浮置式枪管，枪口装有大型多孔式制动器。机匣顶部有韦弗式导轨，用于安装瞄准镜，桥形导轨座上有后备的机械瞄准具。

NTW-20 狙击步枪

制造商：南非丹尼尔公司

定型时间：1996 年

口径：20 毫米

NTW-20 狙击步枪是南非研制的大口径反器材步枪，主要发射 20 毫米子弹，也可通过更换零部件的方式改为发射 14.5 毫米子弹。该枪采用枪机回转式工作原理，枪口设有体积庞大的双膛制动器，可以将后坐力保持在可接受的水平。NTW-20 狙击步枪没有安装机械瞄准具，但装有具备视差调节功能的 8 倍放大瞄准镜。一般情况下，NTW-20 狙击步枪由两人携带并操作，两套手提箱中分别携带不同的套件，每套组件重 12 ～ 15 千克。

AW 50 狙击步枪是 AW 狙击步枪的衍生型之一，发射 12.7×99 毫米北约标准子弹。该枪是 1 支非常沉重的武器，连接两脚架时重达 15 千克，大约是 1 支典型的突击步枪的 4 倍。不过，凭借枪口制动器、枪托内部的液压缓冲系统和橡胶制造的枪托底板，AW 50 狙击步枪的后坐力被控制在可接受的范围内，并大大提高了精准度。目前，AW 50 狙击步枪已被英国常规部队及特别空勤团采用，并命名为 L121A1。

AW 50 狙击步枪

制造商：英国精密国际公司

定型时间：1997 年

口径：12.7 毫米

AR-50 狙击步枪

制造商：美国阿玛莱特公司

定型时间：1999 年

口径：12.7 毫米

AR-50 狙击步枪是阿玛莱特公司于 20 世纪 90 年代后期设计并制造的重型狙击步枪（反器材步枪），发射 12.7×99 毫米北约标准子弹。虽然 AR-50 狙击步枪是 1 支高精度的大口径步枪，但是它只有 1 发子弹，无法在短时间内攻击多个目标。因此，巴雷特 M82 系列狙击步枪在 1999 年后逐渐取代了 AR-50 狙击步枪的地位。

3.7 短小精悍的犊牛式步枪

　　犊牛式（Bullpup），即无托结构，是一种枪机和弹匣位于扳机后方、没有真正意义上的后托的枪械结构设计。这种枪械是枪械史上的重大变革，它并不是真正"无托"，而是有一个内部构造更为复杂的"枪托"——机匣。也就是说，去掉了传统的枪托，直接以机匣抵肩。这种结构实质上是将机匣及发射机构包络在硕大的枪托内，握把前置，弹匣和自动机后置，从而在保持枪管长度不变的情况下，缩短了全枪的长度。这是犊牛式最为显著的特点。尽管冲锋枪、霰弹枪、机枪都有采用犊牛式设计的例子，但最常见的犊牛式枪械还是步枪。

犊牛式的发展历程

　　世界上最早使用犊牛式设计的枪械是 1901 年的桑尼克罗夫特式栓动卡宾枪。1918 年法国造出了第一支犊牛式的半自动步枪——弗孔 - 默尼耶式步枪。1936 年，法国人亨利·德拉克尔设计了 1 支犊牛式冲锋枪。二战后，波兰出身的枪械设计师卡奇米日·亚努谢夫斯基在英国恩菲尔德工厂里设计出了第一支犊牛式自动步枪——EM2 步枪。由于设计缺陷，上述枪械都没有被大量采用。

　　直到冷战时期，更成功地设计和改进才使犊牛式枪械流行起来。1978 年，奥地利联邦军，成为世界上第一支采用犊牛式枪械作为主要战斗武器的军队。从那以后，许多国家纷纷效仿，例如：法国、英国、澳大利亚和以色列等。

犊牛式枪械的优点

　　在相同的枪管长度、有效射程和弹道特性下缩短枪械整体长度和减轻重量。因此较方便士兵进出装甲车辆，或在装甲车辆内部操作 / 向外射击；在城镇作战、进入室内环境等狭窄环境，犊牛式枪械在灵活性上也较有优势。这使得犊牛式枪械可以同时兼顾在广阔地形（射程）及在城镇、室内、丛林狭窄环境（相对短、灵活、快速反应）的需要。

　　由于犊牛式枪械重心较近射手身体，使其有较小的转动惯量，所需瞄准时间较短。

枪身短，力矩也短，因此射手较易控制枪身的稳定。由于枪身重心多在或贴近控制扳机的手，有需要时，犊牛式枪械较便于单手携带，有的犊牛式枪械甚至可以单手、两点控枪（手与肩头）射击。

犊牛式枪械的缺点

不能随时左右手互换射击，犊牛式枪械抛弹壳口相当贴近射手脸部，所以只能在射手的其中一边（左或右）射击，若在另一边射击的话抛出的弹壳会击中射手脸部，所以射手只能在一边射击，因大部分人都习惯以右手控制扳机射击，所以大量生产时便都设计成以右手控制，例如英国的 SA80 突击步枪，这使得习惯用左手的人被迫改为用右手，部分枪械（如比利时 FN F2000 突击步枪）使用特殊机构将弹壳推送至枪身前方抛出来解决此问题，而比利时 FN P90 冲锋枪则是将退弹口设置于下方。

因为犊牛式枪械的枪身较短，使得用传统准星作瞄准的瞄准基线较短，射击远目标时有所不足，所以通常需要加装光学瞄准具，因而增加了采购成本。犊牛式枪械并不可采用弹链方式供弹，因为弹链供弹需要枪身左右两边都没有被阻碍。对于轻机枪、通用机枪等，弹链可提供更持续的火力。

习惯使用传统枪械的射手亦须花一段时间重新熟习犊牛式枪械的重心和操作方式。如果出现膛炸的情况，射手的面部将会受到严重伤害。犊牛式枪械机匣在枪支尾端，重心亦偏后，故射击时较易造成枪口上跳。

FAMAS 突击步枪	
制造商：法国地面武器工业集团	
定型时间：1978 年	
口径：5.56 毫米	

FAMAS 突击步枪采用延迟后坐式自动原理，整个枪体都采用层压技术制造，钢质零件都进行了表面磷化处理，轻合金制成的机匣则进行了阳极化处理。该枪有单发、三发点射和连发三种射击模式，射速较快，弹道非常集中。不过，FAMAS 的子弹太少，火力持续性差。瞄准基线较高，如果加装瞄准镜会更高，不利于隐蔽。此外，其枪膛靠后，离射手头部较近，发射时噪声大，抛出的弹壳和烟雾会影响射手。

M82 突击步枪

制造商：芬兰瓦尔梅特公司

定型时间：1978 年

口径：5.56 毫米、7.62 毫米

M82 突击步枪是 Rk 76 突击步枪的犊牛式版本，产量较少，大部分都是发射 5.56×45 毫米北约标准子弹的半自动民用型，主要出口到北美市场。只有少量的样枪被送到芬兰国防军伞兵部队中进行测试，但是基于机动性较差的问题，最终没能被采用。该枪有着与 Rk 76 突击步枪相同的金属冲压机匣，枪托部分则是以聚氨酯制成。由于瞄准具的设计缺陷及抛壳口位于枪托右方的原因，该枪并不适合左撇子射手使用。

WA 2000 狙击步枪

制造商：德国瓦尔特公司

定型时间：1982 年

口径：7.62 毫米

WA 2000 狙击步枪是瓦尔特公司设计制造的高精度狙击步枪，1982 年首次亮相，之后被几个欧洲国家的特警单位少量采用。该枪一共生产了两种型号，但都没有独立的名称，所以人们一般把最早生产的 WA 2000 称为第一代，后来的型号称为第二代。WA 2000 狙击步枪性能优异，精度极高。不过由于 WA 2000 狙击步枪的设计和生产完全以高质量和高精度为首要目标，几乎不考虑制造成本，导致售价高昂。

FA-03 突击步枪是一种发射 5.56×45 毫米北约标准子弹的突击步枪，采用犊牛式设计，自动方式与多数传统设计的突击步枪相同，采用了导气活塞式操作原理和转栓式枪机。该枪没有手动保险，板机为双动式设计，这种设计常见于半自动手枪及转轮手枪上，却鲜有大型枪械采用。其快慢机位于枪身左侧，有三个位置，分别为：半自动、全自动以及待击解脱。

FA-03 突击步枪

制造商：巴西自动武器研究实验室有限公司

定型时间：1983 年

口径：5.56 毫米

SA80 突击步枪

制造商：英国恩菲尔德兵工厂

定型时间：1985 年

口径：5.56 毫米

　　SA80 突击步枪是一种发射 5.56×45 毫米北约标准子弹的无托结构突击步枪，英国军队在 20 世纪 80 年代中期将其列为制式武器，军方编号为 L85。该枪的自动方式为导气式，闭锁方式为枪机回转式。机匣为冲压件，分为上机匣和下机匣。发射机构为完整的组件，组装在一个冲压成形的框架内，并通过一个小的底板用两个销钉与机匣联结。该枪有四种主要的衍生型：L85A1/L85A2/L85A3 突击步枪、L86A1/L86A2 LSW 班用支援武器、L22A1/L22A2 卡宾枪和 L98A1/ L98A2 训练用步枪。

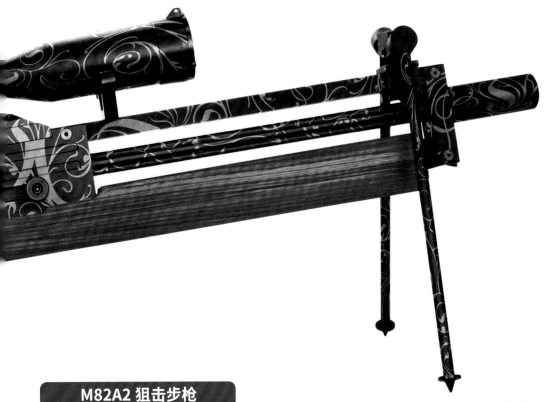

M82A2 狙击步枪

制造商：美国巴雷特公司

定型时间：1987 年

口径：12.7 毫米

　　M82A2 狙击步枪是 M82A1 狙击步枪的无托结构型，减轻后坐力的设计使其可以手持抵肩射击而不必使用两脚架，解决了普通狙击步枪因只能用俯卧式姿势射击而无法对付直升机等目标的缺点。该枪通常会配用光点瞄准镜，护木前部有小握把。M82A2 狙击步枪没能成功打入市场，很快就停止生产。

斯泰尔 ACR 突击步枪

制造商：奥地利斯泰尔 - 曼利夏公司	
定型时间：1987 年	
口径：5.56 毫米	

　　斯泰尔 ACR 突击步枪在设计上与斯泰尔 AUG 突击步枪略有相似之处，但它的枪管基本都是被包覆住的（AUG 的枪管裸露在外）。它和 AUG 采用了相同的无托设计，弹匣位于靠近枪托的地方。该枪的最大亮点便在于其采用的独特的箭形弹药。箭形弹是由碳素钢制成的直径 1.5 毫米（名义上口径仍为 5.56 毫米）、长 41 毫米的箭头，塑料弹壳没有底缘或者拉壳沟槽，环形底火紧贴在弹壳内壁上。箭形弹的重量很轻，这意味着士兵在相同负重之下的带弹量可以增加一倍。此外，箭形弹还具有穿甲能力强、弹道平直、后坐力小的优点。

HK G11 突击步枪

制造商：德国黑克勒·科赫公司	
定型时间：1990 年	
口径：4.73 毫米	

　　HK G11 突击步枪是黑克勒·科赫公司于 20 世纪 60 年代后期启动、90 年代完成样枪的无壳弹犊牛式突击步枪计划，虽然在技术上成功完成，但因冷战结束，该枪没能获得订单，也没能大量生产。该枪使用 4.73×33 毫米无壳弹，枪身是犊牛式设计，枪机藏于后枪托内，而弹匣置于上方与枪管平行，子弹则与枪管成 90 度，弹头向下指。上膛时，子弹被向下推进旋转式枪膛，然后旋转式枪膛旋转 90 度，使子弹与枪管平行并且弹头指向枪管，同时使撞针被拉到待发状态。

AKU-94 突击步枪

制造商：美国 KVAR 公司

定型时间：1990 年

口径：7.62 毫米

AKU-94 是美国 KVAR 公司为 AK 系列步枪生产的一种犊牛式转换套件，适用于大部分发射 7.62×39 毫米子弹的 AK 步枪。AKU-94 有着塑料制的手枪握把以及铝制的外壳，金属瞄准具也与 AK-47 不同，用户也可在机匣左面的导轨上安装瞄准镜。AKU-94 的标准供弹具为 10 发或 30 发的弹匣，但它也能对应大部分 AK-47 所用的弹匣。由于是犊牛式设计的原故，AKU-94 比起大部分标准型 AK 步枪更适合用于近距离作战，但这也令射手不能左手持枪。

M90 狙击步枪

制造商：美国巴雷特公司

定型时间：1990 年

口径：12.7 毫米

M90 狙击步枪是巴雷特公司研制的重型无托结构狙击步枪（反器材步枪），发射 12.7×99 毫米北约标准子弹，弹匣容量为 5 发。该枪采用双膛直角箭头形制动器、可折叠式两脚架，机匣被分成上下两个部分。该枪没有内置机械瞄准具，必须利用皮卡订尼战术导轨上安装瞄准镜。

A-91 突击步枪

制造商：俄罗斯图拉仪器设计局

定型时间：1991 年

口径：5.56 毫米、7.62 毫米

A-91 突击步枪是 9A-91 突击步枪的无托结构版本，其气动系统及转栓式枪机与 9A-91 相同。A-91 的抛壳口在步枪前方，发射时弹壳会经过排壳管引导至抛壳口，因此可用左手抵肩射击。该枪的原口径为 7.62×39 毫米，初期枪管上方装有一个内置的 40 毫米榴弹发射器，后期推出 5.56×45 毫米和 5.45×39 毫米版本，而榴弹发射器也改为枪管下方，发射器扳机改在步枪扳机前方。

M95 狙击步枪

制造商：美国巴雷特公司

定型时间：1995 年

口径：12.7 毫米

M95 狙击步枪是巴雷特公司研制的重型无托狙击步枪（反器材步枪），1999 年曾参加美军新一代制式狙击步枪的选型测试，最终不敌 M82 狙击步枪。M95 狙击步枪在操作上要比 M82 狙击步枪更为简单，在美国可以购买其民用型。据称，M95 狙击步枪的精度极高，能够保证在 900 米的距离上 3 发子弹的散布半径不超过 2.5 厘米。

OTs-14 突击步枪是俄罗斯现役的全自动无托突击步枪，使用 9×39 毫米亚音速弹药。该枪是在 AKS-74U 卡宾枪的基础上改进而来，继承了后者的气动式活塞系统和转栓式枪机闭锁系统，以及气冷枪管、弹匣供弹等特性。OTs-14 与 AKS-74U 有 75% 的部件是可以互换的，主要零件也是从 AKS-74U 改良所得，并有所简化，以降低生产成本。由于采取了模块化设计，任何一种 OTs-14 型号都能通过更换零件变成另一种，以适应不同任务的需要。OTs-14 采用了无托结构，提高了便携性并使枪重量平衡，易于单手握持并可以像手枪一样单手射击。

OTs-14 突击步枪

制造商：俄罗斯图拉兵工厂

定型时间：1994 年

口径：7.62 毫米、9 毫米

SVU 狙击步枪

制造商：俄罗斯运动及狩猎武器中央设计研究局

定型时间：1994 年

口径：7.62 毫米

SVU 狙击步枪是 SVD 狙击步枪的衍生型，采用无托结构，主要用户为俄罗斯内政部特警队。由于枪身缩短，SVU 狙击步枪的照门与准星均改为折叠式，以免干扰 PSO-1 瞄准镜的操作。为适合在近距离战斗中使用，枪口上装有特制的消声消焰装置。SVU 狙击步枪配有可拆卸两脚架，有 10 发、20 发和 30 发弹匣可供射手选择。该枪的有效射程比 SVD 狙击步枪更短，但由于特警队平均交火距离不超过 100 米，因此有效射程的缩短并没有太大的影响。

K3 突击步枪

制造商：亚美尼亚 Garni-Ler 兵工厂

定型时间：1996 年

口径：5.45 毫米

K3 突击步枪是在苏联 AK-74 突击步枪基础上改进而来的犊牛式突击步枪，继承了后者火力强、坚固耐用的优点。与 AK-74 相比，K3 的枪身更短小，后坐力更低，精准度更高，并在设计上更加符合人体工学。该枪可以选择射击模式，包括半自动、三发点射或全自动模式。它配有一个简单的金属机械瞄准具，也能在机匣上安装 4 倍率 PSO-1 瞄准镜。K3 采用 AK-74 的 30 发弧形弹匣，也能对应 RPK-74 轻机枪的 45 发长弹匣。

SAR 21 突击步枪

制造商：新加坡新科动力公司

定型时间：1999 年

口径：5.56 毫米

SAR 21（Singapore Assault Rifle - 21st Century，21 世纪的新加坡突击步枪）是新加坡武装部队的制式步枪，其结构类似奥地利 AUG 突击步枪，枪管组件、自动机、发射机组件以及瞄准装置等，都有 AUG 的影子。下护木前端内置了激光瞄准指示器，有利于在城市战斗中迅速瞄准击发，与整体式 1.5 倍率的光学瞄准镜相得益彰。拉机柄在正上方提把内，左右手都能操作，战斗使用较方便。

CR-21 突击步枪

制造商：南非维克多武器公司

定型时间：1997 年

口径：5.56 毫米

CR-21 突击步枪是在南非 R4 系列步枪（由以色列加利尔步枪改良而来）基础上略加修改而来，尽量保持原枪的设计概念以便降低成本，并保持其可靠性和降低其重量。枪身由高弹性黑色聚合物模压成型，左右两侧在模压成型后，经高频焊接成整体。CR-21 突击步枪可使用 5 发、10 发、15 发、20 发、30 发和 35 发几种专用可拆卸弹匣，也可以使用加利尔步枪和 R4 步枪的 35 发和 50 发弹匣。

KSVK 狙击步枪

制造商：俄罗斯捷格加廖夫兵工厂

定型时间：1998 年

口径：12.7 毫米

KSVK 狙击步枪是俄罗斯设计并制造的重型无托结构狙击步枪（反器材步枪），主要用途是反狙击、贯穿厚厚的墙壁和轻装甲车辆。KSVK 狙击步枪可以通用 12.7 毫米大口径普通机子弹，也可以使用专门的高精度狙击弹，以提高在远距离上的射击精度。图拉弹药工厂为 KSVK 狙击步枪特别生产了 SPB-12.7 型高精度子弹，拥有不错的射击精度。即便不使用高精度狙击弹，KSVK 狙击步枪也能在 300 米距离击中直径 16 厘米的圆靶。

"猎鹰" 狙击步枪

制造商：捷克弗塞廷兵工厂

定型时间：1998 年

口径：12.7 毫米

"猎鹰"（Falcon）狙击步枪是捷克设计并制造的手动狙击步枪（反器材步枪），分为两种型号，一种是发射 12.7×99 毫米北约标准弹的 OP 96 型，另一种是发射 12.7×108 毫米华约标准弹的 OP 99 型。该枪采用无托结构，使枪身显得短小，能让射手更方便携带。为了有效地降低后坐力，枪口装有一个制动器，而枪托内也附有弹簧缓冲垫。

M99 狙击步枪又名"BIG SHOT"，取英文"威力巨大，一枪毙命"之意。该枪有两种口径，分别是 .50 BMG（12.7 毫米）和 .416 Barrett（10.57 毫米）。在美国一些禁止民间拥有 12.7 毫米步枪的州，只会发售 10.57 毫米口径版本。由于 M99 狙击步枪的弹仓只能放一发子弹，而且不设弹匣，在军事用途上缺乏竞争力，所以主要是向民用市场及执法部门发售。

M99 狙击步枪

制造商：美国巴雷特公司

定型时间：1999 年

口径：10.57 毫米、12.7 毫米

传奇武器鉴赏：AUG 突击步枪

基 本 参 数	
口径	5.56 毫米
全长	790 毫米
枪管长	508 毫米
重量	3.6 千克
弹容量	30 发

　　AUG 突击步枪是奥地利斯泰尔 - 曼利夏公司推出的军用突击步枪，是史上首次正式列装、实际采用模块化和无托结构设计的军用步枪。

　　AUG 突击步枪的研发目的是替换当时奥地利军方采用的 Stg.58（FN FAL）战斗步枪。斯泰尔 - 曼利夏公司于 1974 年开始绘制原型，设计之初就确定采用模块化设计。奥地利军方让 AUG 突击步枪与 FN FAL（比利时）、FN CAL（比利时）、Vz.58（捷克）和 M16A1（美国）等突击步枪进行了对比试验，AUG 突击步枪的表现可圈可点。这种新型步枪经过技术试验和部队试验后，于 1978 年正式被奥地利陆军采用。之后，又陆续被突尼斯、阿曼、澳大利亚、新西兰、沙特阿拉伯、爱尔兰、马来西亚、阿根廷、赤道几内亚、摩洛哥等国的军队所采用。很少有无托结构的步枪获得执法机构或特种部队的采用，而 AUG 突击步枪是个例外，美国海军"海豹"突击队、英国陆军特别空勤团等知名特种部队都有装备。可以说，AUG 突击步枪是商业上最成功的无托结构步枪。

　　AUG 突击步枪采用模块化结构，全枪由枪管、机匣、击发与发射机构、自动机、枪托和弹匣六大部件组成，所有组件，包括枪管、机匣和其他部件都可以互换。AUG 突击步枪采用了大量塑料件，约占全枪零部件总数的 20%，不仅枪托、握把和弹匣采用工程塑料，就连受力的击锤、阻铁、扳机也用塑料制成，这些部件耐摩擦而且不需要润滑，因此有较长的寿命周期，而且非常坚固。据奥地利军方的测试，这些塑料部件可以承受射击 10 万发以上的使用寿命。AUG 突击步枪很容易分解而不需要专门工具，这样可以大大减少基本维护费用，士兵在野战条件下也方便维护步枪。

知名兵工厂探秘：斯泰尔 - 曼利夏公司

斯泰尔 - 曼利夏公司 LOGO

1864 年，约瑟夫·沃恩德尔（Josef Werndl）在斯泰尔城正式创立了奥地利轻武器制造公司，后改名为斯泰尔股份有限公司。

1867 年，使用前装步枪的奥地利军队被使用后装枪的普鲁士军队打得大败，由于担心普鲁士可能会攻打巴伐利亚，新的战争迫在眉睫，因此奥地利军队急于将所有的前装枪改为后装枪。沃恩德尔趁势推出了采用转鼓式枪栓的后装步枪，获得了奥地利军队的巨额订单。斯泰尔公司进入了快速发展期，雇用工人超过了 6000 名。

1885 年，费迪南·里特尔 - 冯·曼利夏（Ferdinand Ritter von Mannlicher）发明了盒装弹仓和直拉枪机，并申请了专利，命名为"曼利夏系统"。1886 年，曼利夏在之前设计的一系列步枪的基础上，融合了直拉枪机、盒装弹仓，设计了曼利夏 M1886 步枪，取代之前的沃恩德尔步枪，被选为奥地利军队制式步枪。得益于此，斯泰尔公司规模进一步扩大。在 1889 年，公司的工人数量首次超过 10000 名。

1889 年 4 月 29 日，59 岁的沃恩德尔死于肺炎，但他的公司依旧发展良好。一战期间，斯泰尔公司为奥地利军队生产了大量枪械，同时还生产军用自行车和航空发动机，公司人数也超过了 15000 名。

一战结束后，由于《圣日耳曼条约》禁止奥地利生产武器，使斯泰尔公司濒临破产。在这个紧要关头，公司管理层决定改造生产车间，生产交通工具。当《圣日耳曼条约》放宽时，公司又开始生产枪械。二战期间，斯泰尔公司大量生产毛瑟步枪。战争结束后，枪械生产再一次停顿。

1950 年，在获得美军驻奥地利最高指挥马克·克拉克将军的批准后，斯泰尔公司重新开始生产狩猎步枪，主要产品为曼利夏 M1903 和 M1903/14 步枪。之后，凭着为奥地利陆军生产军用武器，斯泰尔公司重新起步，当时的主要产品是比利时特许生产的 STG58 步枪。20 世纪 70 年代，斯泰尔公司推出 AUG 突击步枪，取得了巨大的成功。

1987 年，斯泰尔公司的轻武器制造分部脱离母公司，成为一家独立的公司，也就是斯泰尔 - 曼利夏公司。20 世纪 90 年代，斯泰尔 - 曼利夏公司的狩猎武器销售量下跌，原因是世界各国都开始修订枪械法规，限制民用枪械发展和销售。因此斯泰尔 - 曼利夏公司决定大力发展运动枪械。在 1992 年的巴塞罗那奥运会上，斯泰尔 - 曼利夏公司的气枪夺得了两金一银两铜的奖项，以及一项奥运会纪录。

斯泰尔·曼利夏公司制造的 AUG 突击步枪

3.8　独霸天下的气冷式机枪

　　水冷式机枪的优点是持续射击能力强，缺点是机动能力弱，而气冷式机枪则恰恰相反，两者各有千秋。两次世界大战期间，水冷式机枪和气冷式机枪都得到了广泛的应用。到了冷战时期，气冷式机枪成为绝对的主流，无论是轻机枪、重机枪，还是通用机枪，均采用气冷式设计。而水冷式机枪几乎销声匿迹。

　　现代战争的发展方向是机动作战，水冷式机枪牺牲机动能力换来的超长射击能力在现代战争中实属鸡肋，被更全面、更平衡的气冷式机枪取代是必然的。气冷式机枪大多采用可以快速更换的枪管，可以保持火力持续性。此外，还提高了机枪的可靠性，并减轻了后勤负担。

Dror 轻机枪

制造商：以色列军事工业公司

定型时间：1947 年

口径：7.7 毫米、7.92 毫米

Dror 轻机枪是以色列在二战后研制的气冷式轻机枪，早期使用 .303 英式（7.7×56 毫米）子弹，后来改用 7.92×57 毫米毛瑟子弹，由 20 发弹匣供弹。枪身重 10 千克，枪管长度为 680 毫米，最大射速为 950 发 / 分。

KPV 重机枪

制造商：苏联捷格加廖夫兵工厂

定型时间：1949 年

口径：14.5 毫米

KPV 重机枪发射 14.5×114 毫米弹药，与二战苏联的反坦克子弹药相同。该枪最初定位为步兵武器，但因太大及太重，在 20 世纪 60 年代改为防空武器。用作防空的 KPV 重机枪效果良好，可以攻击 1500 米内低飞的飞机或直升机。

AA-52 通用机枪

制造商：法国圣埃蒂安武器制造厂

定型时间：1952 年

口径：7.5 毫米

AA-52 通用机枪是法国在二战后制造的第一种通用机枪，发射 7.5×54 毫米法国子弹。该枪采用杠杆延迟气体反冲式自动原理，最大射速为 900 发 / 分。它可以装上适合步兵使用的两脚架或充当重机枪的三脚架。如果要使用三脚架来连续射击，则需要装上重型枪管，以便延长更换枪管的时间。该枪可以装上 FR-F1 狙击步枪使用的 APX（SOM）瞄准镜，以及红外夜视瞄准镜。

扎斯塔瓦 M53 通用机枪

制造商：南斯拉夫扎斯塔瓦武器公司

定型时间：1953 年

口径：7.92 毫米

扎斯塔瓦 M53 通用机枪是二战后南斯拉夫生产的德国 MG 42 通用机枪的仿制品，同样采用毛瑟子弹。因此，该枪在子弹动能和射程方面都和 MG 42 一样，只是改用了弹性系数较低的复进簧，令其射速由 MG 42 的 1200 发 / 分减少至 800 发 / 分。该枪一直作为南斯拉夫人民军的制式通用机枪，被多次用于南斯拉夫内战及多场在巴尔干半岛发生的冲突。

FN MAG 通用机枪

制造商：比利时国营赫斯塔尔公司

定型时间：1958 年

口径：7.62 毫米

FN MAG 通用机枪是一种气动式操作的通用机枪，发射 7.62×51 毫米北约标准子弹。该枪采用长方形冲铆件机匣，强度较好，而且机匣内部、表面均采用镀铬处理。供弹机构有两种类型：第一种使用美国研制的 M13 可散式弹链，另一种则是使用德国的 DM1 不可散式弹链。该枪配备了固定式木质枪托、手枪式握把、提把和机械瞄准具，机械瞄准具包括前端的刀片状准星和一个具有两种照门的可折叠叶片式表尺。

Vz.59 通用机枪

制造商：捷克斯洛伐克布尔诺兵工厂

定型时间：1959 年

口径：7.62 毫米

Vz.59 通用机枪采用导气式设计、开放式枪机，其枪机容纳部下方的握柄具有枪机拉柄的功能，只要移动握柄，便可让枪机上膛。该枪的枪管定位方式较好，便于消除枪管与机匣的间隙松动，因此射击时枪管震动幅度不大。该枪可配装轻型枪管和两脚架作班用机枪，也可配装重型枪管和两脚架作连用机枪。

RPK 轻机枪

制造商：苏联维亚茨基耶波利

亚内机器制造厂

定型时间：1961 年

口径：7.62 毫米

RPK 是卡拉什尼科夫以 AKM 突击步枪为基础发展而来的轻机枪，其名称是"卡拉什尼科夫轻机枪"的缩写。该枪沿用了 AKM 著名的冲铆机匣，枪支内部的冲压件比例大幅提高，并把铆接改为焊接。弹匣为轻合金制成，并能够与原来的钢质弹匣通用，后期还研制了一种玻璃纤维塑料压模成型的弹匣。该枪的护木、枪托和握把均采用树脂合成材料，以降低枪支重量并增强结构。RPK 轻机枪还配备了折叠的两脚架以提高射击精度，由于射程较远，其瞄准具还增加了风偏调整。

PK 通用机枪

制造商：苏联捷格加廖夫兵工厂

定型时间：1961 年

口径：7.62 毫米

PK 通用机枪是卡拉什尼科夫设计的通用机枪，用于取代老旧的 RPD 轻机枪和 SG-43 中型机枪。该枪的原型是由 AK-47 突击步枪改进而成，两者的气动系统及回转式枪机闭锁系统相似。PK 通用机枪大量减轻了枪身的重量，枪机容纳部用钢板压铸成型，枪托中央挖空，并在枪管外围刻了许多沟纹。该枪发射 **7.62×54 毫米**子弹，弹链由机匣右边进入，弹壳在左边排出。

HK 21 通用机枪

制造商：德国黑克勒·科赫公司

定型时间：1961 年

口径：7.62 毫米

HK 21 通用机枪是以 HK G3 自动步枪为基础研制的通用机枪，采用滚轮延迟反冲式闭锁，机械瞄准具由带护圈的柱形准星和觇孔式照门组成。照门的风偏和高低可调，表尺分划100 ～ 1200 米，分划间隔 100 米。此外，也可配用高射瞄准镜、望远式瞄准镜或夜视仪。该枪具有不需要戴上石棉手套即可快速更换的重型枪管。枪管罩筒右侧具有一条大型开槽，用于拆卸和装上枪管。

住友 62 式通用机枪

制造商：日本住友重机械工业公司

定型时间：1962 年

口径：7.62 毫米

住友 62 式通用机枪是一种弹链供弹及气动式操作的通用机枪，被日本陆上自卫队选为制式武器。该枪发射 7.62×51 毫米北约标准子弹，与丰和 64 式步枪一样可使用装药减量 10% 的特制弹药（减装弹）以满足自卫队员对后坐力的要求，同时在自动射击时的枪口上扬也大幅降低，其也可发射普通弹。由于住友 62 式通用机枪服役后暴露出一些问题，20 世纪 90 年代初逐渐被日本特许生产的 FN Minimi 轻机枪所取代。

MG 3 通用机枪的前身是 MG 42 通用机枪。该枪是德国加入北约组织后，将 MG 42 通用机枪的 7.92 毫米口径改为 7.62 毫米口径而成。该枪采用枪管短后坐式工作原理，滚轴式闭锁枪机，镀铬枪管可以快速更换，有 4 条右旋膛线，缠距为 305 毫米。枪托以聚合物料制造，护木下方装有两脚架及采用射程可调的开放式照门，机匣顶部也有一个防空用的照门。当加装三脚架作阵地固定式机枪时，会加装一个机枪用望远式瞄准镜作长程瞄准用途。

MG3 通用机枪

制造商：德国莱茵金属公司

定型时间：1968 年

口径：7.62 毫米

PKM 通用机枪

制造商：苏联捷格加廖夫兵工厂

定型时间：1969 年

口径：7.62 毫米

PKM 通用机枪是 PK 通用机枪的改进型，主要改进了枪管及枪托底板。它的枪管较轻，没有凹槽，枪托底板上有翻转式的支肩板，很容易识别。PK 和 PKM 通用机枪均有多种型号，可以完成不同的功能。除了配两脚架作轻机枪状态的标准型，还有配轻型三脚架作重机枪状态的 PKS/PKMS，装在坦克上作并列机枪的 PKT/PKMT，装在装甲输送车上的 PKB/PKMB。

NSV 重机枪

制造商：苏联乌拉尔斯克兵工厂

定型时间：1971 年

口径：12.7 毫米

NSV 重机枪采用导气式自动原理，枪机偏移式闭锁机构。瞄准装置有机械式和光学式两种。机械瞄准具由折叠式准星和弧形表尺组成，两者均有防护装置。准星为可调式柱形准星，可向后折叠避免搬运中损坏。标准光学瞄准镜的放大倍率为 4 倍，也可配用被动式热成像瞄准镜。NSV 重机枪取代了苏联军队中的 DShK 重机枪，并被其他华约成员国广泛用作步兵通用大口径机枪，与西方广泛使用的勃朗宁 M2 重机枪相抗衡。

扎斯塔瓦 M72 轻机枪

| 制造商：南斯拉夫扎斯塔瓦武器公司 |
| 定型时间：1972 年 |
| 口径：7.62 毫米 |

　　扎斯塔瓦 M72 轻机枪是苏联 RPK 轻机枪的直接仿制型，发射 7.62×39 毫米苏联子弹，采用 30、40 发可拆卸弹匣供弹，也可使用 75、100 发可拆卸弹鼓。该枪装有加固型机匣、夜间瞄准具，但没有提把。枪管也与 RPK 轻机枪有所不同，活塞筒以下的身管部分设有散热片，有助于长时间射击以后的散热。扎斯塔瓦 M72 轻机枪只配备了重型枪管，而 RPK 则可以选用轻型或重型枪管配置。

扎斯塔瓦 M77 轻机枪

| 制造商：南斯拉夫扎斯塔瓦武器公司 |
| 定型时间：1977 年 |
| 口径：7.62 毫米 |

　　扎斯塔瓦 M77 轻机枪是苏联 RPK 轻机枪的直接仿制型，发射 7.62×51 毫米北约标准子弹，采用 20 发可拆卸弹匣供弹。该枪采用可调节的导气系统，具有三段设置，非常可靠，使其非常适合装上消声器或发射枪榴弹。不过，该枪无法在机匣左侧装上华沙条约导轨，所以无法安装 PSO-1 等快拆式瞄准镜。

MG74 通用机枪

| 制造商：奥地利斯泰尔 - 曼利夏公司 |
| 定型时间：1974 年 |
| 口径：7.62 毫米 |

　　MG74 通用机枪是斯泰尔 - 曼利夏公司获得德国 MG3 通用机枪的本土生产权以后研制的通用机枪，自 1974 年以来一直是奥地利军队的制式机枪，发射 7.62×51 毫米北约标准子弹。该枪是一种全自动、开膛待击以及反冲作用的通用机枪，采用了刚性闭锁，枪管可快速拆卸。弹药是从机匣左侧的进弹口，通过钢制弹链所供给。

RPK-74 轻机枪

制造商：苏联维亚茨基耶波利亚内机器制造厂

定型时间：1974 年

口径：5.45 毫米

RPK-74 轻机枪是 AK-74 突击步枪的衍生型，发射 5.45×39 毫米 M74 子弹，配有重枪管、两脚架、改进型木质固定枪托（有些是折叠枪托），通用 AK-74 的 30、45 发弹匣。但由于枪管固定不能更换，RPK-74 不能作长时间压制射击，实际上只属于重枪管自动步枪。RPK-74 是与 AK-74 一起研发并同时服役，以取代原有的 RPK 轻机枪。

M240 通用机枪

制造商：比利时国营赫斯塔尔公司

定型时间：1977 年

口径：7.62 毫米

M240 是美国军队对 FN MAG 枪族的官方编号，它以比利时原厂的 FN MAG 为蓝本，但是使用不同的枪口消焰器及导气箍上的气体调节器。1977 年，美国陆军采用 M240 作为 M60 "巴顿" 主战坦克的并列机枪使用，取代了原来的 M73 和 M219 车载机枪，以及 M85 重机枪。20 世纪 80 年代，美国海军陆战队将 M240 装上 LAV-25 两栖装甲侦察车以及 M1 "艾布拉姆斯" 主战坦克上使用。

FN Minimi 轻机枪

制造商：比利时国营赫斯塔尔公司

定型时间：1977 年

口径：5.56 毫米

FN Minimi 轻机枪是一种采用长行程活塞导气式自动原理、开放式枪栓的轻机枪，被多个国家的军队选为制式装备。该枪采用开膛待击的方式，增强了枪膛的散热性能，有效防止子弹自燃。导气箍上有一个旋转式气体调节器，以 FN MAG 通用机枪的气体调节器为基础发展而成，有三个位置可调：一个为正常使用，一个位置为在复杂气象条件下使用，另一个位置是发射枪榴弹时使用。FN Minimi 轻机枪采用可散式金属弹链供弹，也可以使用 20 发或 30 发弹匣。

M249 SPW 轻机枪

制造商：比利时国营赫斯塔尔公司

定型时间：1985 年

口径：7.62 毫米

M249 SPW（Special purpose weapon，特种用途武器）轻机枪是比利时国营赫斯塔尔公司根据美国特种作战司令部的要求研制的 M249 战术改良、轻量化版本，空枪重量只有 5.7 千克。M249 SPW 移除了提把、两脚架、弹匣供弹口及车用射架配接器，采用伞兵型的旋转伸缩式管型金属枪托，同时在机匣内部钻孔以减低重量。机匣顶部加装了一条皮卡汀尼导轨，护木加装了三条，并改用快拆式两脚架。

Ultimax 100 轻机枪

制造商：新加坡技术动力公司

定型时间：1982 年

口径：5.56 毫米

Ultimax 100 轻机枪是新加坡军队的制式轻机枪，发射 5.56×45 毫米北约标准弹药。该枪采用旋转式枪机闭锁系统，枪机前端附有微型闭锁突耳，只要产生少许旋转角度便可与枪管完成闭锁。与同时期其他轻机枪相比，Ultimax 100 轻机枪具有后坐力小、精准度高的优点。它以 60、100 发塑胶制专用弹鼓或 20、30 发弹匣供弹，弹鼓后半面呈半透明，可让射手掌握剩余子弹数量。

扎斯塔瓦 M84 通用机枪

制造商：南斯拉夫扎斯塔瓦武器公司

定型时间：1984 年

口径：7.62 毫米

扎斯塔瓦 M84 通用机枪是苏联 PKM 通用机枪的仿制型，外观上与 PKM 存在差别。该枪采用长行程活塞导气式自动原理、开放式枪栓，发射 7.62×54 毫米子弹，由弹链供弹，最大射速为 650 发 / 分，枪口初速为 825 米 / 秒，有效射程为 1000 米。

MK 46 轻机枪

制造商：比利时国营赫斯塔尔公司

定型时间：1985 年

口径：7.62 毫米

MK 46 轻机枪是美国特种作战司令部装备 M249 SPW 轻机枪后，美国海军特种作战司令部所采用的改良版本，同样去除了提把、两脚架、弹匣供弹口及车用射架配接器，但采用了固定塑胶枪托。护木的皮卡汀尼导轨设计也有所不同，枪管护板上再加一条导轨。枪管长 414 毫米，比 M249 SPW 轻机枪的更粗，并有刻槽以延缓过热。

M249 轻机枪

制造商：比利时国营赫斯塔尔公司

定型时间：1984 年

口径：5.56 毫米

M249 轻机枪是美军在 FN Minimi 轻机枪基础上改进而成，又被称为 M249 班用自动武器，由位于美国南卡罗莱纳州哥伦比亚的 FN 子公司生产。该枪采用了气动式原理和开放式枪机，在射击时，枪机和枪机联动座在受到复进簧的推力下向前移动，子弹脱离弹链进入枪膛，击针撞击子弹点燃子弹内的火药，膨胀的火药气体经枪管进入导气管回到枪机内，使弹壳和弹链扣排出，同时带动枪机和枪机联动座回到待击状态并拉入弹链。M249 轻机枪发射 5.56×45 毫米子弹，常使用装有 200 发弹链的硬塑料弹箱供弹，必要时也可以使用弹匣供弹。

Negev 轻机枪

制造商：以色列军事工业公司

定型时间：1995 年

口径：5.56 毫米

Negev（内盖夫）轻机枪采用长行程活塞导气式自动原理、转栓式枪栓，具有轻型、紧凑及适合沙漠作战的优点。该枪可使用 150 发弹链及 35 发盒式弹匣供弹，弹匣口在机匣下方。两脚架配有塑料套，可充当前握把。后期型 Negev 轻机枪配有独立前握把及可拆式激光瞄准器，也可装上短枪管，枪托折叠时不会阻碍弹盒。

SS-77 通用机枪

制造商：南非维克多武器公司

定型时间：1986 年

口径：7.62 毫米

SS-77 通用机枪采用导气式自动原理，偏移式闭锁机构。机匣是由整块钢材铣削加工而成，其下方装有手枪握把和扳机。枪管可快速更换，外壁上具有凹槽，既可减轻重量，又可增大散热面。两脚架安装在导气管的下方。装有枪托的标准型 SS-77 可用作轻机枪，在轻机枪模式下，可使用塑料弹箱收纳弹链，弹箱安装在机匣侧面。该枪还可安装三脚架作重机枪使用，或安装在车辆或直升机上作为车／机载机枪使用。

K3 轻机枪是韩国继 K1A 卡宾枪和 K2 突击步枪之后开发的第三种国产枪械，设计理念借鉴了 FN Minimi 轻机枪。该枪只能进行连发射击，因此发射机构十分简单，由扳机、阻铁和横栓式保险组成。与 FN Minimi 轻机枪一样，K3 轻机枪的扳机底端开有一个圆孔，圆孔上可以加装冬季用扳机，以方便冬天戴手套时扣动扳机。

K3 轻机枪

制造商：韩国大宇集团

定型时间：1987 年

口径：5.56 毫米

CIS 50MG 重机枪

制造商：新加坡技术动力公司

定型时间：1988 年

口径：12.7 毫米

CIS 50MG 重机枪是一种气动式操作、气冷及弹链供弹式重机枪，发射 12.7×99 毫米北约标准子弹。该枪采用了与 Ultimax 100 轻机枪相同的恒定后坐机匣运作原理，采用加长的机匣和复进簧，使枪机组后坐行程大幅度加长。这种设计能降低后坐力，从而提高射击精度，缺点是射速也会相应降低。CIS 50MG 重机枪装有一根可以快速拆卸的枪管，配备一个与枪管整合的提把，即使不佩戴隔热石棉手套也能迅速更换过热或损毁的枪管。

Kord 重机枪

制造商：俄罗斯捷格加廖夫兵工厂

定型时间：1998 年

口径：12.7 毫米

Kord 重机枪在性能、构造和外观上都类似 NSV 重机枪，但内部机构已被重新设计，闭锁机构由原来的水平旋转后膛闭锁改为转栓式枪机闭锁，气动式操行系统、枪口制退器内的挡板都有所改进。这些新的设计让 Kord 的后坐力比 NSV 小了很多，也让其在持续射击时有更好的精准度。除了开放式可调节机械瞄准具以外，机匣的尾部左侧还整合了属于俄罗斯标准的瞄准镜导轨，用以装上 PSO-1 等快拆式光学瞄准镜。

Pecheneg 通用机枪

制造商：俄罗斯捷格加廖夫兵工厂	
定型时间：1999 年	
口径：7.62 毫米	

Pecheneg（佩切涅格）通用机枪是以 PKM 通用机枪为蓝本研制的现代化通用机枪，发射 7.62×54 毫米子弹。Pecheneg 与 PKM 为有 80% 的零件可以通用，最主要的改进是使用了一根具有纵向散热开槽的重型枪管，从而避免在枪管表面形成上升热气，并保持枪管冷却。此外，Pecheneg 能够在机匣左侧的瞄准镜导轨上，安装各种光学瞄准镜或者夜视镜。Pecheneg 能够以 1000 发 / 分的射速，或以 50 发 / 分的长点射速度连续射击 600 发子弹，且不会减短枪管寿命，所有枪管的寿命约 30000 发。

传奇武器鉴赏：M60 通用机枪

基 本 参 数	
口径	7.62 毫米
全长	1105 毫米
枪管长	560 毫米
重量	10.5 千克
弹容量	1100 发

M60 通用机枪是美国于 20 世纪 50 年代研制的通用机枪，是美军在越南战场中使用的制式机枪，作为支援及火力压制武器，为西方国家的机枪发展奠定了基础。该枪具有质量小、结构紧凑、火力猛、精度好、用途广泛等特点，除美军外，英国、意大利、韩国、澳大利亚等多个国家的军队也有装备。自服役以来，该枪先后推出了 M60E1、M60E2、M60B、M60C、M60D、M60E3、M60E4、M60E6 等改进型。

M60 通用机枪也出现了一些无法改良的设计缺憾，包括早期型机匣进弹困难，必须托平弹链，才能正常发射；长弹链射击故障率高，以致澳大利亚军队改用 20 发短弹链；10.5 千克再加上数百发弹药及其他装备，对士兵而言实在过重；只有 550 发 / 分的射速比其他机枪为低，火力压制效果不能令人满意，而且不能调整射速；系统不能调节，导致长时间持续射击后可能出现失控，如不能射击或放开扳机仍然继续射击的失控情况；早期型枪管更换时须戴石棉防烫耐热手套，浪费大量时间；两脚架和活塞筒是固定在枪管上，更换枪管时必须一同拆下，而副射手行军时背负备用枪管还固定着另一套两脚架和活塞筒，进一步增加士兵携行重量。准星是固定在枪管上的而且是固定准星，所以换一次枪管就得重新归零。

自动原理

M60 通用机枪采用导气式工作原理，枪机回转闭锁方式。它的导气装置比较特别，采用自动切断火药气体流入的办法控制作用于活塞的火药气体能量。枪管下的导气筒内有一个凹形活塞，平时凹形活塞侧壁上的导气孔正对枪管上的导气孔。当火药气体进入导气筒内后，在凹形活塞的导气筒前部的气室中膨胀，在火药气体压力达到一定程度时推动凹形活塞向后运动，活塞又推动与枪机框相连的活塞杆向后运动。活塞向后移动时，会关闭侧壁上的导气孔自动切断火药气体的流入。这种结构比较简单，不需机枪常有的气体调节器，缺点是不能调节武器的射速。

枪管

M60 通用机枪的枪管首次采用了衬套式结构，在弹膛前面有 152.4 毫米长的钨铬钴合金衬套，提高了枪管抗烧蚀性能。与其他重机枪一样，M60 通用机枪也可快速更换枪管，但由于提把装在机匣上，需要射手带手套操作。枪管上附有两脚架，也可对应 M2 三脚架及 M122 三脚架。

枪机

枪机组件由机体、击针、枪机滚轮、拉壳钩、顶塞等组成，机体前有两个闭锁卡笋，机体底部有曲线槽，与枪机框导突笋扣合，借助枪机回转实现开、闭锁动作。机匣、供弹机盖等都采用冲压件，因此质量小、成本低。

弹链

M60 通用机枪发射 7.62×51 毫米北约标准子弹，采用 M13 弹链供弹，借助枪机滚轮带动拨弹杆左右运动，再通过杠杆使拨弹滑板上的拨弹齿拨弹，单程输弹。

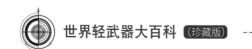
3.9 百花齐放的半自动手枪

冷战时期，手枪在技术上并没有重大的突破，但仍得到了一定的发展，包括手枪自动原理和结构的改进。各国军队的制式手枪都不断地改进外形，以更符合人体工学设计，如后期型的格洛克手枪和瓦尔特 P99 手枪有类似竞赛或运动手枪的握把。

由于恐怖主义和间谍活动日益猖獗，所以除了一部分本身兼有特工性质的部门（如美国联邦调查局或苏联克格勃）外，世界各国也开始在警察中挑选一些精英，成立了制度化的特警队，并开始把冲锋手枪、消音手枪等非常规手枪作为可以选择的配备。

20 世纪 80 年代，出现了大威力的"沙漠之鹰"半自动手枪和史密斯•韦森 M29 转轮手枪，其发射的超音速大口径子弹甚至与制式突击步枪子弹的枪口动能旗鼓相当。但这些手枪都没有一般步枪的远射贯穿力和精度，只能作为特种作战中的准确射击武器，因此没有成为军队的制式武器。

马卡洛夫半自动手枪

制造商：苏联伊热夫斯克兵工厂

定型时间：1951 年

口径：9 毫米

马卡洛夫半自动手枪是由苏联枪械设计师尼古拉·马卡洛夫设计的半自动手枪，20 世纪 50 年代初成为苏联军队的制式手枪。该枪采用自由枪机式自动方式，结构比较简单，具有质量小、体积小和便于携带等优点。击发机构为击锤回转式，双动发射机构。保险装置包括不到位保险，外部手动保险机柄。瞄准具为固定式片状准星和缺口式照门，在 15～20 米内时有最佳的射击精度和杀伤力。其钢制弹匣可装 8 发子弹，弹匣壁镂空，既减轻了重量也便于观察余弹数，并有空仓挂机能力。

斯捷奇金自动手枪

制造商：苏联图拉兵工厂

定型时间：1951 年

口径：9 毫米

　　斯捷奇金自动手枪是迄今为止唯一被列为制式武器的冲锋手枪，1951 年与马卡洛夫手枪一起被苏联军队采用。该枪采用简单的自由后坐式工作原理，结构类似马卡洛夫手枪，外露式击锤，双动扳机，复进簧套在枪管外，双排双进弹匣。为了在全自动射击时容易控制，该枪在握把内安装了一个插棒式弹簧缓冲器，并把套筒后坐行程延长，使理论射速降低到 600 发 / 分。为了进一步增大射程和提高全自动射击时的散布精度，该枪采用了一种可驳接到手枪上充当枪托的硬壳式枪套。

CZ 52 半自动手枪

制造商：捷克斯洛伐克塞斯卡·

直波尔约夫卡兵工厂

定型时间：1952 年

口径：7.62 毫米

　　CZ 52 半自动手枪在 1952 年成为捷克斯洛伐克军队的制式手枪，总产量超过 20 万支。该枪采用反冲作用原理、单动模式，供弹方式为 8 发可拆卸弹匣。该枪在设计时受到德国 MG 42 通用机枪的影响，采用了类似的滚轴闭锁系统，这种枪机很少被用在手枪上。CZ 52 手枪原本打算采用 9 毫米鲁格弹，但最终改用 7.62×25 毫米 M48 子弹。由于 M48 子弹原本是供冲锋枪使用，后坐力较大，在精度和寿命上也比不上 9 毫米鲁格弹，这直接影响了 CZ 52 手枪的销量。

HK 4 半自动手枪

制造商：德国黑克勒·科赫公司

定型时间：1968 年

口径：5.6 毫米、6.35 毫米、7.65 毫米、9 毫米

　　HK 4 半自动手枪的基本设计源自毛瑟 HSc 手枪，名称中的"4"表示它可以模组化地使用 4 种不同口径的弹药，即 .22 LR（5.6×15 毫米）、.25 ACP（6.35×16 毫米）、.32 ACP（7.65×17 毫米）、.380 ACP（9×17 毫米），只需更换枪管、弹匣以及部分零件即可。HK 4 手枪被德国警察以及政府部门的干员采用，并被赋予 P11 的编号。

CZ 75 半自动手枪

制造商：捷克斯洛伐克塞斯卡·

直波尔约夫卡兵工厂

定型时间：1975 年

口径：9 毫米、10 毫米

CZ 75 半自动手枪以比利时勃朗宁大威力手枪作为基础，同时又集合了史密斯·韦森 M39 及 SIG Sauer P210 等多种手枪的优点。CZ 75 手枪采用了枪管短后坐和勃朗宁闭锁式设计，其枪管在弹膛下方有闭锁凸耳，与底把上安装的开闭锁突起零件配合引起枪管的摆动，枪管进入套筒内闭锁，顶部有两个位于抛壳口前方的闭锁突笋。CZ 75 手枪的载弹量基于型号及口径而不同，标准型发射 9 毫米鲁格弹，并以 15 发弹匣供弹。

HK P9 半自动手枪

制造商：德国黑克勒·科赫公司

定型时间：1969 年

口径：9 毫米

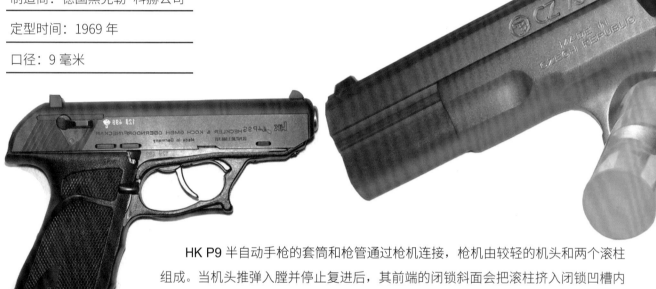

HK P9 半自动手枪的套筒和枪管通过枪机连接，枪机由较轻的机头和两个滚柱组成。当机头推弹入膛并停止复进后，其前端的闭锁斜面会把滚柱挤入闭锁凹槽内以使枪管与套筒闭锁。双动操作版本 HK P9S 继承了 HK P9 的滚轴延迟反冲式系统，两者有不少部件可以共用。HK P9S 采用多边形膛线型设计的枪管，固定瞄准具的位置较高，包括两个长方形的缺口式后照门，以及可调节的刀片式前准星。

SIG Sauer P220 半自动手枪

制造商：瑞士西格·绍尔公司

定型时间：1975 年

口径：7.65 毫米、9 毫米、10 毫米、11.43 毫米

SIG Sauer P220 半自动手枪采用铝合金底把、冲压套筒、冷锻枪管。枪机利用延迟后坐方式闭锁，其设计较著名的勃朗宁大威力手枪更为简化、易于生产与维护，因此后来很多手枪都采用了类似的闭锁方式。SIG Sauer P220 手枪的击发模式为单 / 双动，由于性能稳定可靠，因此没有采用待击解脱柄以外的保险装置，以避免在战场上延误战机。在简单工具的帮助下，该枪可以通过更换枪管和套筒来发射不同口径的子弹。

伯莱塔 92 半自动手枪

制造商：意大利伯莱塔公司

定型时间：1975 年

口径：9 毫米

伯莱塔 92 半自动手枪是伯莱塔公司于 20 世纪 70 年代研制的半自动手枪，有 92S、92SB、92F、92G、92FS 等多种改进型。该枪使用闭锁枪机与枪管短行程后坐机构、单动 / 双动模式。套筒座由航空铝材制成，套筒用钢制造，而握把护板则采用木材。手动保险位于套筒座的尾端，而弹匣扣则在握把的后下方。抽壳钩兼有膛内有弹指示功能，当弹膛内有弹时，抽壳钩会在侧面突出并显示出红色的视觉标记，即使在晚上也能通过触摸判别。该枪采用机械瞄准具，准星与套筒构成一体，缺口照门利用燕尾槽装在套筒上。

SIG Sauer P230 半自动手枪

制造商：瑞士西格·绍尔公司

定型时间：1977 年

口径：7.65 毫米、9 毫米

SIG Sauer P230 半自动手枪是一种紧凑型半自动手枪，可发射 7.65×17 毫米和 9×17 毫米子弹，已被日本、瑞士、美国和英国等国家的警察或特种部队采用。该枪做工精致，由于尺寸较小的缘故，它能够很方便地携带或隐藏。扳机为单 / 双动式设计，没有设置任何保险装置。7.65×17 毫米口径型以 8 发弹匣供弹，9×17 毫米口径型以 7 发弹匣供弹。弹匣释放钮位于握把底部，可防止因意外触碰而导致弹匣掉落。

伯莱塔 93R 半自动手枪

制造商：意大利伯莱塔公司

定型时间：1979 年

口径：9 毫米

伯莱塔 93R 半自动手枪是以伯莱塔 92 手枪为基础而设计的，可以视为采用了单动击发装置和重型套筒的全自动伯莱塔 92 手枪，但其全自动模式只能进行三发点射，而 "R" 就是意大利语 "Raffica"（点射）的意思。点射时，伯莱塔 93R 手枪可利用折叠枪托和小握把（位于扳机护圈前部）实施腰际夹持射击或抵肩射击，两种射击方式都能有效地控制手枪连发时的枪口剧烈跳动。同时，枪口部位的三个向上开口也能利用火药气体的反作用抑制枪口跳动。

HK P7 半自动手枪

制造商：德国黑克勒·科赫公司

定型时间：1979 年

口径：9 毫米、10 毫米

HK P7 半自动手枪背离了传统半自动手枪的结构设计，采用气体延迟式闭锁机构，击发后，部分火药燃气从枪管弹膛前方的小孔进入枪管下方的气室内，当套筒开始后坐时，作用在与套筒前端相连的活塞上的火药燃气给套筒一个向前的力，这样就延迟了套筒的后坐，从而减轻了后坐震动，使工作更加平稳。此外，该枪在弹膛装弹的情况下也可以安全携带，在需要快速出枪时又可以立即解除保险进行射击。该枪的改进型较多，包括 P7M8、P7M10、P7M13、P7PT8 和 P7K3 等。

P5 半自动手枪

制造商：德国瓦尔特公司

定型时间：1979 年

口径：7.65 毫米、9 毫米

P5 半自动手枪是以二战时期著名的 P38 手枪改进而成，由于设计可靠，该枪推出后立即成为德国警察的制式手枪，并出口至美国民用市场。P5 手枪沿用了 P38 手枪的内部设计及闭锁系统，但加强骨架结构并加入双后坐弹簧。加长了套筒长度及改用了短枪管，为了保持准确度，在发射时枪管不会向上翘起，而是保持水平后移约 5 ～ 10 毫米，它采用单 / 双动扳机，击锤释放钮在机匣左面。P5 手枪最独特之处是退壳口与其他手枪相反，设于套筒左面。瓦尔特公司曾推出 7.65 毫米鲁格口径限量订制版本，附送原装 9 毫米口径枪管。

格洛克 17 半自动手枪

制造商：奥地利格洛克公司

定型时间：1982 年

口径：9 毫米

格洛克 17 半自动手枪不仅是奥地利军队的制式手枪，还被数十个国家的军队和执法机构所采用。该枪采用枪管短行程后坐式原理，使用 9×19 毫米鲁格弹，弹匣有多种型号，弹容量从 10 发到 33 发不等。枪身大量采用复合材料制造，空枪重量仅为 625 克，人机工效非常出色。该枪经历过四次不同程度的修改，2017 年的版本称为第五代格洛克 17，套筒上有"Gen5"字样。最新型采用双复进簧设计，可以降低后坐力和提高枪支寿命。

"沙漠之鹰" 半自动手枪

制造商：以色列军事工业公司

定型时间：1982 年

口径：9 毫米、10.4 毫米、10.9 毫米、12.7 毫米

"沙漠之鹰"（Desert Eagle）半自动手枪是一种大口径半自动手枪，其体积和重量很大，威力极强，拥有极高的知名度。该枪采用常在步枪上使用的气动机构，这是因为它发射的是大威力子弹，而一般的气动机构在面对这种子弹时强度有所不足。该枪的握把很大，通常使用硬塑胶整体制造，用弹簧销固定。为了降低后坐力，采用了两根平行的复进弹簧。该枪在射击时会产生很大的噪声，而且后坐力极大，故障率也较高。

CZ 82 半自动手枪

制造商：捷克斯洛伐克塞斯卡·直

波尔约夫卡兵工厂

定型时间：1982 年

口径：7.65 毫米、9 毫米

CZ 82 半自动手枪是一种紧凑型半自动手枪，可以看作捷克斯洛伐克版的马卡洛夫手枪，发射 9×18 毫米马卡洛夫子弹。其民用及出口型被命名为 CZ 83，除了 9×18 毫米马卡洛夫子弹外，还可发射 9×17 毫米和 7.65×17 毫米子弹。枪膛经过镀铬处理，具有三个优点：延长枪管寿命，发射腐蚀性弹药时可以防锈，以及易于清洁。

SIG Sauer P226 半自动手枪

制造商：瑞士西格·绍尔公司

定型时间：1983 年

口径：5.6 毫米、9 毫米、10 毫米

SIG Sauer P226 半自动手枪是一款全尺寸半自动手枪，采用枪管短行程后坐作用原理，可发射 9×19 毫米、10×22 毫米、9×21 毫米和 5.6×15 毫米四种子弹。该枪的基本设计与 SIG Sauer P220 手枪相同，但将单排弹匣改为更大容量的双排交错并列式弹匣。SIG Sauer P226 手枪及其衍生型具有出色的综合性能，在世界各地多个执法机关和军事组织中服役。

PSS 微声手枪采用常规手枪的自由枪机式自动原理，但内部结构比较特殊。枪管由可活动的弹膛和固定式的线膛组成，弹膛可以后坐 8 毫米，具有单独的弹膛复进簧。枪机复进簧安装在套筒内枪管上方部位。发射机构也很有特点，配有外露击锤，可单动也可双动击发。世界上常见的微声手枪大多是在枪管前加装消声器，而 PSS 微声手枪却独辟蹊径，采用了一种独特的 7.62′42 毫米 SP-4 消声弹，通过阻止火药燃气流出达到消声、消焰的目的。

PSS 微声手枪

制造商：苏联中央精密机械

工程研究院

定型时间：1983 年

口径：7.62 毫米

MEU(SOC) 半自动手枪

制造商：美国海军陆战队精确

武器工场

定型时间：1985 年

口径：11.43 毫米

MEU(SOC) 半自动手枪是美国海军陆战队专门为陆战队远征队（Marine Expeditionary Unit）研制的半自动手枪，由 M1911 半自动手枪改装而来。主要改进包括：弧形的握把背板改为直线形，坡膛抛光并加宽；从商业途径订购套筒，并增加了防滑纹；扩展抛壳口，以提高可靠性；增加右侧的保险柄；安装了一个纤维材料的后坐缓冲器；握把底部增加了吊环；配用 7 发不锈钢弹匣。

P88 半自动手枪

制造商：德国瓦尔特公司

定型时间：1988 年

口径：9 毫米

P88 半自动手枪是瓦尔特公司于 1988 年推出的半自动手枪，因为价格过高的关系，始终没有被任何一个国家制式采用，民用版也在 1996 年停止生产。虽然 P88 手枪在商业上属于失败产品，但在瓦尔特手枪历史上起到了很好的承上启下作用。它废除了原本在 P38 半自动手枪上使用的设计结构，改用勃朗宁式的闭锁机构（短行程反冲），并且继承了在 P5 半自动手枪上受到好评的多种设计。与过去的瓦尔特手枪不同，P88 手枪采用了双排弹匣，使得装弹量大幅增加到 15 发。

SIG Sauer P228 半自动手枪

制造商：瑞士西格·绍尔公司

定型时间：1989 年

口径：9 毫米

SIG Sauer P228 半自动手枪是一种紧凑型半自动手枪，由 SIG Sauer P226 缩小尺寸而来。该枪已被美国陆军采用，被命名为 M11 手枪。SIG Sauer P228 具有比 SIG Sauer P226 更短的套筒和枪管。与后者不同的是，SIG Sauer P228 只有 9×19 毫米口径，通常使用 13 发弹匣供弹，但也可以使用 SIG Sauer P226 的 15 发或 20 发弹匣，弊端是会破坏手枪的隐蔽性。从外观上看，SIG Sauer P228 与 SIG Sauer P226 可以通过比较扳机护环（前者是圆滑过渡的，后者有小型防滑凹陷和挂钩）以及枪管和套筒的长度（SIG Sauer P228 的套筒相对较短）来区分。

M9 半自动手枪

制造商：意大利伯莱塔公司

定型时间：1990 年

口径：9 毫米

M9 半自动手枪是美军从 1990 年起装备的制式手枪，由意大利伯莱塔 92F（早期型 M9）及伯莱塔 92FS 衍生而成。该枪采用枪管短行程后坐作用原理、闭锁方式为卡铁下沉式，单 / 双动扳机设计，以 15 发可拆式弹匣供弹。2003 年，改进型 M9A1 问世，主要是加入了皮卡汀尼导轨以安装战术灯、激光指示器及其他附件。

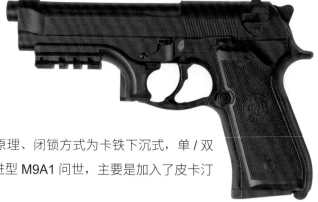

SIG Sauer P229 半自动手枪

制造商：瑞士西格·绍尔公司

定型时间：1990 年

口径：5.6 毫米、9 毫米、10 毫米

SIG Sauer P229 半自动手枪是一种紧凑型半自动手枪，可发射 9×19 毫米、10×22 毫米、9×21 毫米和 5.6×15 毫米四种子弹。SIG Sauer P229 是在 SIG Sauer P228 的基础上改进而来，所有的内部机构都沿自 SIG Sauer P228，两者的主要区别在于口径和套筒设计。SIG Sauer P229 比 SIG Sauer P228 更适合执行隐蔽任务，标准版本采用了单 / 双动操作扳机，不过也可以选择纯双动扳机。SIG Sauer P229 使用铣削不锈钢制套筒，可以承受由 9×21 毫米和 10×22 毫米两种口径子弹所造成的更高套筒后坐速度和后坐力。

格洛克 19 半自动手枪

制造商：奥地利格洛克公司

定型时间：1990 年

口径：9 毫米

格洛克 19 半自动手枪于 1990 年被瑞典军队选为制式手枪，被命名为 Pistol 88B（Pistol 88 是格洛克 17 的军队编号）。与格洛克 17 相比，格洛克 19 的握把缩短了 12 毫米，更方便隐蔽携带。两者的大部分零件可以通用，包括弹匣。格洛克 19 经历了四次修改版本，最新的版本称为第五代格洛克 19。最新推出的格洛克 19 在套筒下设有战术导轨，以安装各种战术配件，握把上有手指凹槽。与所有格洛克手枪一样，格洛克 19 有三个安全装置。

格洛克 22 半自动手枪

制造商：奥地利格洛克公司

定型时间：1990 年

口径：10 毫米

格洛克 22 半自动手枪是格洛克公司研制的警用半自动手枪，可视为格洛克 17 手枪的 10×22 毫米口径版本。该枪装有改良过的套筒及套筒导轨，以及对应 10×22 毫米弹药的枪管，外形与格洛克 17 非常相似。格洛克 22 在 1990 年推出后已出现了四种更新版本，最新版本被称为第五代格洛克 22。该枪还有一种衍生型——格洛克 22C，装有枪口补偿装置，在枪管顶部开有两个椭圆形的孔。

MK 23 Mod 0 半自动手枪

制造商：德国黑克勒·科赫公司

定型时间：1996 年

口径：11.43 毫米

MK 23 Mod 0 半自动手枪是一种比赛等级的军用手枪，设计上是用作美军特种部队的专属手枪。该枪的射击精度较高，在恶劣的环境中有着出色的耐久性、防水性和耐腐蚀性。手动保险的位置在大型待击解脱杆的后部，而弹匣释放按钮的位置在扳机护环的后部，并且两者都特别设计得很大，以便双手的大拇指能够直接操作和戴上手套射击时轻松上弹。该枪能够发射 .45 ACP（11.43×23 毫米）口径的 AA18、A475 比赛等级的高压子弹，并可加装消音器和激光瞄准器。

格洛克 23 半自动手枪

制造商：奥地利格洛克公司

定型时间：1990 年

口径：10 毫米

格洛克 23 半自动手枪是格洛克 19 手枪的 10×22 毫米口径版本，装有改良过的套筒及套筒导轨，以及对应 10×22 毫米弹药的枪管，外形与格洛克 19 非常相似。格洛克 23 经历了三次修改版本，最新的版本称为第四代格洛克 23，在套筒上型号位置有"Gen4"字样。为了提高人机工效，第四代格洛克 23 的握把略为缩小，并由粗糙表面改为凹陷表面，还可以更换握把片，以调整握把尺寸。

P14-45 半自动手枪

制造商：加拿大帕拉兵工厂

定型时间：1990 年

口径：11.43 毫米

P14-45 半自动手枪是柯尔特 M1911 半自动手枪的仿制型，修改了底把，安装了名为"大容量转换件"的手枪附件，以容纳其 14 发可拆卸式双排大容量弹匣。它还具有海狸尾式握把保险、手动操作式拇指保险和撞针保险等功能。另外，专业定制型在弹匣插座具有喇叭状扩口件，而黑色行动型则在套筒下、扳机护环前方的防尘盖整合了一条皮卡汀尼战术导轨。

HK USP 半自动手枪

制造商：德国黑克勒·科赫公司

定型时间：1993 年

口径：9 毫米、10 毫米、11.43 毫米

HK USP 半自动手枪由枪管、套筒座、套筒、弹匣和复进簧组件 5 个部分组成，共有 53 个零件。套筒是以整块高碳钢加工而成，表面经过高温并加氮气处理，这种二次硬化处理能加强活动组件的耐磨性。枪管是由铬钢经冷锻制成，其枪管材质与炮管是同等级的。9 毫米型号的载弹量为 15 发，10 毫米和 11.43 毫米型为 13 发和 12 发。HK USP 性能优秀，被世界多个国家的军队和警察采为制式武器。

WIST-94 半自动手枪

制造商：波兰 PREXER 有限公司

定型时间：1994 年

口径：9 毫米

WIST-94 半自动手枪是由波兰枪械设计师维斯瓦夫·斯塔克所设计的半自动手枪，1999 年被波兰军队选为制式手枪。该枪发射 9×19 毫米鲁格子弹，采用了勃朗宁凸轮型锁耳闭锁系统。套筒由钢材制成，而底把（套筒座部分）则由聚合物塑料制成。WIST-94 手枪使用 16 发弹匣供弹，弹匣释放按钮可以逆向安装，以方便左撇子使用者使用。空枪挂机柄位于枪身左侧，固定式瞄准具内置自我发光的氚光。

SIG Sauer P239 半自动手枪

| 制造商：瑞士西格·绍尔公司 |
| 定型时间：1996 年 |
| 口径：9 毫米、10 毫米 |

SIG Sauer P239 半自动手枪是一种紧凑型半自动手枪，主要发射 9×21 毫米、10×22 毫米和 9×19 毫米鲁格弹。枪身长度为 168 毫米，高度为 130 毫米，空枪重约 710 克，弹匣容量为 8 发（9×19 毫米）或 7 发（10×22 毫米和 10×22 毫米）。由于尺寸紧凑，适合隐蔽携带，SIG Sauer P239 在美国很受欢迎。该枪可使用纯双动，或双动 / 单动的击发模式工作。它有 1 个待击解除杆，在双动 / 单动机构已将子弹入膛的情况下，也能安全携带。

FN 57 半自动手枪

| 制造商：比利时国营赫斯塔尔公司 |
| 定型时间：1998 年 |
| 口径：5.7 毫米 |

FN 57（FN Five-seveN）半自动手枪的名称源于它使用的 5.7×28 毫米子弹，同时第一个及最后一个字母以大写强调是 FN 的产品。该枪是为了配合 FN P90 冲锋枪而研发的半自动手枪，因为 FN P90 所用的子弹是全新研制，不能用于现有的手枪，因此需要有 FN 57 与之配合，使整个武器系统完整。FN 57 手枪采延迟式后坐、非刚性闭锁，具有重量轻、后坐力低、弹匣容量大与体积小等优点。

P99 半自动手枪

| 制造商：德国瓦尔特公司 |
| 定型时间：1997 年 |
| 口径：9 毫米 |

P99 半自动手枪是瓦尔特 P5 及 P88 半自动手枪的后继产品，以 P88 的结构改进而成。该枪采用后坐作用原理运作，标准版装有单双动扳机。早期的 P99 手枪有独特的击针设计，就算在非待发状态下按动扳机仍可击发，但后来又推出了必须在待发状态下才可击发的改进版本 P99QA。P99 手枪的材质十分特殊，握柄部分使用聚合物制造，而套筒部分使用钢材制造，并经过氮化处理，所以不论在抗磨损、抗金属疲劳以及抗锈蚀上都具有优异的性能。

SIG Sauer Pro 半自动手枪

制造商：瑞士西格·绍尔公司

定型时间：1998 年

口径：9 毫米、10 毫米

SIG Sauer Pro 半自动手枪主要有 SIG SP 2340（10×22 毫米口径型）、SIG SP 2009（9×19 毫米口径型）、SIG SPC 2009（紧凑型 SIG SP 2009）、SIG SP 2022（专门为法国政府改进的型号）等型号，其中 SIG SP 2022 被法国和美国的执法机关大量采用。SIG Sauer Pro 系列手枪是枪管短行程后坐作用、闭膛待击的半自动手枪，并采用了由约翰·勃朗宁首创的凸轮操作式闭锁系统。

Fort-12 半自动手枪

制造商：乌克兰 RPC Fort 公司

定型时间：1998 年

口径：9 毫米

Fort-12 半自动手枪是一种采用枪管短行程后坐作用的双动式手枪，其枪身及滑套是以钢材制成。手动保险设在滑套左方，它能够有效地锁上击锤以防止走火。早期的 Fort-12 手枪被认为不太可靠，但是后来逐渐解决了这些问题，而且它比起马卡洛夫手枪有着更大的弹匣容量和更优秀的精准度，人机工效也更出色。该枪的主要缺点是退弹系统不够安全。

HS 2000 半自动手枪

制造商：克罗地亚 HS Produkt 公司

定型时间：1999 年

口径：9 毫米、10 毫米、11.43 毫米

HS 2000 半自动手枪是短后坐行程作用和击针发射的半自动手枪，除了 5 英寸战术型使用单复进簧设计以外，其他型号都装有串联双复进簧。该枪在握把背后设有握把式保险，必须按压才可发射，

从而降低走火几率。这种保险功能大多安装在一些旧式手枪上，很少会有现代手枪使用。除了扳机和握把保险以外，HS 2000 手枪还有防跌落保险。该枪的分解方式是转动底把左侧的杠杆向上，使套筒向底把前方拆出。

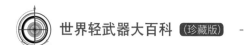

3.10 风行警用市场的冲锋枪

二战末期由德国率先开发的突击步枪成了轻武器史上的革命性发明，虽然突击步枪动摇了传统的步枪以及冲锋枪在军队中的地位，但是冲锋枪在警用市场上仍然大受欢迎。例如，以色列于 20 世纪 50 年代生产的乌兹冲锋枪就是警用市场上的明星，它沿用了捷克斯洛伐克的 CZ 25 冲锋枪首创的包络式枪机设计，将弹匣的供弹位置设于握把内，大大缩短了全长而保持了枪管的长度。

然而，当时冲锋枪给人们的印象还是一种结构简单、精度不高的枪械，尤其是二战时期的冲锋枪工艺粗劣、故障频发，在射击精度上还不如更早的冲锋枪。这种状况一直到了 20 世纪 60 年代后期才被德国黑克勒·科赫公司开发的 HK MP5 冲锋枪改变。

HK MP5 的发明把冲锋枪的技术水准一举向上提升，它借鉴了 HK G3 自动步枪的发射系统，在射击的精准度以及整体的性能上比早期的冲锋枪有很大进步。HK MP5 在 1980 年的伦敦伊朗大使馆挟持人质事件当中大出风头，英国陆军特种空勤团手持 HK MP5 进行攻坚时的镜头经由大众媒体正式曝光后，获得了警方以及军方的特种作战部门的赏识。从 20 世纪 70 年代直到 21 世纪，HK MP5 系列一直在冲锋枪市场上保持领导地位。

冷战后期，冲锋枪还引申出其他作战用途，如 FN P90 及 HK MP7 等个人防卫武器（Personal defense weapon，PDW）。这是美国在 1986 年提出的轻型枪械计划，要求可以连发、操作简单、尺寸和重量不大于当时的制式冲锋枪。PDW 主要用来替换当时北约成员国所装备的制式冲锋枪及在某程度地代替手枪作为非前线军人的防卫性武器。

MAT-49 冲锋枪

制造商：法国日蒂勒兵工厂

定型时间：1949 年

口径：9 毫米

MAT-49 冲锋枪是法国军队在 1949 ～ 1979 年使用的冲锋枪，主要发射 9×19 毫米鲁格弹。与二战前法国军队装备的冲锋枪不同，MAT-49 冲锋枪的部件大都采用钢板冲压成型制造，简化了生产工艺。该枪有一个钢条制造的可伸缩式枪托，弹匣及弹匣插座可以充当前握把，可以向前以 45 度角折叠，然后和枪管向前平行，这种设计适合伞兵安全携带。有一些警用型的 MAT-49 因为生产问题而延长枪管和改用不可伸缩的木质枪托。

扎斯塔瓦 M49 冲锋枪在外部设计上与苏联的 PPSh-41 冲锋枪非常相似，两者的供弹具也是通用的。不过，它们的内部结构差别较大。扎斯塔瓦 M49 冲锋枪采用的是单一的机匣，包含了枪机、反冲弹簧及缓冲机制。快慢机位于扳机前方，并在扳机护圈内。该枪有一个简单的枪口补偿器，以协助射手稳定武器。

扎斯塔瓦 M49 冲锋枪

制造商：南斯拉夫扎斯塔瓦武器公司

定型时间：1949 年

口径：7.62 毫米

乌兹冲锋枪

制造商：以色列军事工业公司

定型时间：1950 年

口径：9 毫米

乌兹冲锋枪是由以色列国防军军官乌兹·盖尔设计的轻型冲锋枪，其结构简单，易于生产，被世界上许多国家的军队、警队和执法机构采用。该枪采用与手枪类似的握把内藏弹匣设计，使射手在与敌人近身战斗时也能迅速更换弹匣（即使是黑暗环境），保持持续火力。不过，这个设计也影响了枪的高度，导致卧姿射击时所需的空间更大。此外，在沙漠或风沙较大的地区作战时，射手必须经常清理乌兹冲锋枪，以避免射击时出现卡弹等情况。

扎斯塔瓦 M56 冲锋枪

制造商：	南斯拉夫扎斯塔瓦武器公司
定型时间：	1956 年
口径：	7.62 毫米

扎斯塔瓦 M56 冲锋枪是南斯拉夫仿制的 MP 40 冲锋枪，1956 年成为南斯拉夫军队的制式武器，直到 20 世纪 90 年代退役。该枪与 MP 40 最大的不同是将口径改为 7.62 毫米，令其能发射苏制的 7.62×25 毫米托卡列夫子弹，这种子弹比 9 毫米鲁格弹有着更强大的渗透力，但同时也限制了停止作用。此外，扎斯塔瓦 M56 冲锋枪采用弧形弹匣，与 MP 40 采用的直形弹匣有所不同。

伯莱塔 M12 冲锋枪

制造商：	意大利伯莱塔公司
定型时间：	1959 年
口径：	9 毫米

伯莱塔 M12 冲锋枪在 1961 年成为意大利军队的制式武器，之后也被非洲和南美洲部分国家选为制式武器。该枪采用环包枪膛式设计，枪管内外经镀铬处理，长 200 毫米，其中 150 毫米是由枪机包覆，这种设计有助于缩短整体长度。该枪可以选择全自动射击或单发射击，后照门可设定瞄准距离为 100 米或 200 米。

Vz.61 冲锋枪

制造商：	捷克斯洛伐克布罗德兵工厂
定型时间：	1959 年
口径：	7.65 毫米

Vz.61 冲锋枪发射 7.65×17 毫米（.32 ACP）子弹，这种子弹能配合 Vz.61 冲锋枪的设计概念——体积小、重量低，但在全自动射击时仍保留着很高的精确度和可控性。该枪的弹匣容量通常为 20 发，但也有较小的 10 发容量可供选择。Vz.61 冲锋枪采用常见且简单的反冲作用和闭锁式枪机，弹匣装在机匣底部，配有可折叠枪托。

PM-63 冲锋枪

制造商：波兰拉多姆兵工厂

定型时间：1963 年

口径：9 毫米

PM-63 冲锋枪主要用于个人防卫及 150 米距离内的近身战斗，发射 9×18 毫米马卡洛夫子弹，可选择全自动或半自动（单发）射击模式，扳机扣到一半时进行半自动射击，全扣时则进行全自动连续射击。该枪具有类似一般手枪的套筒设计并采用反冲式操作，且为降低连射射速，在滑套后端设有一个速率降低装置。枪口下方设有折叠式握把，握把兼作弹匣插座，弹匣有 15 发、25 发、40 发三种容量。

柯尔特 9 毫米冲锋枪

制造商：美国柯尔特公司

定型时间：1982 年

口径：9 毫米

柯尔特 9 毫米冲锋枪是以 AR-15 自动步枪为蓝本修改而成的冲锋枪，主要装备美国海军陆战队和执法机构。该枪采用导气式原理，短小轻便，射击精度高。紧凑的结构和侵彻力较低的弹药，使其适合在城市、船舶等环境下使用。该枪配用 20 发或 32 发直弹匣，可实施单发或连发射击。扳机护圈可向下打开，便于射手戴手套时扣压扳机。

PM-84 冲锋枪

制造商：波兰拉多姆兵工厂

定型时间：1984 年

口径：9 毫米

PM-84 冲锋枪的特点是重量轻，外型紧凑，操作稳定，用于个人防卫及 150 米距离内的近身战斗，发射 9×19 毫米鲁格弹，可选择全自动或半自动（单发）射击模式。PM-84 冲锋枪与 PM-63 冲锋枪的用途相同，主要供特种部队、反恐部队及警队使用。

FN P90 冲锋枪

制造商：比利时国营赫斯塔尔公司

定型时间：1990 年

口径：5.7 毫米

FN P90 冲锋枪属于个人防卫武器，发射 5.7×28 毫米小口径高速于弹，50 发容量的弹匣平行于枪管上方，弹匣由半透明的塑料制成，为防止夜间反光，混入了着色材料，呈浅褐色。FN P90 能够有限度地同时取代手枪、冲锋枪及短管突击步枪等枪械，它使用的 5.7 毫米子弹能把后坐力降至低于手枪，而穿透力还能有效击穿手枪不能击穿的、具有四级甚至于五级防护能力的防弹背心等个人防护装备。FN P90 的枪身重心靠近握把，有利于单手操作并灵活地改变指向。

PP-90 冲锋枪

制造商：苏联图拉仪器设计局

定型时间：1990 年

口径：9 毫米

PP-90 冲锋枪是专门为内务部特种部队而研制和生产的折叠式冲锋枪，发射 9×18 毫米马卡洛夫子弹。该枪是一种全自动武器，包括以下主要组件：机匣内部容纳的枪管、枪机（主体和反冲机构）、手动保险、射击选择杆和手枪握把连弹匣插槽的支撑组件以及肩托。为了可以瞄准射击，PP-90 冲锋枪采用了翻转式机械瞄具（缺口式照门和柱状准星），向下折叠时与机匣外壳的上顶盖平齐。

斯泰尔 TMP 冲锋枪

制造商：奥地利斯泰尔 - 曼利夏公司

定型时间：1992 年

口径：9 毫米

斯泰尔 TMP（Tactical Machine Pistol，战术冲锋手枪）实装有源自 AUG 突击步枪的射控扳机，轻按扳机只能单发射击，完全按下扳机便是全自动射击，供弹方式为 15 发或 30 发弹匣。斯泰尔 TMP 冲锋枪装有向前倾的前握把，有助于射击时稳定持枪及瞄准，另外也可在前握把安装战术配件。该枪的半自动民用型称为斯泰尔 SPP，两者口径相同，但斯泰尔 SPP 的枪管较轻，前握把也被移除。

PP-93 冲锋枪

制造商：俄罗斯联邦仪器设计局

定型时间：1993 年

口径：9 毫米

PP-93 冲锋枪是 PP-90 折叠式冲锋枪的非折叠改进型，其目的是为了提高可靠性和改进人体工学设计，发射 9×18 毫米马卡洛夫子弹。该枪与原枪一样使用反冲作用操作原理和击锤式击发机构，但取消了折叠功能，比原枪更为可靠，在全自动射击的时候具有良好的可控性。

PP-91 冲锋枪

制造商：俄罗斯伊兹玛什兵工厂

定型时间：1994 年

口径：毫米

PP-91 冲锋枪以反冲作用及闭锁式枪机运作，这种设计比起使用开放式枪机的枪械有着更高的精确度。其供弹具为 20 发或 30 发容量的双排弹匣，可折叠枪托可用作减轻后坐力。全枪均由冲压钢板制作而成，枪身重约 1.6 千克。快慢机位于机匣右边，能够切换到半自动和全自动两种射击模式，在全自动模式时此枪会以 800 发 / 分的理论射速进行射击。与许多现代冲锋枪一样，PP-91 冲锋枪也能够装上激光瞄准器和抑制器。

PP-19 冲锋枪是以 AK-74 和 AK-100 系列突击步枪为蓝本而设计的多口径冲锋枪，最大特色是采用了可拆卸弹筒来进行供弹。该枪采用简单的反冲后坐作用式操作的枪机，这种枪机系统不需要完全闭锁，大大降低了成本以及生产和重新组装时的复杂性。

PP-19 冲锋枪

制造商：俄罗斯伊兹玛什公司

定型时间：1995 年

口径：7.62 毫米、9 毫米

HK UMP 冲锋枪

制造商：德国黑克勒·科赫公司

定型时间：1999 年

口径：9 毫米、10 毫米、11.43 毫米

HK UMP（Universal Machine Pistol，通用冲锋枪）在设计时采用了 HK G36 突击步枪的一些概念，并大量采用塑料，不仅减轻了重量，也降低了成本。HK UMP 冲锋枪舍弃了 HK MP5 冲锋枪传统的半自由式枪机，改用自由枪机，并使用闭膛待击方式，以确保射击精度，并安装了减速器，把射速控制在 600 发 / 分，不过在发射高压弹时，射速会提高到 700 发 / 分。该枪有三种口径的型号和半自动民用型号，即 UMP 45（11.43 毫米口径）、UMP 40（10 毫米口径）、UMP 9（9 毫米口径）、USC（半自动民用型）。

传奇武器鉴赏：HK MP5 冲锋枪

HK MP5A3 冲锋枪

HK MP5 系列冲锋枪是德国黑克勒·科赫公司于 20 世纪 60 年代中期研制的冲锋枪，是黑克勒·科赫公司最著名及制造数量最多的枪械产品。由于该系列冲锋枪被多个国家的军队、警队、保安队选为制式武器，因此具有极高的知名度。从 20 世纪 70 年代到 21 世纪初，HK MP5 系列冲锋枪一直保持着冲锋枪领域的统治地位。该枪在土耳其、希腊、巴基斯坦、沙特阿拉伯、伊朗等国家都有制造，有部分由原厂授权生产，也有很多版本是未经授权自行仿制，有部分厂商更为其产品重新命名。

基 本 参 数	
口径	9 毫米
全长	680 毫米
枪管长	225 毫米
重量	2.54 千克
弹容量	15、30、40、10 发

在 20 世纪 60 年代以前，大部分冲锋枪的枪机都采用自由后坐式设计，构造较简单，以便大量生产，但由于枪机在直接反冲作用下，不但后坐力较大，枪支的重心在发射时也有较大改变，所以连射时枪口跳动较大，射击精准度不佳。而 HK MP5 冲锋枪的设计源于 HK G3 自动步枪，采用结构复杂的滚轮延迟反冲式枪机，利用滚轮闭锁机构延迟开锁，射击时枪口跳动较小，大大提高精准度。标准型的 HK MP5 冲锋枪发射 9×19 毫米鲁格弹，采用塑料固定枪托或金属伸缩枪托，配 15 发或 30 发弹匣，它的扳机有多种发射选择模式，包括连发、单发、两发点射、三发点射。

HK MP5 冲锋枪可通过更换扳机组来更改击发模式，可使用的扳机组如下：S-E-F（单边保险 - 半自动 - 全自动）、0-1（双边保险 - 半自动）、0-1-2（双边保险 - 半自动 - 两点发）、0-1-3

（双边保险 - 半自动 - 三点发）、0-1-D（双边保险 - 半自动 - 全自动）、0-1-2-D（双边保险 - 半自动 - 两点发 - 全自动）、0-1-3-D（双边保险 - 半自动 - 三点发 - 全自动）。

HK MP5K 冲锋枪

　　虽然 HK MP5 冲锋枪有高精度、后坐力低及威力适中的优点，但其结构复杂，对维护保养的要求较高，单价也较高昂，所以多用于应用环境较佳的警用单位，而在同期于军事单位的普及性则不如斯特林冲锋枪及乌兹冲锋枪这类精度较低，但价格便宜，维护保养容易的冲锋枪。HK MP5 冲锋枪使用子弹，虽然能在混战或匪徒胁持人质的场面中防止误杀队友或人质，但无法有效贯穿防弹衣，而且射程不远，难以应付较远距离穿着防弹衣的敌人。

HK MP5SD1 冲锋枪

HK MP5 系列冲锋枪军用型号

分 类	名 称	说 明
基本型	MP5A1	可安装附件的枪口，海军版扳机，直形弹匣。
	MP5A2	固定枪托，海军版扳机。
	MP5A3	伸缩枪托，海军版扳机，最广泛使用的型号。
	MP5A4	固定枪托，A2 的可三点发扳机版本。
	MP5A5	伸缩枪托，A3 的可三点发扳机版本。
半自动型	MP5SFA2	改用 0-1 扳机组的 MP5A2。
	MP5SFA3	改用 0-1 扳机组的 MP5A3。
特制型	MP5N	专为美国海军制造，海军版扳机，伸缩枪托。
	MP5F	专为法国军队及警队制造，枪托底板装有软塑料护板。
	MP5J	专为日本警队制造，使用 0-1-3-D 扳机组。
	MP5/10	专为美国联邦调查局制造，发射 10 毫米 Auto 子弹。
	MP5/40	专为美国联邦调查局制造，发射 .40 S&W 子弹。
	MP5 RAS	装上导轨系统。
	MP5 公事包型	内藏 MP5K 的公事包，可由公事包提把上的按制连动扳机发射。
短型	MP5K	超短型，全长只有 325 毫米，装有前握把。
	MP5KA1	装有简易片形照门的 MP5K。
	MP5KA4	MP5K 的可三发点射版本，全系列最小的型号。
	MP5KA5	MP5KA1 的可三发点射版本。
	MP5K-N	专为美国海军制造，海军版扳机，没有枪托。
	MP5K-PDW	MP5K 的个人防卫武器版本。
消音型	MP5SD1	装有整体枪管消声器；海军版扳机。
	MP5SD2	装有整体枪管消声器，固定枪托，海军版扳机。
	MP5SD3	装有整体枪管消声器，伸缩枪托，海军版扳机。
	MP5SD4	MP5SD1 的可三发点射扳机版本。
	MP5SD5	MP5SD2 的可三发点射扳机版本。
	MP5SD6	MP5SD3 的可三发点射扳机版本。
	MP5SD-N	MP5SD 的海军版本，不锈钢整体枪管消声器，伸缩枪托。

3.11 淡出军事领域的霰弹枪

二战后，突击步枪的普及让霰弹枪在军队中的地位一落千丈。幸运的是，霰弹枪在警用领域找到了用武之地。首先，霰弹枪的大口径可以用来发射各种非致命性弹药，包括鸟弹、木棍弹、豆袋弹、催泪弹等。其次，霰弹枪可以发射低初速、高能量的实心弹头，用来破坏门、窗、木板或较薄的墙壁，使警员可以快速进入匪徒巢穴或劫持人质场所，因此成为特警队甚至军中的特种部队重要的破门工具。

20 世纪 60 年代，因为开发了容易退壳和重装的塑料和纸制霰弹壳，一些霰弹枪改为类似半自动步枪及转轮手枪的供弹方式，还有些使用无托结构（犊牛式）或可折叠（伸缩）的枪托。到 20 世纪 80 年代，更推出外形与突击步枪相似、采用可拆卸弹匣的全自动霰弹枪。随后，新式的弹药如集束箭形弹和钨合金弹丸问世，大大提高了霰弹枪的精准度和贯穿能力。

雷明顿 870 霰弹枪

制造商：美国雷明顿公司

定型时间：1951 年

口径：12 号、16 号、20 号、w28 号、.410 英寸

雷明顿 870 霰弹枪是雷明顿公司研制的泵动式霰弹枪，因其结构紧凑、性能可靠、价格合理，很快成为美国人喜爱的流行武器，被美国军队、警察采用。该枪依照民用、警用与军用需求各有大量不同的版本，包括 Wingmaster（抛光木质枪托）、Express（椴木或合成纤维护木）、Marine（合成纤维护木及镀镍金属零件）、MCS（主要用于都市战与破门袭击用途）、Police（椴木或合成纤维护木）和 Tactical（全黑色调，三种不同枪托可供选择）等。

莫斯伯格 500 霰弹枪

制造商：美国莫斯伯格父子公司

定型时间：1961 年

口径：12 号、16 号、20 号

莫斯伯格 500 霰弹枪是莫斯伯格父子公司研制的泵动式霰弹枪，被广泛用于射击比赛、狩猎、居家自卫和实用射击运动，也被美国许多执法机构所采用。该枪有 4 种口径，分别为 12 号的 500A 型、16 号的 500B 型、20 号的 500C 型和 .410 英寸的 500D 型。每种型号都有多种不同长度的枪管和弹仓、表面处理方式、枪托形状和材料。其中 12 号口径的 500A 型是使用最广泛的型号。莫斯伯格 500 霰弹枪的可靠性比较高，而且坚固耐用，加上价格合理，因此是雷明顿 870 霰弹枪的强力竞争对手。

雷明顿 1100 霰弹枪是雷明顿公司研制的半自动气动式霰弹枪，1963 年设计完成，直至 21 世纪仍在生产。该枪有 12 号、16 号、20 号等多种口径。基础型号弹仓装弹量为 5 发，但执法机构的特制型号为 10 发。由于其优异的设计和性能，该枪还保持着连续射击 24000 发而不出现故障的惊人纪录。直到今天，很多 20 世纪 60、70 年代生产的产品仍在可靠地使用中。雷明顿公司还推出了很多纪念和收藏版本，此外还有供左撇子射手使用的 12 号和 16 号口径的型号。

雷明顿 1100 霰弹枪

制造商：美国雷明顿公司

定型时间：1963 年

口径：12 号、16 号、20 号

KS-23 霰弹枪

制造商：苏联图拉兵工厂

定型时间：1971 年

口径：23 毫米

KS-23 霰弹枪是苏联研制的防暴用泵动式霰弹枪，发射 23 毫米口径子弹。该枪采用泵动原理供弹，管状弹仓并列于枪管下方，再加上所发射的弹药和霰弹结构很相似，都是铜弹底和纸壳，所以在许多资料中都被称为霰弹枪。不过，该枪却采用线膛枪管，其名称 KS-23 的意思是 "23 毫米特种卡宾枪"。目前，KS-23 霰弹枪仍然是俄罗斯执法部队所使用的防暴武器。

弗兰基 SPAS-12 霰弹枪

制造商：意大利弗兰基公司

定型时间：1979 年

口径：12 号

    SPAS-12 霰弹枪是弗兰基公司研制的一种用于特种用途的近战武器，SPAS 是 "Special Purpose Automatic Shotgun"（特殊用途自动型霰弹枪）的缩写。该枪最大的特点是可以选择半自动装填或传统的泵动装填方式操作，以适合不同的任务需求和弹药类型。该枪拥有钢板压铸成型的枪管、方形设计包裹橡胶的隔热罩，加上枪管下方的护木通气孔，可以有效隔开枪管表面的高温，令使用者能够正常操作和做出各种战术动作而不受到任何影响。

伯奈利 M1 Super 90 霰弹枪

制造商：意大利伯奈利公司

定型时间：1985 年

口径：12 号、20 号

    M1 Super 90 霰弹枪是意大利伯奈利公司于 20 世纪 80 年代中期为军队和执法机构研制的半自动霰弹枪，基本结构为传统的双管形式，即在枪管下面并排着管状的弹仓。枪管用镍铬钼钢制成，内膛镀铬。机匣采用高强度合金制造，表面经过发暗阳极氧化处理。枪托、小握把和护木都是采用防腐碳纤维材料。手动保险是横贯枪机的，其操作按钮在扳机护圈的前方。该枪采用惯性后坐原理实现自动装填，这是一种简单且可靠的自动原理，但缺点是不适合发射压力较低的弹药。

    AA-12 霰弹枪是美国枪械设计师麦克斯韦·艾奇逊研制的全自动战斗霰弹枪，发射 12 号口径霰弹。AA-12 霰弹枪的准星和照门各安装在一个钢制的三角柱上，结构简单，准星可旋转调整高低。该枪可以选择射击模式，能够半自动射击或以 300 发 / 分的射速作全自动射击。该枪可以使用不同种类的 12 号口径霰弹，如鹿弹、重弹头或非致命性橡胶击昏警棍弹。与许多 12 号口径霰弹枪一样，AA-12 霰弹枪也可发射照明弹、信号弹以及特殊的高爆弹。

AA-12 霰弹枪

制造商：美国宪兵系统公司

定型时间：1972 年

口径：12 号

"打击者"霰弹枪

制造商：南非哨兵武器有限公司

定型时间：1981 年

口径：12 号

"打击者"（Striker）霰弹枪是由南非枪械设计师希尔顿·沃克研制的防暴控制和战斗用途霰弹枪，主要优点是弹巢容量大，相当于当时传统霰弹子弹容量的两倍，而且具有速射能力。不过，该枪的旋转式弹巢型弹鼓的体积过大，而且装填速度较慢。

伯莱塔 S682 霰弹枪

制造商：意大利伯莱塔公司

定型时间：1984 年

口径：12 号、20 号、28 号、.410 英寸

伯莱塔 S682 霰弹枪是由伯莱塔公司设计和制造的上下式双管霰弹枪，可发射多种长度和铅径的霰弹。该枪是为了加入各等级的飞碟型运动、双向飞碟射击市场而生产，其机匣设计精细，褪光性能好。雅致的雕刻使漂亮的握把显得很突出。特殊的热处理工艺提高了耐磨性与耐用性，特殊的镀铬层提高了耐腐蚀性能。

弗兰基 SPAS-15 霰弹枪

制造商：意大利弗兰基公司

定型时间：1986 年

口径：12 号

弗兰基 SPAS-15 霰弹枪是一种可半自动、可泵动式两用霰弹枪，由 SPAS-12 霰弹枪改进而来。为了提高火力，SPAS-15 霰弹枪除了保留原来的导气式操作半自动装填外，还改用可拆卸的单排盒式弹匣供弹，可卸式弹匣比起传统管状霰弹子弹仓能提高装填速度。此外，SPAS-15 霰弹枪还保留了既可半自动又可泵动的设计，允许发射膛压较低的非致命弹药。早期型的 SPAS-15 霰弹枪可以选择装上一个固定式塑料制枪托或是向左折叠的金属制枪托，之后也有向左折叠的塑料制枪托。

Saiga-12 霰弹枪

制造商：俄罗斯伊兹玛什公司

定型时间：1997 年

口径：12 号、20 号、.410 英寸

Saiga-12 霰弹枪的结构和原理基于 AK 突击步枪，包括长行程活塞导气系统，两个大型闭锁突笋的回转式枪机、盒式弹匣供弹。该枪有 12 号、20 号和 .410 英寸三种口径，只能半自动射击。每种口径都至少有三种类型，分别有长枪管和固定枪托、长枪管和折叠式枪托、短枪管和折叠枪托。最后一种主要作为保安、警察的自卫武器，被俄罗斯很多执法机构和私人安全服务机构使用。

USAS-12 霰弹枪

制造商：韩国大宇集团

定型时间：1989 年

口径：12 号

USAS-12 霰弹枪是由美国吉尔伯特设备有限公司代设计、韩国大宇集团生产的一种全自动战斗霰弹枪，韩国陆军和韩国警察都有采用。该枪采用导气式操作原理，导气系统位于枪管上方，枪机为回转式闭锁原理，为了降低后坐力，采用枪机长行程后坐，这样也降低了全自动时的射速。USAS-12 霰弹枪发射 12 号口径霰弹，使用大容量弹匣或弹鼓供弹，容弹量分别为 10 发和 20 发，这两种供弹具均由聚合物制成，其中弹鼓的背板为半透明材料，可让射手观察余弹数。

伯奈利 M2 Super 90 霰弹枪

制造商：意大利伯奈利公司

定型时间：1987 年

口径：12 号、20 号

M2 Super 90 霰弹枪是 M1 Super 90 霰弹枪的升级版本，发射 12 号口径霰弹或 20 号口径霰弹。标准型 M2 Super 90 霰弹枪使用铝合金制造，拥有管式弹仓和可转换标准霰弹枪枪托或手枪握把枪托。该枪配用伯奈利公司重新设计的 ComforTech 枪托，这种枪托的创新之处在于枪托两侧各斜向制有一排 V 形孔，经测试，这样的设计比普通枪托减轻可感后坐力 30%，为便于握持，在 V 形孔上加填了垫片。枪托尾部装有新型橡胶缓冲垫，可进一步降低后坐力，增加连续射击时的精度。

伯奈利 M3 Super 90 霰弹枪

制造商：意大利伯奈利公司

定型时间：1989 年

口径：12 号

M3 Super 90 霰弹枪是一种可半自动、可泵动式两用霰弹枪，发射 12 号口径霰弹。该枪采用与 M1 Super 90 霰弹枪相同的惯性后坐自动系统，但增加了泵动机构，射手可以迅速地把半自动模式转换成用泵动模式。除了双装填系统外，M3 Super 90 霰弹枪与 M1 Super 90 霰弹枪的结构基本相同，也是双管式结构、铝合金机匣、碳纤维枪托和护木，因此重量轻而强度大。瞄准具有缺口式或鬼环式，也可安装多种附件。

伯奈利 M4 Super 90 霰弹枪

制造商：意大利伯奈利公司

定型时间：1998 年

口径：12 号

M4 Super 90 霰弹枪是伯奈利公司研制的半自动霰弹枪，发射 12 号口径霰弹。1999 年初，美军将其命名为 M1014 三军联合战术霰弹枪。该枪采用了新设计的导气式操作系统，而不是原来的惯性后坐系统。该枪的伸缩式枪托很特别，其贴腮板可以向右倾斜，这样可以方便戴防毒面具进行贴腮瞄准。如果需要，伸缩式枪托可以在没有任何专用工具的辅助下更换成带握把的固定式枪托。

伯奈利"新星"霰弹枪

制造商：意大利伯奈利公司

定型时间：1999 年

口径：12 号、20 号

伯奈利"新星"（Nova）霰弹枪是伯奈利公司研制的第一种泵动式霰弹枪，原本是作为民用猎枪开发的，但为了扩大市场，伯奈利公司很快就推出了面向执法机构和军队的战术型。该枪采用独特的钢增强塑料机匣，机匣和枪托是整体式的单块塑料件，机匣部位内置钢增强板。枪托内装有高效的后坐缓冲器。托底板有橡胶后坐缓冲垫，也有助于控制后坐感。滑动前托也是由塑料制成，操作动作舒适和畅顺。"新星"霰弹枪战术型的管状弹仓可装 6 发弹药，如果使用较短的霰弹，则能带更多的弹药。

伯奈利"超级新星"（Supernova）霰弹枪是伯奈利"新星"霰弹枪的增强型版本，安装有一个更大的扳机护环，具有更高的耐用性和可靠性。该枪适合猎人、执法机关和军队使用，可以发射任何 12 号霰弹。手动保险按钮装在扳机护环前端。

伯奈利"超级新星"霰弹枪

制造商：意大利伯奈利公司

定型时间：1999 年

口径：12 号

M26 模块式霰弹枪

制造商：美国 C-More 系统公司

定型时间：2002 年

口径：12 号

M26 模块式霰弹枪系统（M26 Modular Accessory Shotgun System）是一种下挂式霰弹枪，主要提供给美军的 M16 突击步枪及 M4 卡宾枪系列作为战术附件，也可装上手枪握把及枪托独立使用。它采用可提高装填速度的可拆式弹匣供弹，有不同长度的枪管，拉机柄可选择装在左边或右边，比传统泵动式霰弹枪更为方便。枪口装置可前后调整，以便控制霰弹的扩散幅度，并提高破障效果。

3.12 火力猛烈的榴弹发射器

二战期间，日本研制并装备了几种发射 50 毫米榴弹的掷弹筒，而德国在改装后的 27 毫米信号枪上配以相应的榴弹，用以对付战场上众多的步兵和装甲目标，这种大口径战斗手枪，可视为榴弹发射器的雏型。

20 世纪 50 年代，为了提高步兵的独立作战能力，填补手榴弹与迫击炮之间的火力空白，美国率先开展了对小型榴弹及其发射装置的研制工作。1960 年初，美军正式定型 40×46 毫米制式榴弹——M406 高爆杀伤弹。1961 年，美军正式装备 M79 榴弹发射器。此后，榴弹发射器得到了迅速发展。美国陆、海、空三军在越南战场上先后试用了包括单发（整体型和附装型）、自动和机载等十余种不同型号、不同类型的榴弹发射器，包括 40×46 毫米和 40×53 毫米两大系列五十余种 40 毫米榴弹。1968 年，美军采用 M203 下挂式榴弹发射器，取代了 M79 榴弹发射器。

继美国之后，西欧一些国家也纷纷仿效研制。1969 年，德国完成了 HK69 榴弹发射器的研制工作，它保留了原德军大口径战斗手枪的特点。尔后，经改进又研制出 HK69A1 榴弹发射器，以及附装在步枪下方的 HK79 榴弹发射器。与此同时，英国、瑞士、奥地利、比利时等国也研制了本国的榴弹发射器。

在越南战争期间，苏联也加紧了自动榴弹发射器的研制工作，于 1970 年正式装备了 AGS-17 自动榴弹发射器，并进一步发展出可装在武装直升机和江河巡逻艇上的 AGS-17 变型产品。20 世纪 70 年代后期，苏联又研制了可附装在 AK-74 突击步枪护木下方的 GP-25 榴弹发射器。

M79 榴弹发射器

制造商：美国斯普林菲尔德兵工厂

定型时间：1960 年

口径：40 毫米

　　M79 榴弹发射器于 1961 年成为美军制式武器，被定位为中距离的支援武器，以填补手榴弹和迫击炮两者攻击距离之间的空隙。它有着大型膛室的设计，与一些大口径的截短型霰弹枪在外形上十分相似。它能够发射多种不同用途的 40 毫米榴弹，包括高爆弹、人员杀伤弹、烟幕弹、鹿弹、镖弹、照明弹和燃烧弹。

M203 榴弹发射器

制造商：美国柯尔特公司

定型时间：1968 年

口径：40 毫米

　　M203 榴弹发射器是一种单发下挂式榴弹发射器，用于提供给 M16 突击步枪及 M4 卡宾枪装备，其衍生型更可对应多种步枪，也可装上手枪握把及枪托独立使用。M203 榴弹发射器可发射高爆弹、人员杀伤弹、烟幕弹、鹿弹、照明弹、气体弹及训练弹，在发射 40×46 毫米榴弹时，有效射程为 150 米，最大射程为 400 米。

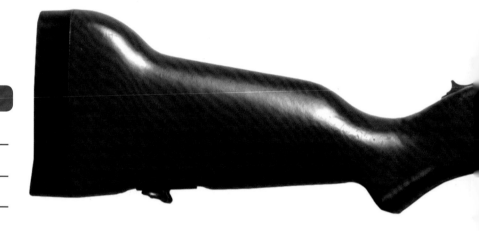

Mk 19 榴弹发射器

制造商：美国通用动力公司

定型时间：1968 年

口径：40 毫米

　　Mk 19 榴弹发射器是美军从 20 世纪 60 年代装备至今的一种 40 毫米口径的全自动榴弹发射器，除美军普通部队和特种部队使用外，还出口到十余个国家。Mk 19 榴弹发射器可由两人以上的步兵携带，也可安装在车辆上，其常用弹药为 M430 多用途高爆弹，具有 5 米的致死范围及 15 米的伤害范围，对付步兵尤其有效，也可在直射时击穿 66 毫米的均质装甲，因此 Mk 19 榴弹发射器在一定范围可对抗装甲运兵车，甚至是步兵战车。

HK69 榴弹发射器

制造商：德国黑克勒·科赫公司

定型时间：1969 年

口径：40 毫米

HK69 榴弹发射器是一种 40 毫米独立式单发榴弹发射器，主要结构包括单动式扳机以及外露式击锤击发结构，枪身为折开式，装有手枪握把及伸缩枪托，并装有握把保险。枪管内刻有膛线，使榴弹发射后可产生旋转效果，有助于维持弹道的稳定。而照门采直立式设计，分为大型及小型两种，小型照门用于 50～100 米的近距离，适合警用。而大型照门用于 150～350 米的远距离，适合军用。

AGS-17 榴弹发射器

制造商：苏联图拉仪器设计局

定型时间：1970 年

口径：30 毫米

AGS-17 榴弹发射器是后膛装填式全自动武器，具有使用灵活、携行方便的优点，可根据战术需要实施单发、连发射击，以及实施平射或曲射射击。它配有机械瞄准具和光学瞄准镜。一般情况下使用机械瞄准具，远距离时使用光学瞄准镜。光学瞄准镜的放大倍率为 2.7 倍，并具有夜间照明的功能。AGS-17 榴弹发射器主要发射苏联生产的 30 毫米 VOG-17 杀伤榴弹，以及有所改进的 VOG-17M 和 VOG-30 榴弹。

DP-64 榴弹发射器

制造商：苏联捷格加廖夫兵工厂

定型时间：1990 年

口径：45 毫米

DP-64 榴弹发射器是一种特殊用途双管榴弹发射器，主要组成部分包括一个巨大的聚合物制枪托，两根枪管，以及一个用于稳固武器的前握把。枪托配有一个用于降低后坐力的橡胶垫。枪管上方有两种不同的机械瞄准具。DP-64 榴弹发射器采用后膛装填式设计，操作起来就像一把大型中折式双管猎枪一样。它主要装备海军特种部队和海军步兵，用于保护沿海设施。这种武器还能够在直升机上使用，从而以更大面积进行巡逻，以保护目标。

MM-1 榴弹发射器

制造商：美国雄鹰工程有限公司

定型时间：1970 年

口径：40 毫米

MM-1 榴弹发射器是一种双动操作 12 发转轮式榴弹发射器，发射 40×46 毫米低速榴弹。它的重型弹巢配有发条式弹簧，可使弹巢发射一发榴弹以后自动旋转。需要重新装填弹巢时，该枪的托架后部被释放并横向转动以露出弹巢的后膛。MM-1 榴弹发射器曾被美国特种部队采用，一些南美洲和非洲国家的军队也有装备。

GP-25 榴弹发射器

制造商：苏联运动及狩猎武器中央设计研究局

定型时间：1978 年

口径：40 毫米

GP-25 榴弹发射器是一种 40 毫米单发下挂式榴弹发射器，主要下挂于 AK 枪族，发射 40 毫米无弹壳榴弹。它的顶部有连接座，不需要借助任何工具，就可以安装到步枪的刺刀座上。GP-25 有 GP-30、GP-34 等改进型，其中 GP-30 于 1989 年首次推出，简化了设计，更容易生产，重量也更轻。而 GP-34 使用了改进型击发机构，可以防止弹药在枪管内移动或掉落，安全性大大提高。苏联解体后，GP-25 系列榴弹发射器仍然是俄罗斯军队的制式装备。

HK79 榴弹发射器

制造商：德国黑克勒·科赫公司

定型时间：1979 年

口径：40 毫米

HK79 榴弹发射器是一种下挂式榴弹发射器，由 HK69 榴弹发射器改进而成，用途类似美国 M203 榴弹发射器，可安装在所有黑克勒·科赫公司的步枪（HK G3、HK33、HK G41 等）而无须接合配件。HK79 的装填方法与 M203 不同，装填时枪管后部必须向下拉开，装填弹药之后，将枪管壁锁并拉下后方的 T 形击发片，让击针后退，便完成射击准备。之后将前护木左侧、枪管上方的扣押式扳机按下，即可发射榴弹。

连发式榴弹发射器

制造商：南非米尔科姆有限公司

定型时间：1983 年

口径：40 毫米

连发式榴弹发射器（Multiple Grenade Launcher，MGL）是一种轻型双动操作肩射型榴弹发射器，主要发射 40×46 毫米低速榴弹。它有多种衍生型，包括 MGL Mk 1、MGL Mk 1S、MGL Mk 1L、MGL-140 等，美国海军陆战队装备的 M32 MGL 就是在 MGL-140 基础上改进而来。MGL 的设计简单、坚固，而且可靠。它采用了久经考验的左轮手枪的设计，实现高精确率的射击，并且可以迅速地发射，以迅速地达到对目标猛烈轰炸的火力。

RG-6 榴弹发射器

制造商：俄罗斯图拉仪器设计局

定型时间：1994 年

口径：40 毫米

　　RG-6 榴弹发射器是一种轻型双动操作六发肩射型榴弹发射器，发射 40 毫米无弹壳榴弹。它的设计参考了南非连发式榴弹发射器（MGL），也是用卷簧驱动一个六发转轮弹仓。不同的是 RG-6 使用俄罗斯的 40 毫米无弹壳榴弹，包括 VOG-25 榴弹和 VOG-25P 榴弹。在具体结构和操作方式上，RG-6 和 MGL 也有着较大的区别。RG-6 使用的是立式表尺机械瞄具，不使用时立式表尺和片状准星均可折叠。由于没有整合或装上瞄准镜导轨，因此不能装上光学瞄准镜。总的来说，RG-6 的设计比较粗糙，但胜在可靠和持久，而且容易拆卸清洗和润滑。

CIS 40 GL 榴弹发射器

制造商：新加坡技术动力公司

定型时间：1988 年

口径：40 毫米

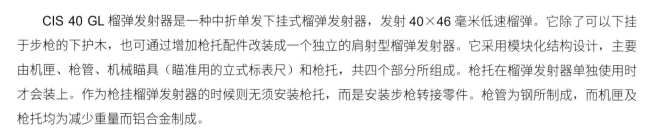

　　CIS 40 GL 榴弹发射器是一种中折单发下挂式榴弹发射器，发射 40×46 毫米低速榴弹。它除了可以下挂于步枪的下护木，也可通过增加枪托配件改装成一个独立的肩射型榴弹发射器。它采用模块化结构设计，主要由机匣、枪管、机械瞄具（瞄准用的立式标表尺）和枪托，共四个部分所组成。枪托在榴弹发射器单独使用时才会装上。作为枪挂榴弹发射器的时候则无须安装枪托，而是安装步枪转接零件。枪管为钢所制成，而机匣及枪托均为减少重量而铝合金制成。

RGS-50 榴弹发射器

制造商：苏联捷格加廖夫兵工厂

定型时间：1989 年

口径：50 毫米

RGS-50 榴弹发射器是一种 50 毫米单发肩射型榴弹发射器，主要装备苏联国家安全委员会、内务部和军队辖下的特种部队。苏联解体后，RGS-50 依然在俄罗斯及其他苏联加盟共和国中服役。为了吸收和减轻后坐力，RGS-50 的枪托底板具有一个高效能弹簧式缓冲器。可拆卸式护木安装在枪管底部，瞄准具为可折叠式立式表尺及准星。20 世纪 90 年代末，俄罗斯推出了现代化版本 RGS-50M，击发机构略有改进。

CIS 40 AGL 榴弹发射器

制造商：新加坡技术动力公司

定型时间：1991 年

口径：40 毫米

CIS 40 AGL 榴弹发射器是一种 40 毫米自动榴弹发射器，发射 40×53 毫米高速榴弹。它采用了与美军 Mk 19 榴弹发射器类似的反冲式系统，开放式枪栓。在发射榴弹时，枪机呈开放状态。CIS 40 AGL 主要装备新加坡武装部队，并出口到菲律宾、秘鲁、摩洛哥、泰国、墨西哥、格鲁吉亚、斯里兰卡等国。

HK GMG 榴弹发射器

制造商：德国黑克勒·科赫公司

定型时间：1995 年

口径：40 毫米

HK GMG 榴弹发射器是一种 40 毫米自动榴弹发射器，采用反冲式后坐作用，发射 40×53 毫米高速榴弹，配用的榴弹用钢质弹链联结使用。HK GMG 使用轻便的铝合金制造机匣，减轻了武器重量。它可在半自动射击和全自动射击之间随意切换，并可以利用机匣盖上的两条皮卡订尼战术导轨安装各种瞄准具（包括光学瞄准镜、夜视镜）。HK GMG 的枪机、复进簧及导杆、扳机与扳机连杆组成枪机组件，每个部件都有着固定的方向，这种结构不仅便于不完全分解，还可防止分解后零件散落丢失。

M93 BGA 榴弹发射器

制造商：南斯拉夫扎斯塔瓦武器公司

定型时间：1993 年

口径：30 毫米

M93 BGA 榴弹发射器是一种30毫米自动榴弹发射器，是苏联 AGS-17 榴弹发射器的仿制型，发射 30×29 毫米无弹壳榴弹。它主要作为班用步兵支援武器，用以打击不同气候和地形条件下的目标，包括 1700 米距离内的有生力量，以及 1000 米距离内的轻、中装甲器材。根据战术要求，M93 BGA 榴弹发射器也可架设于不同类型的装甲战斗车辆和直升机上。

GM-94 榴弹发射器

制造商：俄罗斯图拉仪器设计局

定型时间：1994 年

口径：43 毫米

GM-94 榴弹发射器是一种泵动式操作的榴弹发射器，采用击针自动扳起式击发机构，只有手指扣动扳机时，击针簧才处于待击状态，这样就保证了武器在膛内有弹的情况下仍然可以安全携带。GM-94 的肩托折叠起来可作为携行时的提把，武器从行军状态转换到战斗状态只需一两秒钟。目前，大多数国家军队及警察部队装备的单发手动榴弹发射器均采用 40 毫米口径，而 GM-94 则采用 43 毫米口径。GM-94 榴弹发射器从下方抛壳，这一点对于在建筑物、交通工具中使用武器来说十分重要，甚至对于左撇子射手来说也很方便。

RGM-40 榴弹发射器

制造商：俄罗斯运动及狩猎武

器中央设计研究局

定型时间：1997 年

口径：40 毫米

RGM-40 榴弹发射器是一种 40 毫米单发肩射型榴弹发射器，是 GP-30 榴弹发射器的肩射型版本，发射 40 毫米无弹壳榴弹。它拥有伸缩式枪托，手枪握把，以及上翻型立式表尺式机械瞄准具。RGM-40 榴弹发射器主要作为警用武器，因此可以使用多种非致命性弹药（即催泪瓦斯弹、眩晕榴弹等）。此外，它也可使用标准型 40 毫米 VOG-25 和 VOG-25P 破片榴弹。

AGS-30 榴弹发射器

制造商：苏联图拉仪器设计局

定型时间：1999 年

口径：30 毫米

　　AGS-30 榴弹发射器是由 AGS-17 榴弹发射器改进而来，同样采用后坐式枪机，可选择单发或连发。另外，弹药和弹链也与 AGS-17 相同。不过，AGS-30 的握把是安装在三脚架的摇架上，而不是发射器上，扳机则位于右侧握把上。标准瞄准具有 2.7 倍放大倍率的 PAG-17 光学瞄准具和后备机械瞄具。新设计的轻巧三脚架能提供更宽广的射击角度。而减轻重量后的 AGS-30 榴弹发射器的火力、杀伤力和弹道性能与 AGS-17 一样。此外，AGS-30 榴弹发射器的操作和维修也大大简化。

3.13 反人员手榴弹和地雷

　　20 世纪中叶，电子引信、钢丝缠绕的半预制和钢珠全预制高速小破片、塑料及其他非金属材料等在手榴弹上的应用，使手榴弹的发展进入一个新阶段。美国的 M26 手榴弹、英国的 L2 手榴弹、比利时的 PRB Nr 423 手榴弹等都是这一时期出现的典型产品。

　　与手榴弹同时发展的爆炸类反人员武器还有地雷，作为一种便于制造、廉价高效的武器，可以方便地布置在很大的范围内，以阻止敌人前进。地雷一般是人工埋设，但是也有机械化布雷装置，可以按照特定的间隔，挖地埋雷。地雷通常成群排布，称为地雷阵，目的在于防止或迫使敌人穿越特定地区。另外也可用地雷拖住敌人，直到增援部队到来。

　　由于埋下的地雷在战争之后会继续杀害无辜的平民，比它们在战争中所杀的步兵还要多，1999 年生效的《渥太华条约》禁止生产、发展、使用、储存及买卖反人员地雷，至今已有 150 多个国家签署。不过，也有一些拥有大量地雷的国家没有签署该条约。

M26 手榴弹

制造商：美国陆军器材准备司令部

定型时间：1949 年

重量：454 克

M26 手榴弹主要由弹体和引信两部分组成。由上下两部分咬合的卵形弹体使用薄钢片制成，并衬以钢丝缠绕预制刻槽破片套，弹体内装 B 炸药。M26 手榴弹配用 M204A1 或 M204A2 式延期引信。M204A1 式延期引信采用转臂式结构，但延期药管从引信体中分离出来，另外增加了密封垫圈，火帽上盖有锡箔，因此密封性能好。M26 手榴弹有两种改进型，M26A1 与

M26 的弹体形状相同，但 M26A1 在雷管周围加装了 8.5 克"特屈儿"助爆药块。M26A2 的弹体比 M26 的粗短，不装助爆药块，配用 M217 式电引信。

L2 手榴弹

制造商：英国恩菲尔德兵工厂

定型时间：1950 年

重量：450 克

L2 手榴弹是英国版本的 M26 手榴弹，它使用了引爆延迟 4.4 秒的引信。L2 类似于早期的 M26，L2A1 类似于改良后的 M26A1，而 L2A2 则是 L2A1 的衍生型，主要改变在于为了大规模量产而重新设计过的引信。L3 系列手榴弹（浅蓝色的弹体并填充黑色火药）是 L2 手榴弹的训练用衍生型。L4 系列手榴弹（深黑色弹体，无填充火药，以及无作用的引信）是无装药的演习用衍生型。

PRB Nr 423 手榴弹

制造商：比利时 PRB 公司

定型时间：1953 年

重量：290 克

PRB Nr 423 手榴弹是一种攻、防两用手榴弹，主要用于杀伤有生目标，必要时也可用以摧毁轻型土木工事和车辆等。它由弹体和引信两部分组成，弹体为卵形，其外壳为橄榄色，用聚乙烯塑料制成。外壳表面有纵向和横向突筋，便于拿握。外壳内有钢丝缠绕的预制破片衬套，衬套质量约 62 克。衬套内装 60 克 B 炸药。弹体上部和弹底塞内分别装有 30 个和 22 个质量为 0.1 克的钢珠。手榴弹杀伤半径达 9 米，安全半径为 20 米。

M14 地雷

制造商：美国霍尼韦尔公司

定型时间：1951 年

重量：108 克

M14 地雷是美国在 20 世纪 50 年代制造的小型反人员地雷，为盘形弹簧结构，在引信向下受压后弹出破片来杀伤敌人。由于是塑胶制造，M14 地雷在布置后难以被发现（雷体内含金属仅为 8 克，刚刚达到普通探雷器能够捕捉到的范围），后期被改为钢质底盘以便于排除。自 1974 年开始，美军已停止使用 M14 地雷，但仍然保留了相当一部分作为储备物资。

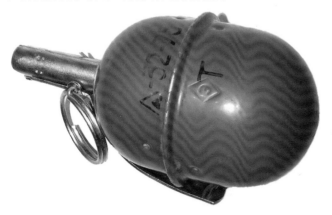

RGD-5 手榴弹

制造商：苏联图拉兵工厂

定型时间：1954 年

重量：310 克

RGD-5 手榴弹是苏联在二战后研制的一种反人员破片手榴弹，1954 年开始列装苏联军队。该手榴弹的生产成本低、便于生产，杀伤力较大且可控。弹体内装 110 克三硝基甲苯（TNT）炸药，连同 UZRGM 引信共重 310 克，比战时生产的 F1 手榴弹更轻。UZRGM 引信是一种击针式的延期引信，虽然安全性能不错，但功能比较单一，仅能延期发火，没有碰炸功能，在山地等地形上投出的手榴弹容易滚动，贻误战机。

DM51 手榴弹

制造商：德国迪尔有限公司

定型时间：1951 年

重量：435 克

DM51 手榴弹是一种组合式两用手榴弹，配用预制破片套筒为防御用手榴弹，取下预制破片套筒即为进攻用手榴弹。必要时可将数个弹体连接构成集束手榴弹，或首尾相接构成串接式爆破筒。弹体为六角棱柱形，预制破片套筒为圆柱形塑料筒，其外侧有纵横突筋，便于手握。套筒装卸方便，安装时将套筒旋转 90 度，使套筒底部的螺形突起插入弹体下部的螺形凹槽内，从而组合为一体。

M18A1 "阔刀" 地雷

制造商：美国莫顿·锡欧克尔公司

定型时间：1956 年

重量：1.6 千克

M18A1 "阔刀" 地雷（M18A1 Claymore mine）的引爆方式主要是电缆控制、绊发，内有预制的破片沟痕，在爆炸后，破片会向预定的方向飞出，地雷内藏的钢珠数量巨大，可对攻击目标造成极大的伤害。据美军地雷手册介绍，M18A1 地雷的爆炸杀伤范围为前方 50 米，以 60 度广角的扇形范围扩散。高度为 2 ～ 2.4 米。内置的钢珠最远可飞到 250 米外，其中 100 米左右距离为中度杀伤范围。M18A1 地雷具备出色的防水性能，即便在水中浸泡 2 小时仍能正常使用。

HG79 手榴弹

制造商：奥地利阿杰斯机电配件有限公司

定型时间：1979 年

重量：365 克

HG79 手榴弹是一种体积、质量、杀伤威力适中的防御型手榴弹，适于丛林近距离作战，主要用于杀伤有生目标。该手榴弹采用塑料弹体，装药结构合理。由于保险杆必须转动一定角度后才能到位，而外插保险销环可固定在引信体上，可避免意外拉动。HG79 手榴弹除手投外，也可用步枪和空包弹发射。

M-DN11 手榴弹

制造商：德国迪尔有限公司

定型时间：1961 年

重量：467 克

M-DN11 手榴弹是迪尔有限公司生产的一系列防御型手榴弹中的一种，也是其中尺寸最大、杀伤力最强的一种，可在 0℃气温和泥泞等恶劣环境下使用。弹体为鼓筒形，用塑料制成。厚的塑料弹体壁内嵌有 3800 个直径为 2.5 ～ 3 毫米的钢珠。弹体外侧有纵向和横向突筋，便于手握。弹体内装 42.5 克炸药。该手榴弹采用 DM82A1B1 式或 M-DN42 式引信，引信装在弹体顶部。

MON-200 地雷

制造商：苏联图拉兵工厂

定型时间：1962 年

重量：25 千克

MON-200 地雷是一种指向性反人员地雷，雷体为圆柱形，直径为 43.4 厘米，外表为橄榄绿色。MON-200 地雷内装 12 千克 TNT 炸药，可以单独使用，或作为一个集成的爆炸屏障。由于威力较大，还能用来对付轻型装甲车甚至直升机。

M67 手榴弹

制造商：美国洛克达因公司

定型时间：1968 年

重量：397 克

M67 手榴弹是一种碎片式手榴弹，由弹体和引信组成。球形弹体用钢材制成，内装 B 炸药（Composition B）。引信为 M213 式延时引信。引信保险机构上有一个保险夹，可防止保险销被意外拉出，从而避免事故的发生，保险夹为 S 形，用弹簧钢丝制成，一端套在引信体上，另一端夹住保险杆。M67 手榴弹可以轻易投掷到 40 米以外，爆炸后由手榴弹外壳碎裂产生的弹片可以形成半径 15 米的有效范围，半径 5 米的致死范围。

HG69 手榴弹

制造商：奥地利阿杰斯机电

配件有限公司

定型时间：1969 年

重量：485 克

HG69 手榴弹是一种防御型手榴弹，主要用于杀伤有生目标，必要时也可用于摧毁轻型土木工事或车辆。它由弹体、引信和塑料包装盒三部分组成。卵形弹体包括塑料壳体、钢珠破片套，弹体内装有 65 克炸药。该弹爆炸后可形成 3500 个破片，破片质量为 0.06 ～ 0.1 克，破片速度高达 1828 米 / 秒，在距炸点 5 米处有效杀伤概率近 100%，但由于破片质量小，速度衰减快，在距炸点 20 米处有效杀伤概率趋近于零。引信由引信体、雷管组件、击发机构与保险机构组成。延期引信有 4 秒的延期时间。

3.14 迎来新生的冷兵器

二战后，刺刀的发展进入了低潮，一些人甚至主张取消刺刀。20 世纪 70 年代，美国陆军甚至取消了刺刀训练科目。直到 20 世纪 80 年代以后，刺刀才重新受到各国军队的重视，英、美等国研制并装备了新式刺刀。新式刺刀在保留拼刺功能的同时，突出了多功能，除了能刺、切、割、锯外，还增加了剪铁丝、开罐头、起螺钉等功能。与此同时，供空军、海军、特种兵等诸兵种使用的多功能匕首（求生刀）也得到了发展。

冷战时期设计的现代军用刺刀仍是人手一把，但多作为工具使用，对刺杀性能要求不高，因此其长度逐渐缩短，刀身多选用强度高并且适用于切削、劈砍等多种用途的单刃猎刀的形状，锥形刺刀已基本不再使用。

廓尔喀弯刀

制造商：世界各国多家刀具公司

定型时间：1810 年

长度：450 毫米（典型）

廓尔喀（Kukri）弯刀也被称为反曲刀，因其刀锋和一般弯刀相反。它不仅是尼泊尔的国刀，并且是廓尔喀士兵的荣誉象征。因其性能出色，世界各国多家刀具公司都在生产类似的弯刀，主要装备特种部队。最初的廓尔喀弯刀完全以手工制成，需要 4 个工人耗费一整天时间才能完成一把。廓尔喀弯刀头重脚轻，前宽后窄，刀背厚刀刃薄的刀身状如狗腿，赋予其超凡的劈砍能力，非常适合肉搏砍杀和在丛林中行进时开路。刀身底部有小小的"V"形凹痕，可以将拔出后的鲜血导引，以免玷污刀柄。

费尔班-塞克斯格斗匕首

制造商：英国威尔金森刀具公司

定型时间：1941 年

长度：290 毫米

　　费尔班-塞克斯格斗匕首有三种不同型号，在刀身长度、护手和刀柄的细节方面略有不同，但基本特征是相同的：刀身轻薄狭窄，逐渐尖细的刀形使得直刺的力量最大限度地集中于刀尖，针形的刀尖锐利异常，几乎不用花多少力气就可以轻易地穿透衣服和肌肤，刺入对手体内深处的内脏要害；两侧开刃，刀身截面略呈钻石形，锋利的刀刃可以干净利落地削断对手的血管，或者割断对手的咽喉；刀柄较重，有助于增加直刺的威力。

卡巴刀

制造商：美国卡巴刀具公司

定型时间：1942 年

长度：301.6 毫米

　　卡巴刀（KA-BAR Knife）是一种多用途战斗刀。1942 年，卡巴刀具公司为美国海军陆战队提供了第一批刀具，称为 1219C2 战斗刀（1219C2 combat knife）。1945 年，美国海军陆战队将其命名为"美国海军陆战队格斗及多用途刀"（USMC Fighting/Utility Knife），列为基本配备。此后，美军其他战斗部队也跟随引进卡巴刀。因为需求量太大，卡巴刀具公司授权其他公司生产类似的刀具，但它仍然被称为卡巴刀，二战期间，卡巴刀的总产量超过 100 万把。时至今日，卡巴刀仍是美军装备的重要刀具。

AKM 刺刀

制造商：苏联伊兹玛什兵工厂

定型时间：1959 年

长度：290 毫米

　　AKM 刺刀是世界上最早的多功能刺刀，采用"刀＋鞘＝剪"的结构，深深影响了以后各国多用途刺刀的设计，德国 KCB 77 刺刀和美国 M9 刺刀都受到了 AKM 刺刀的启发。目前，AKM 刺刀已经发展了三代，即 AKM1、AKM2 和 AKM3，其中 AKM3 于 1984 年开始装备部队。AKM 刺刀的刀柄和刀鞘由高品质电木质成，耐高压、高温和腐蚀，刀刃为高碳工具钢锻压生成，强度极高。AKM 刺刀将刀刃与刀鞘通过刀刃孔和刀鞘卡笋结合即可成为剪刀，可带电剪切电线。刀刃背面设计有锯齿，在战场上可以提高士兵破除障碍的能力。通过护手上方的枪口定位环、握把中央内凸起和握把后卡笋可将刺刀与步枪连接，多点定位，非常结实。

格洛克刺刀

制造商：奥地利格洛克公司

定型时间：1977 年

长度：290 毫米

格洛克刺刀（Glock knife）是一种多用途刺刀，除奥地利本国采用外，还出口到美国、德国、印度、韩国、丹麦、马来西亚和波兰等国。格洛克刺刀主要有 FM78 和 FM81 两种型号，FM78 是典型的野战刀，FM81 则是求生刀，两者的主要区别是 FM78 刀背上没有锯齿。刀身是由弹簧钢、高碳钢制成，硬度可达 HRC 55，表面经过磷化处理不会反光。护手可以伸展，并当作开瓶器使用。格洛克刺刀的刀柄非常简单，五条横向凹槽可以提高握持力。刀柄尾部有个挂绳孔，末端的插孔平时用一个插头封闭。必要时可以将刀子插到木棍前段，充当临时的长矛。

L85A1 刺刀

制造商：英国恩菲尔德兵工厂

定型时间：1985 年

长度：300 毫米

L85A1 刺刀主要用于步枪，也可作为匕首使用，或作为锯、切、剪和开瓶盖工具。刀身采用高强度的不锈钢整体铸造，大部分单刃，靠近根部有一段 50.8 毫米长带齿刃口，可用于割断绳索。刀身开有血槽，刀柄上有开瓶器。刀鞘

用复合尼龙材料制造。其上有一卡笋，将刀身卡到卡笋上，刀身和刀鞘配合可剪断铁丝。卡笋形状较复杂，刀身卡到卡笋的方法只有一种，可保证卡入时不会反向安装刀身。刀鞘上装有长 178 毫米可快速更换并能折叠的锯条，用于锯割木质材料。此外，刀鞘上还装有磨刀用的油石和开瓶器。

Buck 184 求生刀

制造商：美国巴克刀具公司

定型时间：1984 年

长度：315 毫米

Buck 184 求生刀采用高碳不锈钢制成，有黑色和灰色两种，表面均经过喷砂处理。刀刃采用 425 Mod 钢材制成，并经两次淬火热处理，带有背齿。其背齿为 9 个向后倾斜的锯齿，可用以锯木头、金属和冰，还可用来掰断铁丝。刀背前部约 92 毫米的长度上，开了成弧形带齿的刃口，是为了切割绳索而设计。刀刃开锋比较精细，较 M9 刺刀的开刃角度小，所以也比 M9 刺刀要锋利得多。刀鞘为加固处理的黑色硬玻璃纤维制成，鞘内有片簧，使刀插在鞘内时不会自由晃动发出噪声。

"瑞士冠军"工具刀

| 制造商：瑞士维氏公司 |
| 定型时间：1985 年 |
| 长度：91 毫米 |

"瑞士冠军"（Swiss Champ）工具刀是瑞士军刀中应用范围非常广的型号。瑞士军刀又常称为瑞士刀或万用刀，是含有许多工具在一个刀身的折叠小刀，由于瑞士军方为士兵配备这类工具刀而得名。"瑞士冠军"有 33 种功能，要使用某个工具时，只要将它从刀身的折叠处拉出来即可。它利用黄铜铆钉将加工过的工具、分隔衬片和握柄贴片结合在一起。工具之间的分隔衬片是用铝合金制造，可以减轻刀具重量。

NRS-2 求生刀

| 制造商：苏联图拉兵工厂 |
| 定型时间：1986 年 |
| 长度：290 毫米 |

NRS-2 求生刀也可称作微声匕首枪，曾是苏联克格勃和特种部队手中的重要武器。它采用绝缘刀鞘，可以用来切割电缆，能够割断直径达 10 毫米的钢线。此外，还可以当螺丝起子，或者用作其他用途。刀柄中有枪膛和短枪管，可以装入一发 7.62×42 毫米口径的 SP-4 特制受限活塞子弹（俄罗斯 PSS 微声手枪使用的子弹），发射时的声音很小。枪口位于匕首刀柄的尾部。反过来握住刀柄，扣压刀柄中的扳机就能发射子弹。横挡护手上的一个缺口充当简化的瞄准装置。滑动的保险装置可以防止意外走火。

M9 刺刀

制造商：美国巴克刀具公司

定型时间：1986 年

长度：300 毫米

M9 刺刀是美国军队装备的多用途刺刀，刀身使用 425M 钢材制造，厚度 6 毫米。表面涂层有暗灰色和纯黑色两种，刀刃部位经巴克刀具公司专业的热处理，非常锋利。M9 刺刀的刀背较长，锯齿坚利，角度合适，能锯断飞机壳体。刀身前部有一椭圆形过孔，能与刀鞘剪切板组成钳子，剪断铁丝网和电线。M9 刺刀的刀柄为圆柱形，用美国杜邦公司生产的橄榄绿色 ST801 尼龙制造，坚实耐磨。表面有网状花纹，握持手感好，而且绝缘。刺刀护手两侧有两个凹槽，具有开瓶器功能。

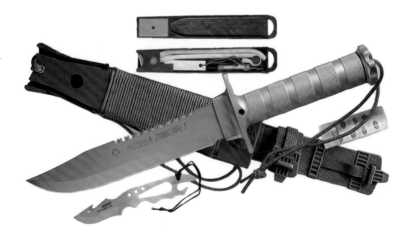

"丛林之王" 求生刀

制造商：西班牙奥托公司

定型时间：1993 年

长度：358 毫米（Ⅰ型）

"丛林之王"（Jungle King）求生刀是一种多功能、多用途求生组合刀，按尺寸大小和附件数量分为Ⅰ型、Ⅱ型、Ⅲ型三种型号。Ⅰ型的刀刃部分由 440C 高碳不锈钢制造，刀背有锯齿，可以锯断树枝和藤条。刀鞘除了装载刀身外，还装有多种野外生存用具。刀鞘底部有一个折叠叉环，连接橡胶带可作为弹弓。从外形上来看，Ⅰ型为狩猎刀形，Ⅱ型和Ⅲ型为匕首形，刀背接近刀头处有一段开锋的刀刃，同样带有背齿。一般来说，Ⅰ型侧重劈砍，Ⅱ型和Ⅲ型主要用于穿刺。三种型号的刀身都以铆接的方式固定在刀柄上。

KCB 77 刺刀是一种多功能刺刀，被世界各国多支特种部队采用。它的刀身和刀鞘均进行了防霉处理。刀鞘上有铁丝剪刃口和螺丝刀口，以及快速脱扣，刃口和刀口有着蓝宝石色的磨削表面，并由塑料套防护。塑料套可防止刀鞘驻笋和螺丝刀口挂到植物或金属线上，以减少给士兵带来的意外伤害。刺刀的刀身上有锯齿，刺刀的横挡护手处有瓶盖起子，刀柄有为防止灰尘进入弹性卡子中的防护套，同时刀柄与电绝缘，绝缘电压达到了 1000 伏。刀柄里还装有电压测量器，其工作范围在 70 ～ 400 伏。

KCB 77 刺刀

制造商：德国艾克霍恩·索林根公司

定型时间：1987 年

长度：302 毫米

Strider BNSS 求生刀

制造商：美国挺进者刀具公司

定型时间：1998 年

长度：300 毫米

Strider BNSS 求生刀是一种专门为特种部队研制的求生刀，刀身以 S30V 钢材（一种高铬、高碳、高钼、低杂质的不锈钢）制造，具有很高的硬度和韧性。在制作过程中，经过独特的淬火处理，包括超高温处理、零下温度淬火，以及增加韧性的特有回火流程。刀身进行过表面氧化处理，非常坚固耐用，不需要刻意保养。由于主要是用于军事用途，所以 Strider BNSS 求生刀并不注重舒适度。它的标准刀柄为外加缠绳，缠绳的材料有多种。缠有纤维尼龙绳的刀柄即便浸了油也能握得很紧，而且缠绳可在某些情况下派上重要用场。

SOG S37 匕首

制造商：美国哨格刀具公司

定型时间：2000 年

长度：314 毫米

SOG S37 匕首的用途十分广泛，刀身设计着重于前端尖刺的部分，具备超强破坏力，同时也保留了锋利的刀刃。刀刃尾部有齿刃设计，方便切割绳索，刀身表面特别加上雾面防锈处理，不易反光，执行任务时有利于隐蔽。把手部分合乎手指的力道设计，经过严谨的测试，不但拥有十足的防火功能，更可劈、砍、突刺，也可切割多种不同种类的绳索和线材。SOG S37 匕首在一系列异常严苛的测试中都有不俗的表现，测试项目包括刀锋韧性、锋利程度、刀刃寿命、刀尖抗折强度、绳索切割能力，以及砍、撬、刺性能等。

OKC-3S 刺刀

制造商：美国安大略刀具公司

定型时间：2002 年

长度：330 毫米

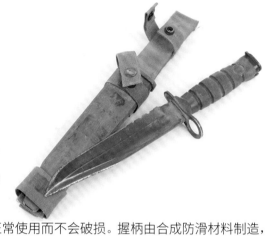

　　OKC-3S 刺刀是美国海军陆战队在世纪之交换装的新型刺刀，其外观与卡巴刀相似，但没有血槽。它比 M7 刺刀和 M9 刺刀更大、更厚和更重，能够贯穿现代军队中的多种防弹衣。刀身是由高碳钢所制造，能够在 - 32℃到 57 ℃的使用温度内正常使用而不会破损。握柄由合成防滑材料制造，具有符合人体工程学的开槽。这种设计有助于海军陆战队员在训练时防止重复性紧张损伤和手部疲劳。

3.15　反坦克武器进入导弹时代

　　冷战时期，火箭筒、反坦克地雷、无后坐力炮等传统反坦克武器进一步发展。与此同时，单兵反坦克武器的大家族里还出现了一位强大的新成员，也就是反坦克导弹。

　　二战末期，德国设计的 X-7 反坦克导弹（又名"小红帽"）堪称反坦克导弹的鼻祖，但纳粹德国的灭亡，致使该导弹尚未投入使用就停止了试验和生产。然而，其先进的设计思想，准确而有效的打击能力，引起了反坦克武器设计专家的极大关注，同时，也开创了单兵反坦克导弹的发展历史。二战后至 20 世纪 60 年代初，苏、英、法等国以德国的"小红帽"技术为基础，先后发展了多个型号的反坦克导弹，它们均采用目视瞄准跟踪、手控指令、导线传输为基本制导模式，对射手的要求比较高，操作比较困难，命中概率也只有 50% ～ 70%，被后人称为第一代反坦克导弹。

　　20 世纪 60 年代至 70 年代末期，美、苏、法等国家相继加大了对单兵反坦克导弹发展的研究力度，形成了命中率普遍在 90% 以上的第二代反坦克导弹。此类导弹采用红外半自动制导，射手操作简便，受外界条件影响小，采用管式发射，射程为 25 ～ 4000 米。其代表作有美军的 M47 "龙" 式反坦克导弹、法德联合研制的 "米兰" 反坦克导弹等。

　　进入 20 世纪 80 年代后，精确打击成为现代高技术兵器发展最热门的话题，单兵导弹得到了前所未有的发展，世界主要发达国家相继推出了以 "发射后不管" 为特征的第三代单兵反坦克导弹。

卡尔·古斯塔夫无后坐力炮

制造商：瑞典萨博 - 博福斯动力公司

定型时间：1948 年

重量：8.5 千克

　　卡尔·古斯塔夫无后坐力炮（Carl Gustav recoilless rifle）是一种单兵多用途无后坐力炮，1948 年首次装备于瑞典国防军，之后陆续被其他数十个国家采用，并推出了多种改进型。2014 年 2 月，最新版本的 M3 型被美国陆军选为制式武器。该炮可以站立、跪、坐或俯卧位射击，并可以在枪托组件的前面装上两脚式支架用以固定在地面上射击。该炮通常由两个人为一小队并且协同操作，其中一人负责携带武器和射击，另一人则负责携带弹药并且协助重新装填。

M15 反坦克地雷

制造商：美国斯普林菲尔德兵工厂

定型时间：1953 年

重量：14.3 千克

　　M15 反坦克地雷采用大型圆形不锈钢外壳，配装中央压力板。在压力板的中心是 M4 起爆插件，可将杠杆设置为"起爆"或"保险"。雷体底部和侧面各有一个副引信室，侧面还有提手。20 世纪 80 年代，为了延长 M15 地雷的服役期，又增加了一个触杆引信。在对主战坦克使用时，M15 地雷的主要作用是破坏履带，使其丧失机动能力，对坦克乘员造成伤亡的可能性较小。

ENTAC 反坦克导弹

制造商：法国宇航公司

定型时间：1957 年

重量：12.2 千克

　　ENTAC 反坦克导弹是一种瞄准线指令线导式反坦克导弹，被设计为单兵携带武器或由小型车辆操作。该导弹是由连接到操作员站的简易金属盒状发射架所发射。一个单兵操作员站最多可以控制 10 具发射架。操作员通过一具小型控制杆以手动操纵导弹。其航向校正采用了瞄准线指令系统，通过拖在导弹后方的一束导线传输到导弹上。与许多早期型的反坦克导弹一样，该导弹的最小射程也很大（400 米），这是因为它需要花费一定的时间才能达到飞行速度。

M72 轻型反装甲武器

制造商：美国黑森东方公司

定型时间：1963 年

重量：2.5 千克

M72 轻型反装甲武器（M72 LAW）于 1963 年初装备部队，取代 M31 枪榴弹和 M20A1"超级巴祖卡"火箭筒，成为美国陆军及海军陆战队主要的单兵反坦克武器。它由一个两截式的筒状发射管，以及装在其中的一枚火箭弹所组成。M72 LAW 作为一件轻巧紧凑的一次性武器，不占编制，因此可以大量配发到作战单位中，士兵在使用完后直接扔掉发射筒，不用再背在身上。在任务执行时，美军士兵一次只能携带一具 AT-4 反坦克火箭筒，但却能携带两具 M72 LAW。

FIM-43 "红眼" 防空导弹

制造商：美国康维尔公司

定型时间：1960 年

重量：8.3 千克

FIM-43 "红眼"（Redeye）防空导弹是美国在二战后设计的一种便携式防空导弹，因前端采用红外导引装置的样式而得名。该导弹采用被动式红外线导引，使用时托在肩上并用光学瞄准镜瞄准敌机，然后开启红外线导引头，这样导弹就会自动锁定目标，射手只要扣动扳机就能发射导弹。"红眼"导弹的优点是威力巨大、比较便携，缺点是重量大、后推力大、不稳定、射程不够远。

SPG-9 无后坐力炮

制造商：苏联图拉兵工厂

定型时间：1962 年

重量：47.5 千克

SPG-9 无后坐力炮是苏联在 RPG-7 火箭筒及其弹药的基础上改进设计而成，主要任务是摧毁坦克、步兵战车和杀伤有生目标。它是一种架设在三脚架上的滑膛无坐力炮，口径为 73 毫米。虽然名为无后坐力炮，但其发射的 PG-9 破甲弹事实上是一种火箭增程弹，发射药将弹体推出炮口后火箭发动机点火推动炮弹继续飞行，这和 RPG-7 火箭筒的弹药极其类似，因此 SPG-9 无后坐力炮更类似于一种重型火箭筒。SPG-9 无后坐力炮由两名士兵操作，通常由两人携带，也可用带两个小轮的炮架拖运。

9M14 "婴儿" 反坦克导弹

制造商：苏联莫洛佐夫机械制造设计局

定型时间：1963 年

重量：10.9 千克

9M14 "婴儿" 导弹系统由导弹、发射装置、制导装置组成。弹体用玻璃纤维制成，后部 4 片尾翼略成倾斜状，使导弹飞行中通过旋转保持稳定。该导弹是苏联第一代反坦克导弹中性能较好的一种，曾大量出口到第三世界国家，并在历次局部战争中广泛使用。但它的飞行速度较小，易受风力影响，死角区域较大，最小射程 500 米，不能攻击距离太近的目标，射手操作比较困难。20 世纪 70 年代以后，苏联对它进行重大改进，改用红外自动跟踪方式，减轻了射手的负担，命中率由 60% 提高到 90%。

9K32 "箭 2" 防空导弹

制造商：苏联科洛姆纳机械设计局

定型时间：1964 年

重量：9.8 千克

9K32 "箭 2"（Strela 2）防空导弹是苏联第一代便携式肩射防空导弹，北约命名为 SA-7 "圣杯"（Grail）。该导弹采用目视机械瞄准和红外线导引，使用一台固体助推器与一台单室双推力固体火箭发动机。改进型在导引头上增加了红外滤波器和弱红外辐射跟踪装置，安装了目标自动截获装置，目标捕捉、测定和导引头控制全部实现了自动化，提高了在复杂环境中的快速反应能力。

BGM-71"陶"式反坦克导弹

制造商：美国休斯飞机公司

定型时间：1968 年

重量：22.6 千克

BGM-71"陶"式反坦克导弹是于 20 世纪 60 年代研制的一种管式发射、光学瞄准、红外自动跟踪、有线制导的重型反坦克导弹。

"陶"式导弹最初由休斯飞机公司在 1963 ～ 1968 年研发，代号 XBGM-71A，设计目标是让地面和直升机都能使用。1968 年，休斯飞机公司获得了一份全面生产合约。1970 年，美国陆军开始部署这种武器系统。"陶"式导弹一直在升级改善，第一种改良型在 1978 年出现，"陶 2"（TOW 2）在 1983 年出现，"陶 2A"（TOW 2A）和"陶 2B"（TOW 2B）在 1987 年出现。直到现在，"陶"式导弹的改进仍在继续。不过，雷神公司已取代休斯飞机公司，负责所有目前改进型的生产，同时也负责新型号的研发工作。

M220 发射器是步兵使用"陶"式导弹时的发射器，但也可架在各种载具上使用，包括 M151 MUTT 吉普车、M113 装甲运兵车和"悍马"车，这种发射器严格来说可以单兵携带，但比较笨重。现役的"陶"式导弹仍然采用线导设计，且射控技术仍采取 20 世纪 70 年代第二代线导导弹的半自动指挥至瞄准线导引。这代表导引系统与发射平台须直接连线，并要求目标维持在射手的视线内直到导弹撞击为止。

小知识

TOW 是英文"管射"（Tube launched）、"光学追踪"（Optically tracked）和"线控导引"（Wire command link guided）的缩写。

AT2 反坦克地雷

制造商：德国诺贝尔炸药公司

定型时间：1970 年

重量：2.22 千克

AT2 反坦克地雷是一种可撒布反坦克地雷，可由火箭布雷系统或抛撒布雷车布撒。该地雷为圆柱形，直径为 10.35 厘米，由塑料雷壳、聚能装药、电触发引信、降落着地机构、定时自毁装置等组成。

"米兰"反坦克导弹

制造商：欧洲导弹集团

定型时间：1972 年

重量：7.1 千克

"米兰"（Missile d´infanterie léger antichar，MILAN）反坦克导弹是法国和德国联合研制的轻型步兵反坦克导弹，基本型"米兰 1"于 1972 年装备部队，此后又陆续诞生了"米兰 2""米兰 2T"和"米兰 3"等改进型。该导弹采用目视瞄准、红外半自动跟踪、导线传输指令制导方式。不同于机载和车载的"霍特"重型反坦克导弹，"米兰"轻型反坦克导弹主要由步兵使用，射程约为"霍特"导弹的一半（2000 米）。作为有线导引导弹，使用"米兰"导弹的士兵要连续瞄准目标直至命中为止，其弹头采用高爆反坦克弹。

"十字弓"反坦克火箭筒

制造商：德国梅塞施密特-

伯尔科-布洛姆公司

定型时间：1973 年

重量：6.3 千克

"十字弓"（Armbrust）反坦克火箭筒是一种无后坐力武器，发射时没有闪光和后喷焰、噪声也较低，可以安全地在任何狭小、封闭的空间内直接发射。它配用机械瞄准具，平时折叠在发射筒的软胶垫肩内，使用时竖起。瞄准具上有 150 ～ 500 米的瞄准分划。此外，也可配装反射式光学瞄准镜，瞄准镜分划板上有 3 条刻线，分别用于对 0 ～ 200米、200 ～ 250 米、250 ～ 300 米距离的目标射击。"十字弓"火箭筒主要发射火箭破甲弹和钢珠杀伤榴弹，杀伤半径为 14 米。

M47 "龙"式反坦克导弹

制造商：美国雷神公司

定型时间：1975 年

重量：16.1 千克

M47 "龙"（Dragon）式反坦克导弹是一种单兵肩扛便携式反坦克导弹系统，旨在摧毁装甲战斗车辆（尤其是坦克）、受装甲保护物体（如碉堡）和低空飞行的直升机（必要时）。该导弹的有效射程约为 1000 米，导弹以100 米 / 秒的速度，在红外制导瞄准仪的引导下飞行。发射后，操作员需要持续追踪导弹直到目标位置，这使其暴露在敌人的火力之下。自 2001 年起，美军逐渐将它淘汰，转而使用新型的 FGM-148 "标枪"导弹系统。

9K34 "箭 3"防空导弹

制造商：苏联科洛姆纳机械设计局

定型时间：1974 年

重量：16 千克

9K34 "箭 3"（Strela 3）防空导弹是以 9K32 "箭 2"导弹为蓝本并且大幅度改良而来的便携式防空导弹系统，北约代号为 SA-14 "小魔怪"（Gremlin）。该导弹主要用于攻击直升机和攻击机，由两名士兵操作，并借由红外寻的制导器追踪目标。

"吹管" 防空导弹

制造商：英国泰利斯公司

定型时间：1975 年

重量：22 千克

"吹管"（Blowpipe）防空导弹是英国军队于 20 世纪 70 年代中期开始装备的便携式防空导弹，曾在马岛战争中大量使用。之后，英军根据实战经验对其进行了多次改进。整套系统由发射管、导弹、瞄准控制装置组成。发射筒前段加粗，看上去比较笨重。该导弹既可装在三脚架上从地面发射，也可用四联装发射架装在车上发射，还可装在直升机上用作空对空导弹。

RBS 70 防空导弹

制造商：瑞典萨博·博福斯动力公司

定型时间：1977 年

重量：87 千克

RBS 70 防空导弹是一种用于对付高速飞机及直升机的便携式防空导弹，具有较高的命中精度和杀伤概率，稳定性强，可高效对抗各种人工和自然干扰。整个系统包括筒装导弹和三角架式发射装置，导弹采用正常式气动布局，装有两级固体火箭发动机、激光波束接收机及小型计算机、破片杀伤式战斗部。

"星光"防空导弹

制造商：英国泰利斯公司

定型时间：1986 年

重量：14 千克

FIM-92 "毒刺"防空导弹

制造商：美国雷神公司

定型时间：1978 年

重量：15.19 千克

FIM-92 "毒刺"（FIM-92 Stinger）防空导弹设计为一种防御型导弹，虽然官方要求两人一组操作，但是单人也可操作。与FIM-43"红眼睛"导弹相比，"毒刺"导弹有两个优势：一是采用第二代冷却锥形扫描红外自动导引弹头，提供全方位探测和自导引能力，具有"射后不理"能力；二是"毒刺"导弹装有敌我识别系统，当友军和敌军飞机在同一空域时，这是一个非常明显的优势。"毒刺"导弹也可装在"悍马"装甲车改装的平台上，或者 M2 步兵战车上。此外，也可以由伞兵携带，快速部署于敌军后方。

AT-4 反坦克火箭筒

制造商：瑞典萨博·博福斯动力公司

定型时间：1987 年

重量：6.7 千克

AT-4 反坦克火箭筒是预装弹、射击后抛弃的一次性使用武器，主要部件包括发射筒、铝合金喷管、击发机构、简易机械瞄准具、肩托、背带和前后保护密封盖等。AT-4 火箭筒重量轻，携行方便；使用简单，操纵容易，射手无须长时间培训；采用无后坐力炮原理发射，发射特征不明显，射击位置不易暴露。该火箭筒配用空心装药破甲弹，其战斗部的主装药为奥克托金（HMX），破甲厚度为 400 毫米，破甲后能在车体内产生峰值高压、高热和大范围的杀伤破片，并伴有致盲性强光和燃烧作用。引信的脱机雷管安全装置，可防止意外起爆。

"星光"（Starstreak）防空导弹采用三弹头设计，弹头由 3 个"标枪"弹头组成，每个弹头包括高速动能穿甲弹头和小型爆破战斗部。"星光"导弹发射时，先由第一级新型"脉冲式"发动机推出发射筒外，飞行 300 米后，二级火箭发动机启动，迅速将导弹加速到 4 马赫。在火箭发动机燃烧完毕后，环布在弹体前端的 3 个子弹头分离，由激光制导。三者之间保持三角形固定队形，向共同的目标飞去。散开的单个"标枪"弹头最适合用来摧毁攻击地面的敌方战机。

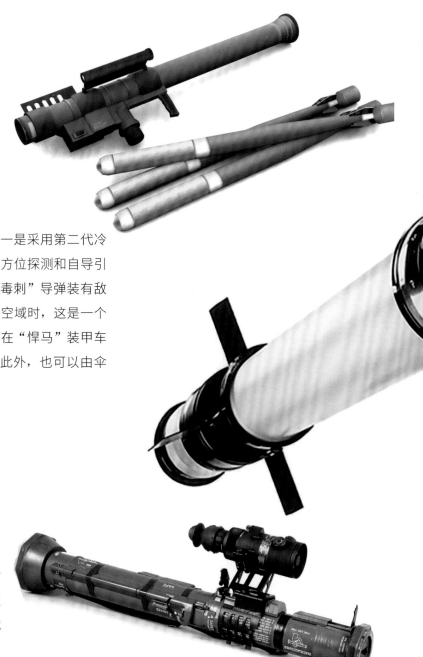

9K38 "针" 式防空导弹

制造商：苏联科洛姆纳机械设计局

定型时间：1983 年

重量：10.8 千克

9K38 "针"（Igla）式防空导弹是一种便携式近程低空防空导弹系统，北约命名为 SA-18 "松鸡"（Grouse）。该导弹采用双通道红外导引头，导引头内的目标选择逻辑装置能够识别由超音速目标发射的各种红外假目标，抗红外干扰能力很强。该导弹可攻击低空机动和非机动目标，包括固定翼飞机、悬停直升机、巡航导弹等，不仅能追尾攻击目标，而且还能从下面和侧面攻击目标，实现了全向攻击。

TM-83 反坦克地雷

制造商：苏联图拉兵工厂

定型时间：1983 年

重量：20.4 千克

TM-83 反坦克地雷是一种圆形的金属雷壳的地雷，主要用于破坏坦克的侧面装甲。它有一个可调整的框架，通过该框架可将地雷连接到木桩上、树上或者建筑物上。该雷的顶部装有红外和震动传感器。在使用过程中，地雷朝向路口并进行监视。当有车辆接近时，先由震动传感器来探测目标，继而用红外传感器在最佳时机和距离引爆地雷。地雷爆炸时，地雷前面的铜板形成弹丸穿透装甲目标。如必要的话，该雷还可采用 100 米长的电缆遥控起爆。该雷的有效设置时间为 30 天，有效杀伤距离为 50 米，可穿透 100 毫米厚的装甲。

87 式 "中马特" 反坦克导弹

制造商：日本川崎重工业公司

定型时间：1987 年

重量：12 千克

87 式 "中马特"（Type 87 Chu-MAT）反坦克导弹是一种半主动激光制导反坦克导弹，属于日本第三代反坦克导弹，采用半主动激光制导方式，在导弹发射后需要不断地用激光照射目标，飞行中的导弹接收目标反射的激光束，自动跟踪直至命中目标。该导弹既可攻击地面坦克装甲车辆，也可在反登陆作战中攻击小型登陆舰艇，起到海岸炮的作用。

87 式 "中马特" 导弹的破甲厚度为 600 毫米，最大射程为 2 千米。该导弹在发射过程中很容易暴露自身位置，也不具备发射后不管的能力。

"西北风" 防空导弹

制造商：法国马特拉电子公司

定型时间：1988 年

重量：18.7 千克

"西北风"（Mistral）防空导弹是一种被动红外线制导便携式防空导弹，用于对付 1200 米以下的低空或超低空，以至掠地飞行的飞机。导弹以两级固体装药火箭发动机为动力，弹头重达 3 千克，采用普遍流行的破片杀伤型战斗部，有效杀伤半径为 3 米。为了在夜间作战，"西北风" 导弹可选配热成像瞄准仪。该导弹最基本的作战单位通常是以两人为一个发射小组：一人携带导弹，另一人则携带发射架。

91 式防空导弹

制造商：日本东芝公司

定型时间：1991 年

重量：11.5 千克

91 式防空导弹是一种肩扛式单兵防空导弹系统，是日本第一代国产便携式防空导弹。整套系统包括导弹发射装置、外置电池盒、敌我识别系统、导弹本体和其他设备，一些部件可与美国 FIM-92 "毒刺" 防空导弹互通。导弹推进剂使用固体燃料，发射筒在发射后会热变形，无法重复使用。该导弹具有全向攻击能力，抗干扰能力也较强。

9M131 "混血儿 -M" 反坦克导弹

制造商：俄罗斯联邦仪器设计局

定型时间：1992 年

重量：13.8 千克

9M131 "混血儿 -M" 导弹是一种便携式反坦克导弹，北约代号为 AT-13 "萨克斯 2"（Saxhorn-2）。该导弹采用半自动指令瞄准线制导，作战反应时间为 8 ~ 10 秒。该导弹的攻击力来自两种战斗部。一种是改进型 9M131 导弹，采用重 4.6 千克的串联空心装药，可对付爆炸式反应装甲，在清除反应装甲后还能侵彻 800 ~ 1000 毫米厚的主装甲。另一种是用于对付掩体及有生力量的空气炸弹，采用燃料空气炸药战斗部，可对付掩体目标、轻型装甲目标和有生力量。

ERYX 反坦克导弹

制造商：欧洲导弹集团

定型时间：1993 年

重量：13 千克

ERYX 反坦克导弹是一种短程便携式反坦克导弹，被加拿大陆军、法国陆军、挪威陆军、巴西陆军和马来西亚陆军所采用。该导弹采用瞄准线半自动指令制导系统、串联锥形装药式高爆反坦克弹头，不仅可以攻击装甲车辆，还可用于对付地堡和碉堡。由于其导线制导系统的特性，它也能在防空战中击落低空飞行的直升机。

FGM-148 "标枪" 反坦克导弹

制造商：美国雷神公司、洛克

希德·马丁公司

定型时间：1994 年

重量：22.3 千克

FGM-148 "标枪"（Javelin）反坦克导弹是世界上第一种采用焦平面阵列技术的便携式反坦克导弹，配备了一个红外线成像搜寻器，并使用两枚锥形装药的纵列弹头，前一枚引爆任何爆炸性反应装甲，主弹头贯穿基本装甲。该导弹是一种 "射前锁定、射后不理" 导弹，对装甲车辆采用顶部攻击的飞行模式，攻击一般而言较薄的顶部装甲，但也可也用直接攻击模式攻击建筑物或防御阵地，直接攻击模式时也可以用以接战直升机。顶部攻击时的飞高可达 150 米，直接攻击时则是 50 米。"标枪" 导弹系统的缺点在于重量大，射程较近。

9M133 "短号" 反坦克导弹

制造商：俄罗斯联邦仪器设计局

定型时间：1998 年

重量：27 千克

9M133 "短号"（Kornet）反坦克导弹是一种便携式反坦克导弹，北约命名为 AT-14 "夺宝妖精"（Spriggan）。该导弹的动力装置由一台起飞发动机和一台续航发动机组成，起飞发动机把导弹推出发射筒后，续航发动机便开始工作。为了对付不同的目标，"短号" 导弹配备了两种战斗部，即 9M133-1 反坦克战斗部和 9M133F-1 多用途战斗部。

"斗牛士" 反坦克火箭筒

制造商：以色列拉斐尔先进防御系统公司

定型时间：1999 年

重量：8.9 千克

"斗牛士"（MATADOR）反坦克火箭筒是以色列和新加坡合作研制的便携式反坦克武器系统，发射 90 毫米火箭弹。它继承了 "十字弓" 火箭筒的许多优点，较长的前握把可以防止士兵在发射过程中错把手指放在发射筒口前方，从而避免了受伤的危险。利用折叠握把可以使武器闭锁，以防止意外射击。"斗牛士" 火箭筒配有用于安装夜视装备的皮卡汀尼导轨，所选择的瞄准具放大率可以为士兵提供良好的视野，使士兵能够更准确地打击目标。由于侵彻能力强，"斗牛士" 火箭筒可以摧毁当今世界上大部分先进的装甲人员输送车和轻型坦克。

传奇武器鉴赏：RPG-7 反坦克火箭筒

RPG-7 火箭筒是苏联研制的无导向肩扛式反坦克火箭推进榴弹，1961 年开始服役，主要用于近距离打击坦克、装甲车辆和摧毁工事。除装备苏军外，还大量装备华约国家的军队，在亚洲和非洲国家中也很流行。

由于 RPG-7 火箭筒不仅能对运输车辆、坦克、装甲车等陆地交通工具构成威胁，对于造价昂贵的航空器，如直升机、低空飞行的攻击机等也可以带来杀伤，因此颇受抵抗组织或恐怖分子青睐，视之为回报率极高的武器。装配穿甲高爆弹头的 RPG-7 非常适合摧毁装甲薄弱、防护力低下的交通工具，而改装云爆弹头的 RPG-7 则适用于消灭躲藏在地面建筑物、碉堡或地下掩体的敌人。

整体构造

RPG-7 火箭筒由发射筒、瞄准具、手柄、护板、背带、两端护套、握把以及发射机构、击发机构、保险装置等组成。发射筒用合金钢制成，包括筒身和尾喷管两部分。前端有火箭弹定位销缺口，后端有护盘，以便偶然碰到地面时，防止土、沙和其他杂物堵塞尾喷管。

基 本 参 数	
口径	40 毫米
全长	950 毫米
总重	7 千克
初速	115 米 / 秒
有效射程	200 米

筒身上部有准星座和表尺座，下部有握把连接耳、手柄固定凸壁和击针座室，筒身左侧有光学瞄准镜固定板，右面是两个固定护套带和背带环，木质护板由护板箍紧定，起隔热作用。发射机构位于握把内。击发机构由位于击针座室内的回弹式击针组件构成，保险机构用于闭锁板机，防止走火。早期的闭锁机构是钢索式的，后来改为杠杆式闭锁机。

瞄准装置

RPG-7 火箭筒采用瞄、测合一的光学瞄准镜作为主瞄准具，其放大率为 2.7 倍，视场 13 度。瞄准镜的分划板上，有 4 条水平线，对应射程为 100 米、200 米、300 米和 400 米。此外，该火箭筒还配有折叠式机械瞄准具、微光瞄准镜和红外夜视瞄准具，以便在夜间或其他微光条件下使用。

穿甲能力

RPG-7 火箭筒的定时自毁设置为 4.5 秒，其有效射程为 200 米，最大射程为 920 ～ 1000 米。穿甲能力依据目标距离不同，轧制均质装甲的穿甲厚度为 350 ～ 400 毫米。

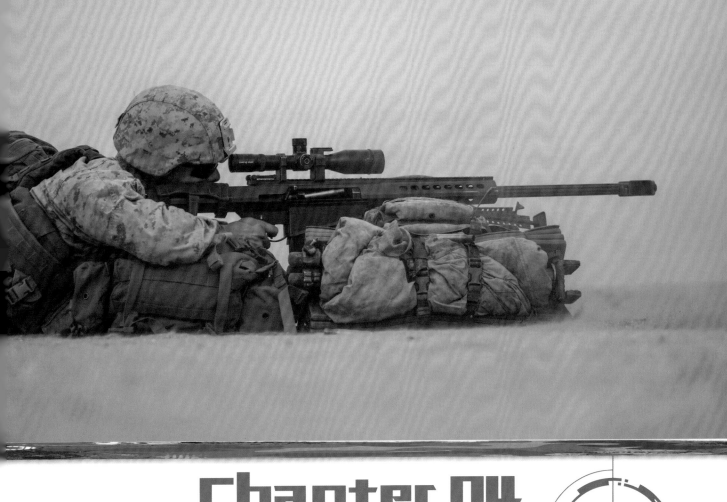

Chapter 04

新的世纪

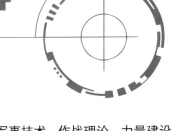

　　进入 21 世纪以来，世界主要大国围绕加速推进国防和军队信息化，以军事战略、军事技术、作战理论、力量建设、组织结构和军事管理创新为基本内容，以重塑军事体系为主要目标，出现了一系列新的发展趋势，其速度之快、范围之广、程度之深、影响之大，为第二次世界大战结束以来所罕见。

2000—2020 年

2001 年　"9·11"恐怖袭击事件后，美国在阿富汗打响了反恐战争的第一枪	2008 年　格鲁吉亚和俄罗斯为了争夺南奥塞梯的控制权而爆发战争
2003 年　美国发动伊拉克战争	2011 年　利比亚战争爆发

4.1 枪族化的突击步枪

21 世纪，许多突击步枪注重以"枪族化"形式存在，如意大利 ARX-160 突击步枪、捷克 CZ-805 突击步枪、以色列 X95 突击步枪、美国 CM901 突击步枪等。所谓枪族化，就是在突击步枪、卡宾枪、班用机枪等几种班用枪械中实现通用化设计，包括通用弹药、供弹具、枪机、机匣、发射控制机构等零部件。枪族化的优点是在制造阶段可以实现简化生产降低成本的作用，在使用阶段可以起到简化训练、后勤、维修保养的作用。

FN F2000 突击步枪

制造商：比利时国营赫斯塔尔公司
定型时间：2001 年
口径：5.56 毫米

FN F2000 突击步枪在成本、工艺性及人机工程等方面苦下功夫，不但很好地控制了质量，而且平衡性也很优秀，便于携带、握持和使用，也便于左撇子使用。该枪采用无托结构，虽然有 400 毫米长的枪管，但全长仅 688 毫米。该枪默认使用 1.6 倍率瞄准镜，在加装专用的榴弹发射器后，也可换装测距及计算弹着点的专用火控系统。

TAR-21 突击步枪

制造商：以色列武器工业公司
定型时间：2001 年
口径：5.56 毫米

TAR-21 突击步枪的设计着重于舒适性和可靠性，拥有许多出色的人体工程学设计。其左右两侧皆有弹匣卡笋按钮，因此左撇子射手可以轻易地适应操作。TAR-21 突击步枪设有备用的金属机械照门及准星，但主要瞄准装置是一个先进的反射式瞄准镜，也可以将反射式瞄准镜拆除，换装其他瞄准镜、夜视镜甚至火控系统。快慢机在握把的上方，可以调节成半自动、三发点射以及全自动射击，大拇指可轻松操作。

HK XM8 突击步枪

制造商：德国黑克勒·科赫公司

定型时间：2002 年

口径：5.56 毫米

HK XM8 突击步枪是一种轻量化突击步枪，被马来西亚海军特种作战部队和一些私人军事承包商所采用。该枪继承了 HK G36 突击步枪的基本结构，并采用不少前卫的设计，如枪身大面积采用塑料制造、枪族之间的零部件有极高的通用性等。HK XM8 突击步枪采用短行程导气式活塞、转栓式枪机设计，发射 5.56×45 毫米弹药，供弹方式为 30 发可卸式弹匣或 100 发弹鼓。

HK416 突击步枪是黑克勒·科赫公司结合 HK G36 突击步枪和 M4 卡宾枪的优点设计的突击步枪，其项目负责人为美国"三角洲"特种部队退伍军人拉利·维克斯。该枪采用了 HK G36 突击步枪的短冲程活塞传动式系统，枪管由冷锻碳钢制成，拥有很强的寿命。该枪的机匣及护木设有 5 条战术导轨以安装附件，采用自由浮动式前护木，整个前护木可完全拆下，改善全枪重量分布。枪托底部设有降低后坐力的缓冲塑料垫，机匣内有泵动活塞缓冲装置，有效减少后坐力和污垢对枪机运动的影响，从而提高武器的可靠性。

HK416 突击步枪

制造商：德国黑克勒·科赫公司

定型时间：2004 年

口径：5.56 毫米

FN SCAR 突击步枪

制造商：比利时国营赫斯塔尔公司

定型时间：2004 年

口径：5.56 毫米、7.62 毫米

FN SCAR 是比利时国营赫斯塔尔公司为了参加美国特种作战司令部"特种部队战斗突击步枪"（SOF Combat Assault Rifle，SCAR）项目而制造的突击步枪，有两种主要版本，即 5.56 毫米口径的 SCAR-L（Light，轻型版）和 7.62 毫米口径的 SCAR-H（Heavy，重型版），分别被美国特种作战司令部命名为 Mk 16 Mod 0 和 Mk 17 Mod 0。两种版本都可以改装成"狙击型态"或"近战型态"。因为采用了模块化设计，所以 FN SCAR 突击步枪可以在两种口径之间灵活变换。

VHS 突击步枪

制造商：克罗地亚 HS Produkt 公司

定型时间：2005 年

口径：5.56 毫米

　　VHS突击步枪是一种无托结构突击步枪，发射 5.56×45 毫米北约标准步枪弹。该枪采用长行程活塞气动式自动原理，转栓式枪机闭锁机构。其快慢机设置在扳机护圈内部，将快慢机拨杆设置向左时为全自动模式，设置向右时为半自动模式，设置居中时为保险模式。拉机柄位于提把下方，抛壳口外围带有连着的抛壳挡板，分别设于上、下和后三个方向，以防止其抛壳方向不稳定。

XCR 突击步枪

制造商：美国罗宾逊武器公司

定型时间：2005 年

口径：5.56 毫米、6.8 毫米、7.62 毫米

　　XCR 突击步枪是一种多口径突击步枪，原计划在 2005 年参加美军特种作战司令部的 SCAR 计划，但最后因部分附件未能在限期前送到而被取消资格，但罗宾逊武器公司仍继续生产。该枪有三种口径，包括 5.56×45 毫米、7.62×39 毫米及特种口径 6.8×43 毫米。它还有多种长度的枪管，如 11.5 寸、14.5 寸、16.2 寸、18.5 寸及 20 寸，部分长度的枪管有加厚或加重加厚版本。上机匣顶部装有战术导轨以加装各种瞄准镜，护木上下左右位置共有四条战术导轨。机匣两边皆有弹匣释放钮及射击选择钮。

　　AK-103 突击步枪是俄罗斯生产的现代化突击步枪，主要为出口市场而设计，俄罗斯军队也少量装备。AK-103 突击步枪与 AK-74M 突击步枪非常相似，它采用现代化复合工程塑料技术，装有 415 毫米枪管，可加装瞄准镜及榴弹发射器，且有 AK-74 式枪口制退器。与 AK-74M 不同的是，AK-103 突击步枪发射 7.62×39 毫米弹药。

AK-103 突击步枪

制造商：俄罗斯伊兹玛什公司

定型时间：2006 年

口径：7.62 毫米

REC7 突击步枪

制造商：美国巴雷特公司

定型时间：2007 年

口径：6.8 毫米

REC7 突击步枪是在 M16 突击步枪和 M4 卡宾枪的基础上改进而成的突击步枪，采用了新的 6.8 毫米雷明顿 SPC（6.8×43 毫米）弹药，其长度与美军正在使用的 5.56 毫米弹药相近，因此可以直接套用美军现有的 STANAG 弹匣。6.8 毫米 SPC 弹药在口径上较 5.56 毫米弹药要大不少，装药量也更多，其停止作用和有效射程比后者要强 50% 以上。REC7 步枪采用阿姆斯公司生产的 SIR 护木，能够安装两脚架、夜视仪和光学瞄准镜等配件。此外，该枪还有一个折叠式的机械瞄具。

ACR 是"Adaptive Combat Rifle"（先进战斗步枪）的简称。该枪采用短行程作用气动式及转栓式枪机运作，沿用了 AR-15 系列步枪的一些设计，包括枪管和扳机组。其快慢机也类似于 AR-15，设有保险、单发和自动三种模式。ACR 的枪托同为折叠式及可调式，并与其手枪握把一样设有存储空间。ACR 有五种不同口径的版本，包括：5.56×45 毫米、6.8×43 毫米、7.62×51 毫米、7.62×39 毫米及 5.45×39 毫米。用户只需通过更换枪管、枪机组件和弹匣插座连弹匣就能转换成上述的任一版本。

ACR 突击步枪

制造商：美国雷明顿公司

定型时间：2007 年

口径：5.45 毫米、5.56 毫米、

6.8 毫米、7.62 毫米

加利尔 ACE 突击步枪

制造商：以色列武器工业公司

定型时间：2008 年

口径：5.56 毫米、7.62 毫米

加利尔 ACE 突击步枪是以加利尔突击步枪为蓝本改进而来的突击步枪，分为三种口径，分别发射 5.56×45 毫米、7.62×39 毫米、7.62×51 毫米步枪弹。前两种是突击步枪，而 7.62×51 毫米是自动步枪。该枪具有多种不同的衍生型：标准长度的 ACE 23、ACE 23 N、ACE 32 和 ACE 53（突击步枪）；缩短枪管长度的 ACE 22、ACE 22 N 和 ACE 52 L（短管突击步枪）；进一步缩短枪管长度的 ACE 21、ACE 21 N、ACE 31 和 ACE 52（微型突击步枪）。

ARX-160 突击步枪是意大利武装部队的制式步枪和"未来士兵"计划的组成部分。它可以通过转换枪管等部件以发射 5.56×45 毫米、5.45×39 毫米、6.8×43 毫米以及 7.62×39 毫米四种口径的步枪弹。该枪具有很多出色的人体工学设计，最明显的是手枪握把上方、机匣左右两侧可由拇指灵巧操作的保险和快慢机装置。快慢机有保险、半自动和全自动三个位置两种发射模式。虽然枪身厚度比一般突击步枪更厚，外观也略显肥大，但由于与伯莱塔近年来推出的枪械一样，ARX-160 大量使用合成材料制造，枪身实际重量仍然很轻。

ARX-160 突击步枪

制造商：意大利伯莱塔公司

定型时间：2008 年

口径：5.45 毫米、5.56 毫米、6.8 毫米、7.62 毫米

CZ-805 突击步枪

制造商：捷克布罗德兵工厂

定型时间：2009 年

口径：5.56 毫米、7.62 毫米

CZ-805 突击步枪是捷克军队的新一代制式步枪，采用短行程导气活塞式原理和滚转式枪机。上机匣由铝合金制作而成，下机匣的制作材料为聚合物。CZ-805 突击步枪有单发、两发点射和全自动三种射击模式，手动保险和快慢机柄在枪身两侧都有，以方便射手快速切换射击模式。该枪发射 5.56×45 毫米北约标准步枪弹，也有 7.62×39 毫米口径的型号，而且未来还可能发射 6.8 毫米弹药。枪管能够快速拆卸，以便于更改口径或更换枪管长度，每种口径都有四种不同长度枪管，分别为：短突击型、标准型、精确射击型和班用自动步枪型。

X95 突击步枪

制造商：以色列武器工业公司

定型时间：2009 年

口径：5.45 毫米、5.56 毫米、9 毫米

X95 突击步枪是专门为特种部队以及通常不使用长枪管突击步枪的军事人员设计的无托结构突击步枪，也可通过零件转换变为冲锋枪。作为突击步枪时分别发射 5.56×45 毫米（X95 和 X95-L）和 5.45×39 毫米（X95-R）步枪弹，而作为冲锋枪时则发射 9×19 毫米手枪弹（X95-S 和 X95 SMG）。该枪采用长行程活塞气动式自动原理，转栓式枪机闭锁机构。外壳完全是由聚合物所制造而成，聚合物外壳内部的机匣部分是一个钢制 U 形骨架。因为弹匣尺寸不同，该枪使用冲锋枪弹匣时需要安装弹匣适配器。

AK-12 突击步枪

制造商：俄罗斯伊兹玛什公司

定型时间：2012 年

口径：5.45 毫米

AK-12 突击步枪既是俄罗斯伊兹玛什公司针对 AK 枪族的常见缺陷而改进的现代化突击步枪，也是 AK 枪族的最新成员。该枪的操作原理虽然是卡拉什尼科夫长行程活塞传动式和转栓式枪机闭锁机构，但重新设计了枪机系统。其拉机柄不再与枪机一体化，而是改为可拆卸式，并可以左右安装。AK-12 有半自动、三发点射和全自动三种发射模式，全自动射击的理论射速为 600 发 / 分钟，而三发点射则为 1000 发 / 分钟。该枪还有发射 7.62×39 毫米步枪弹的衍生型，被命名为 AK-15 突击步枪。

ASh-12.7 突击步枪

制造商：俄罗斯伊兹玛什公司

定型时间：2011 年

口径：12.7 毫米

ASh-12.7 突击步枪是一种大口径无托结构突击步枪，是一种近距离作战及城市作战专用的武器，发射 12.7×55 毫米步枪弹。该枪采用气动式操作，转栓式枪机闭锁及开锁。射击控制装置包括两个独立的杠杆，分别是位于后方的枪托上的快慢机（半自动 / 全自动）和手枪握把上方的手动保险（保险 / 射击），而且两侧都有操作开关。ASh-12.7 突击步枪具有冲压钢制机匣和聚合物枪身及枪托，提把上安装了皮卡订尼战术导轨以便安装各种光学瞄准具。

CM901 突击步枪

制造商：美国柯尔特公司

定型时间：2013 年

口径：5.56 毫米、6.8 毫米、7.62 毫米

CM901 步枪是一种模组化武器系统，用户可以在不使用任何工具的情况下将武器转换成一把突击步枪、特等射手步枪或短管卡宾枪。该枪是以柯尔特公司现有的军用步枪（M16A4 突击步枪及 M4 卡宾枪）为原型设计出来的，它保留了 M16 突击步枪的枪机系统，而且在操作上和外形上均与柯尔特公司以往的步枪产品类

似。CM901 步枪有多种口径可供选择，包括：5.56×45 毫米、7.62×51 毫米、7.62×39 毫米及 6.8×43 毫米。另外，用户可根据自己的喜好而选择不同长度的枪管。机匣上装有皮卡汀尼导轨，用户能够按自己的需求而装上不同种类的瞄准镜。

ADS 两栖突击步枪是一种能同时适应陆地和水中有效射击的步枪，采用无托设计、导气式工作原理、枪机旋转式闭锁方式以及向右前方抛壳的抛壳方式。在陆地上，ADS 使用的是 5.45×39 毫米步枪弹，射程可达 500 米，并且精度和有效性都与 AK-74 突击步枪相差无几。在水下，ADS 使用的是一种尺寸略小的子弹，在精度和操作方便性上都要比 APS 水下突击步枪出色。ADS 在距离水面 30 米的深度，可以击中 25 米之外的目标。

ADS 两栖突击步枪

制造商：俄罗斯联邦仪器设计局

定型时间：2013 年

口径：5.45 毫米

★ 4.2 稳居主流的手动狙击步枪 ★

　　进入 21 世纪，手动狙击步枪仍然是狙击步枪中生产数量最多、应用最广泛的一种，尤其是在反恐作战中，手动狙击步枪所能发挥的作用是其他枪械无法代替的。为了加强远距离的毁伤效果，手动狙击步枪的发展趋势是加大口径和射程、使用更大威力的弹药、提高射击精度。

DSR-1 狙击步枪

制造商：德国 DSR 精密公司

定型时间：2000 年

口径：7.62 毫米

　　DSR-1 狙击步枪是德国设计和制造的紧凑型无托狙击步枪，主要供警方神射手使用。该枪大量采用高技术材料，如铝合金、钛合金、高强度玻璃纤维复合材料等，既减轻了重量，又保证了武器的坚固性和可靠性。对于旋转后拉式枪机步枪来说，采用无托结构会使拉机柄的位置过于靠后，导致拉动枪机的动作幅度较大和用时较长，但由于 DSR-1 的定位是警用狙击步枪，强调首发命中而非射速，所以这个缺点的影响不大。

　　DSR-50 狙击步枪是德国设计和制造的无托狙击步枪（反器材步枪），从本质上来说，该枪就是 DSR-1 狙击步枪的膛室放大型，以便发射 12.7×99 毫米北约标准步枪弹。DSR-50 狙击步枪把枪机等主要部件放在手枪握把的背后，从而缩短了总长度而不缩短枪管长度。DSR-50 狙击步枪装有一种结合了消音器和枪口制动器的枪口装置，可大大减少射击时产生的枪口焰、噪声和后坐力。

DSR-50 狙击步枪

制造商：德国 DSR 精密公司

定型时间：2000 年

口径：12.7 毫米

TPG-1 狙击步枪

制造商：奥地利尤尼科·阿尔皮纳公司

定型时间：2000 年

口径：5.56 毫米、7.62 毫米、8.58 毫米

TPG-1 狙击步枪是一种竞赛型手动狙击步枪，其名称中的"TPG"是德语"Taktisches Präzisions Gewehr"的缩写，意为"战术精密步枪"。除了极高的射击精度，TPG-1 狙击步枪的最大特点就是模块化。整个枪机、上机匣组件安装在一个铝质的下机匣上（机匣是由两种材料复合制成，目的是保证强度的同时减轻重量）。该枪具有不同口径的多种型号，通过更换枪管和枪机组件即可快速实现不同型号之间的转换。

Tango 51 狙击步枪是以雷明顿 700 步枪的枪机为基础改进而来的手动狙击步枪，发射 7.62×51 毫米北约标准步枪弹。枪管是战术行动公司自制的比赛级自由浮置式枪管，有 3 种长度可供选择。该枪的设计符合人体工学，对射手而言较为舒适。机匣顶部有两条小型皮卡订尼战术导轨，可以安装昼 / 夜光学瞄准镜或者夜视仪。

Tango 51 狙击步枪

制造商：美国战术行动公司

定型时间：2000 年

口径：7.62 毫米

M40A3 狙击步枪

制造商：美国雷明顿公司

定型时间：2001 年

口径：7.62 毫米

M40A3 狙击步枪是 M40 系列狙击步枪的主要改进型之一，2001 年开始批量生产。该枪仍然采用雷明顿 700 步枪的枪机座，枪管采用施耐德 610 比赛级重枪管，枪托改用麦克米兰 A-4 玻璃纤维战术枪托。夜间使用时可改用施密特 - 本德（3 ～ 12）×50 发光瞄准镜，代替原本的 MST-100 Unertl 日间瞄准镜。在美国，M40A3 狙击步枪被视为现代狙击步枪的先驱。它被称为冷战"绿色枪王"，在越南战争和其他局部战争中频频露脸。

M200 狙击步枪

制造商：美国夏伊战术公司

定型时间：2001 年

口径：9.53 毫米、10.36 毫米

M200 狙击步枪可以使用 10.36 毫米和 9.53 毫米两种口径的弹药，主要用途是阻截远距离的软目标。该枪没有配备机械瞄具，必须利用机匣顶部的皮卡订尼战术导轨安装光学瞄准镜或夜视镜，而其他战术配件可安装在枪身前端的战术导轨上。M200 狙击步枪已被多个国家的特种部队采用，如捷克特殊任务小组、波兰"雷鸣"特种部队等。

M310 狙击步枪

制造商：美国夏伊战术公司

定型时间：2001 年

口径：9.53 毫米、10.36 毫米

M310 狙击步枪有 9.53 毫米和 10.36 毫米两种口径。每种口径又根据枪托、护手的材料不同分为两种款式，分别采用工程塑料及铝合金材料。铝合金枪托可以折叠，前托上有一段皮卡汀尼导轨，可在瞄准镜前串列安装夜视设备。

AE 狙击步枪是精密国际公司推出的"廉价型"狙击步枪，尽管不如 AW 系列狙击步枪坚固，但价格却下降了很多，主要用户为执法机构。与 AW 和 AWP 狙击步枪相比，AE 狙击步枪只有一种型式（没有其他口径和枪管长度可选），有效射程只有 600 米。AE 狙击步枪取消了机械瞄准具和原来的瞄准镜座，在机匣顶部安装了一段皮卡汀尼导轨。

AE 狙击步枪

制造商：英国精密国际公司

定型时间：2001 年

口径：7.62 毫米

C14 MRSWS 狙击步枪

制造商：加拿大 PGW 防务技术公司

定型时间：2001 年

口径：8.58 毫米

C14 MRSWS 狙击步枪主要发射 .338 拉普阿 - 玛格南步枪弹，由可拆卸的 5 发弹匣供弹。该枪使用自由浮置式重型枪管，右旋膛线的缠距为 254 毫米。枪口装有可拆卸的不锈钢制动器，可以大幅减轻后坐力。枪机以不锈钢制造，具有螺旋形凹槽，在保持强度的同时减轻了重量。

AR-30 狙击步枪是阿玛莱特公司在 AR-50 狙击步枪基础上改进而来的狙击步枪，2003 年开始生产并对民间市场发售，不久之后又被执法机构采用。该枪的扳机力小、后坐力小，但制动器有枪口焰现象，并且噪声较大。总体来说，AR-30 狙击步枪的综合性能出色，无论是在军事、执法领域，还是在远距离射击比赛和狩猎运动中，都有较好的应用前景。

AR-30 狙击步枪

制造商：美国阿玛莱特公司

定型时间：2003 年

口径：8.58 毫米

FN SPR 狙击步枪

制造商：比利时国营赫斯塔尔公司

定型时间：2004 年

口径：7.62 毫米

　　FN SPR 狙击步枪的最大特点是内膛镀铬的浮置式枪管和合成枪托。内膛镀铬的好处是枪管更持久、更耐腐蚀和易于清洁维护。不过，镀铬枪管可能导致精度下降，所以在手动狙击步枪中非常罕见。由于没有机械瞄具，FN SPR 狙击步枪必须利用机匣顶部的皮卡订尼战术导轨安装各种战术附件。该枪主要发射 7.62×51 毫米北约标准步枪弹。

"博尔" 狙击步枪

制造商：波兰机械装备与研究发展中心

定型时间：2005 年

口径：7.62 毫米

　　"博尔"（Bor）狙击步枪是波兰设计制造的手动狙击步枪，已被波兰陆军正式采用。"博尔"狙击步枪采用无托结构，制式型号重 6.1 千克，枪管长 680 毫米，另有为空降部队研制的 560 毫米枪管。波兰陆军最初接收的"博尔"狙击步枪装有美国刘波尔德（4.5 ～ 14）×50 光学瞄准镜和夜视瞄准装置，从 2009 年开始换为波兰本国制造的 CKW 昼 / 夜用瞄准具。

B&T APR 狙击步枪

制造商：瑞士布鲁加·托梅公司

定型时间：2003 年

口径：7.62 毫米

　　B&T APR 狙击步枪是布鲁加·托梅公司（B&T）研制的手动狙击步枪，主要分为 APR 308 和 APR 338 两种型号。2005 年，APR 308 在法国巴黎召开的国际军警保安器材展上首次公开展出，此后便被新加坡武装部队正式选为制式狙击步枪。2007 年，B&T 公司推出了 .338 拉普阿 - 玛格南版本，称为 APR 338。该枪的机匣顶部设有一条皮卡订尼战术导轨，前护木上也可安装 3 条额外附加皮卡订尼战术导轨的上护木。

SSG 04 狙击步枪

制造商：奥地利斯泰尔·曼利夏公司

定型时间：2004 年

口径：6 毫米、7.62 毫米、8.58 毫米

SSG 04 狙击步枪是斯泰尔·曼利夏公司在 SSG 69 狙击步枪基础上研制的手动狙击步枪，可发射 .243 温彻斯特、.308 温彻斯特和 .300 温彻斯特 - 玛格南步枪弹。该枪采用浮置式重型枪管，枪口装有制动器。全枪的外部经过黑色磷化处理，以增强耐久性、提高抗腐蚀性，并减少在夜间行动时被发现的概率。枪托使用工程塑料制成，配备可调整高低的托腮板和枪托底板以适合射手身材。枪托表面没有花纹，握持更舒适。

M98B 狙击步枪是一款威力适中的远距离狙击步枪，威力介于 7.62 毫米和 12.7 毫米这两种主流口径狙击步枪之间。该枪精度较高，在 500 米距离的弹着点散布直径是 6 厘米，在 1600 米距离可以无修正命中人体目标。M98B 狙击步枪不但是有效的反人员狙击步枪，也可以在一定程度上作为反器材步枪使用。

M98B 狙击步枪

制造商：美国巴雷特公司

定型时间：2008 年

口径：8.58 毫米

SSG 08 狙击步枪

制造商：奥地利斯泰尔·曼利夏公司

定型时间：2008 年

口径：6 毫米、7.62 毫米、8.58 毫米

SSG 08 狙击步枪是 SSG 04 狙击步枪的改进型，其冷锻枪管采用浮置式设计，枪管前端带有一个高效的制动器。为了使狙击手能够执行不同的作战任务，SSG 08 狙击步枪可以发射三种不同口径的弹药，即 7.62×51 毫米北约标准步枪弹、.300 温彻斯特 - 玛格南步枪弹和 .243 温彻斯特步枪弹。

JNG-90 狙击步枪

制造商：土耳其机械和化学工业公司

定型时间：2008 年

口径：7.62 毫米

JNG-90 狙击步枪于 2008 年成为土耳其军队的制式狙击步枪，发射 7.62×51 毫米北约标准步枪弹，有效射程约为 1200 米。枪管上装有枪口制动器可用作降低后坐力，护木及枪托上均装有皮卡汀尼导轨以供射手装上各式各样的瞄准镜及战术配件，枪托为可调式。

SRS 狙击步枪

制造商：美国沙漠战术武器公司

定型时间：2008 年

口径：6.2 毫米、6.5 毫米、

7.62 毫米、8.58 毫米

SRS 狙击步枪是沙漠战术武器公司设计制造的无托结构手动狙击步枪，其名称意为"隐形侦察兵"（Stealth Recon Scout，SRS）。该枪最初发射 8.58×70 毫米步枪弹，之后陆续增加了 6.2×52 毫米、7.62×51 毫米、7.62×63 毫米、6.5×51 毫米和 6.5×47 毫米等口径。这些口径可以通过更换枪管和枪机的方式进行转换。

KNT-308 狙击步枪

制造商：土耳其机械和化学工业公司

定型时间：2008 年

口径：7.62 毫米

KNT-308 狙击步枪的有效射程为 800 米，供弹方式为 5 发可拆卸弹匣，若不算上额外零件，其单价约为 2000 美元。根据制造商的说法，该枪的重量比同类狙击步枪轻了 30%，售价也比同类的武器便宜 30%。该枪还有一种发射 12.7×99 毫米北约标准步枪弹的衍生型，有效射程为 1700 米。

M40A5 狙击步枪是 M40 系列狙击步枪的主要改进型之一，2009 年开始批量生产。M40A5 狙击步枪增设了枪口消焰器，并可装设消音器。护手前方增设 U 形导轨，可直接在日间瞄准镜前加装夜视镜。此外，原本的固定式弹仓被改为 5 发可拆式弹匣。

M40A5 狙击步枪

制造商：美国雷明顿公司

定型时间：2009 年

口径：7.62 毫米

MSR 狙击步枪

制造商：美国雷明顿公司

定型时间：2009 年

口径：7.62 毫米、8.58 毫米

MSR（Modular Sniper Rifle）狙击步枪是雷明顿公司设计和制造的手动狙击步枪，可使用多种口径的弹药。该枪的比赛级枪管的外表面有纵向凹槽，既可减轻重量，也可增加刚性，而且提高了散热效率。自由浮置式枪管除了与机匣连接外，与整个前托都不接触。枪管长度有 4 种，分别为 508 毫米、558.8 毫米、609.6 毫米、685.8 毫米。

AX 338 狙击步枪

制造商：英国精密国际公司

定型时间：2010 年

口径：8.58 毫米

AX 338 狙击步枪是精密国际公司设计和制造的远程狙击步枪，由 AWSM 狙击步枪改进而来。与 AWSM 狙击步枪相比，AX 338 狙击步枪的枪机更长更粗，强度更大。此外，AX 338 狙击步枪的枪机头可以与机体分离出来，如果要改变口径，只需要更换枪机头和枪管就可以了。机匣顶部设有全尺寸皮卡汀尼导轨，而且有一个八角形截面的枪管护套包裹在枪管外面，枪管护套的四个方向上都有皮卡汀尼导轨，可以在瞄准镜前安装夜视仪及其他辅助装置。

M2010 狙击步枪

制造商：美国雷明顿公司

定型时间：2010 年

口径：7.62 毫米

M2010 狙击步枪是雷明顿公司设计制造的手动狙击步枪，由 M24 狙击步枪改进而来。2011 年 1 月，美国陆军开始向 2500 名狙击手配发 M2010 狙击步枪。同年 3 月，美国陆军狙击手开始在阿富汗的作战行动中使用 M2010 狙击步枪。M2010 狙击步枪的有效射程为 1200 米，特别设计的枪托和自由浮置式枪管提供了更高的射击精度。

MRAD 狙击步枪

制造商：美国巴雷特公司

定型时间：2010 年

口径：8.58 毫米

MRAD（Multi-Role Adaptive Design，适应多任务设计）狙击步枪是巴雷特公司以 M98B 狙击步枪为蓝本，按照美国特种作战司令部制定的规格改进而来的手动狙击步枪。MRAD 狙击步枪的外形和 M98B 狙击步枪基本相同，主要区别在于取消了原来的固定枪托，换为可折叠的塑料枪托。MRAD 狙击步枪装有一根自由浮置式枪管，枪管长度有三种，分别为 685.8 毫米、622.3 毫米和 508 毫米。

AX 308 狙击步枪是 AX 338 狙击步枪的 7.62×51 毫米口径版本。该枪使用的各个零部件都有其特定的尺寸，不能够与 AW 系列狙击步枪的各个零部件作互换使用。AX 308 狙击步枪的枪口装置除了有制动功能以外，其前端的螺纹还可安装专用的短管铝质战术消声器，以减少射击时所产生的噪声、火光和后坐力。

AX 308 狙击步枪

制造商：英国精密国际公司

定型时间：2010 年

口径：7.62 毫米

M8400 狙击步枪

制造商：美国金柏公司

定型时间：2011 年

口径：5.56 毫米、7.62 毫米

M8400 狙击步枪可发射 .223 雷明顿、.308 温彻斯特和 .300 温彻斯特 - 玛格南步枪弹。该枪有巡逻型、战术型、警用战术型、先进战术型、巡逻战术型等多种型号，各个型号均采用固定弹仓供弹。该枪的钢制机匣是以数控机床加工而成，虽然本身的精度已经很高，但为了保证更高的加工精度，由机器加工以后，机匣表面还会经过人工打磨。

FN "弩炮" 狙击步枪

制造商：比利时国营赫斯塔尔公司

定型时间：2010 年

口径：7.62 毫米、8.58 毫米

FN "弩炮" 狙击步枪是在奥地利 TPG-1 狙击步枪的基础上改进而来的手动狙击步枪，可以发射 7.62×51 毫米北约标准步枪弹、.300 温彻斯特 - 玛格南步枪弹和 .338 拉普阿 - 玛格南步枪弹。三种口径的枪管等部件可以使用工具进行更换，而且可以在两分钟内更换完毕。该枪没有配备机械瞄准具，必须利用机匣顶部的全尺寸皮卡订尼战术导轨安装各种战术附件。

T-5000 狙击步枪是一种高精度手动狙击步枪，采用数控机床加工制成的机匣，工艺比较先进，使机匣强度和加工精度都有提升。枪机组件同样完全采用高质量不锈钢以数控机床加工制成，枪机表面上设有螺旋状排沙槽以增加枪机运动的可靠性。为了满足不同战术用途，该枪可发射 .308 温彻斯特、.300 温彻斯特 - 玛格南和 .338 拉普阿 - 玛格南等不同口径的步枪弹。

T-5000 狙击步枪

制造商：俄罗斯奥尔西公司

定型时间：2011 年

口径：7.62 毫米、8.58 毫米

CS5 狙击步枪

制造商：美国麦克米兰公司

定型时间：2012 年

口径：7.62 毫米

CS5 狙击步枪是麦克米兰公司于 2012 年推出的紧凑型手动狙击步枪，发射 .308 温彻斯特（7.62×51 毫米）步枪弹。该枪具有粗壮型和标准型两种配置可供选择，前者可满足特警或反恐狙击手近距离作战使用，后者适用于狙击距离一般在 500 米的特种部队和军事承包商等特殊用户。该枪的比赛级自由浮置式枪管是由不锈钢制成，枪口可以安装制动器，需要时还可以安装消声器。

K14 狙击步枪的设计类似雷明顿 700 步枪，所以熟悉雷明顿 700 步枪的使用者可以很快上手，而且 K14 狙击步枪的尺寸较短，可以很方便地携带使用。K14 狙击步枪发射 7.62×51 毫米北约标准步枪弹，有效射程为 800 米。该枪使用 10 发弹匣供弹，具有较好的火力持续性。

K14 狙击步枪

制造商：韩国大宇集团

定型时间：2012 年

口径：7.62 毫米

M40A7 狙击步枪

制造商：美国雷明顿公司

定型时间：2014 年

口径：7.62 毫米

M40A7 狙击步枪是 M40 系列狙击步枪的最新型号，最初命名为 M40A6，正式版本改名为 M40A7。该枪改用模组化外壳，配备折叠式枪托，在机匣顶部增设了全尺寸皮卡汀尼导轨。

DAN 狙击步枪发射 .338 拉普阿 - 玛格南步枪弹，主要用于远距离狙击，以及有限度的反器材用途。在 1200 米范围以内，DAN 狙击步枪具有小于 1 MOA 的精度。该枪设有多条皮卡订尼战术导轨，用以安装昼 / 夜光学瞄准镜（顶部导轨）、两脚架（底部导轨）或其他附件（其他导轨）。比赛级的自由浮置式枪管表面具有凹槽，枪口具有快速装上消音器的联接螺纹。

DAN 狙击步枪

制造商：以色列武器工业公司

定型时间：2014 年

口径：8.58 毫米

RS9 狙击步枪

制造商：德国黑内尔武器公司

定型时间：2016 年

口径：8.58 毫米

RS9 狙击步枪被德国联邦国防军采用并命名为 G29 狙击步枪，作为取代 G22 狙击步枪（精密国际 AWM 狙击步枪）的中程狙击步枪，发射 .338 拉普阿 - 玛格南（8.58×70 毫米）步枪弹。该枪采用冷锻法加工制成的自由浮置式枪管，标准膛线缠距为 254 毫米，枪口可装上制动 / 消焰器，需要时也可改为战术消音器。

4.3 少而美的半自动狙击步枪

21 世纪以来，世界各国研制的新型半自动狙击步枪在数量上依旧少于手动狙击步枪。不过，半自动步枪作为手动狙击步枪的重要补充，在新世纪里仍有用武之地。例如，被评为"2007 年美国陆军十大发明"之一的 M110 半自动狙击步枪，便被美国、巴西、阿根廷、加拿大、哥伦比亚、希腊、匈牙利、意大利、墨西哥、波兰、新加坡、西班牙、泰国、土耳其等国家的军队采用。

SR99 狙击步枪

制造商：以色列军事工业公司

定型时间：2000 年

口径：7.62 毫米

SR99 狙击步枪是以色列军事工业公司于 2000 年推出的半自动狙击步枪，实际上就是"加利尔"狙击步枪的现代化版本。该枪在设计时充分考虑了狙击手的战斗环境和独特操作要求，一切为狙击手着想，利于狙击手迅速投入战斗，具有精确瞄准和连续开火能力。换装枪管后，SR99 狙击步枪还可变为普通步枪。该枪使用 25 发弹仓供弹，可持续射击较长时间。

M89SR 狙击步枪是以色列研制的无托结构半自动狙击步枪，发射 7.62×51 毫米北约标准步枪弹。M89SR 狙击步枪的浮置式枪管长度为 560 毫米，由于采用了无托结构，全枪长度只有 850 毫米，即使加上消音器也仅有 1030 毫米。由于尺寸紧凑且重量较轻，M89SR 狙击步枪非常适合城市环境下的战斗行动。

M89SR 狙击步枪

制造商：以色列技术顾问国际公司

定型时间：2001 年

口径：7.62 毫米

SVDK 狙击步枪

制造商：俄罗斯中央精密机械

工程研究院

定型时间：2006 年

口径：9.3 毫米

SVDK 狙击步枪是 SVD 狙击步枪的衍生型，它继承了后者的设计精髓，并在细节上加以改进。该枪发射 7N33 型穿甲弹（9.3×64毫米），针对的目标是穿着重型防弹衣或躲藏在掩体后面的敌人。SVDK 狙击步枪也可作为一种轻便的反器材步枪使用，其优点是比普通的反器材步枪要轻便得多，不过缺点是效费比高，因为它的威力远比不上 12.7 毫米的大口径步枪，射程也近得多。

M110 狙击步枪

制造商：美国奈特公司

定型时间：2007 年

口径：7.62 毫米

M110 狙击步枪是美国奈特公司设计制造的半自动狙击步枪，曾被评为"2007 年美国陆军十大发明"之一。2007 年 4 月，驻守阿富汗的美国陆军"复仇女神"特遣队成为首个使用 M110 狙击步枪作战的部队。有的士兵认为，M110 狙击步枪的半自动发射系统过于复杂，反不如运动机件更少的 M24 狙击步枪精度高。

SL9SD 狙击步枪

制造商：德国黑克勒·科赫公司

定型时间：2007 年

口径：7.62 毫米

SL9SD 狙击步枪是 SL8 半自动民用运动型步枪（由 HK G36 突击步枪改造而成）的狙击步枪版本，发射专用的 7.62×37 毫米亚音速步枪弹，以 10 发特制可拆卸弹匣供弹。虽然 SL9SD 狙击步枪保留了 HK G36 突击步枪的机匣，但采用与 HK G3 自动步枪相似的工作原理，而且只能半自动射击。SL9SD 狙击步枪装有两条导轨，一条安装在机匣顶部，另一条安装在护木下方，可以安装可调式两脚架。

MK 20 狙击步枪

制造商：比利时国营赫斯塔尔公司

定型时间：2010 年

口径：7.62 毫米

MK 20 狙击步枪是比利时国营赫斯塔尔公司在 FN SCAR 突击步枪的基础上改进而来的半自动狙击步枪，发射 7.62×51 毫米北约标准步枪弹。该枪采用一根由冷锻法加工制成的自由浮置式不锈钢枪管，内膛镀铬，枪口装有消焰器，可快速拆卸。机匣顶部设有皮卡订尼战术导轨，可安装昼 / 夜光学瞄准镜、夜视仪或者后备机械瞄具。

R11 RSASS（Remington Semi-Automatic Sniper System，雷明顿半自动狙击手系统）是雷明顿公司设计和制造的半自动狙击步枪，发射 7.62×51 毫米北约标准步枪弹。为了达到最大精度，R11 RSASS 狙击步枪的枪管以 416 型不锈钢制造，并且经过低温处理。枪口装有先进武器装备公司（AAC）的制动器，可减轻后坐力并减小射击时枪口的上扬幅度，还能够加装 AAC 公司的消音器。R11 RSASS 狙击步枪没有内置机械瞄具，但是配备了一条 MIL-STD-1913 战术导轨。

R11 RSASS 狙击步枪

制造商：美国雷明顿公司

定型时间：2010 年

口径：7.62 毫米

"噩耗" 狙击步枪

制造商：美国诺琳武器公司

定型时间：2011 年

口径：8.58 毫米

"噩耗"（Bad news）狙击步枪发射 .338 拉普阿 - 玛格南（8.58×70 毫米）步枪弹，其外观与 M16 突击步枪非常相似，但自动方式却改为近年流行的活塞气动式，而非 M16 突击步枪的气吹式。"噩耗" 狙击步枪的比赛级自由浮置式枪管采用冷锻法加工而成，枪口有连接螺纹，可安装制动器或消音器。

4.4 12.7 毫米的反器材狙击步枪

　　21 世纪，反器材狙击步枪越来越多地被各国军队所采用，是特种部队、爆炸物处理分队以及安全保卫人员不可或缺的战斗装备。与冷战时期一样，近年来问世的反器材狙击步枪大多是 12.7 毫米口径。这是因为 12.7 毫米机枪弹的有效射程远，可以成功地在远距离上对付各类目标，包括停机坪上的飞机和直升机、班组武器系统、防空导弹发射装置、雷达站以及装甲战斗车辆等。12.7 毫米机枪弹的精准度也较高，可以用来摧毁水雷、撒布在地面的地雷，以及爆炸物堆放点。

M82A3 狙击步枪

制造商：美国巴雷特公司

定型时间：2002 年

口径：12.7 毫米

M82A3 狙击步枪是 M82 系列重型特殊用途狙击步枪的主要型号之一，原本被称为 M82A1M。与 M82A1 狙击步枪不同，M82A3 狙击步枪的战术导轨被大幅加长，高度也有所增加，这是为了配合美国海军陆战队惯用的 Uneul 瞄准镜的镜架高度。其他改进还包括枪身轻量化、改用可拆式两脚架及改良的双室枪口制动器。

VKS 狙击步枪是俄罗斯设计和制造的重型无托微声狙击步枪（反器材步枪），发射 12.7×54 毫米亚音速步枪弹。该枪是应俄罗斯联邦安全局特种部队的要求开发，2002 年完成设计，同年开始批量生产。VKS 狙击步枪的主要攻击目标是 600 米范围内身穿重型防弹衣或是躲藏在汽车和其他坚硬掩体后方的敌人。

VKS 狙击步枪

制造商：俄罗斯联邦仪器设计局

定型时间：2002 年

口径：12.7 毫米

OM 50 狙击步枪

制造商：瑞士先进军事系统设计公司

定型时间：2003 年

口径：12.7 毫米

OM 50 狙击步枪是一种模块化手动狙击步枪（反器材步枪），绰号"复仇女神"（Nemesis），发射 12.7×99 毫米北约标准步枪弹。该枪采用航空铝合金制成的机匣、硬质钢制成的枪机，自由浮置式枪管通过一组螺钉固定在机匣前端，可以配备 1 个消焰器、制动器或消音器。两道火扳机具有三种模式，扳机扣力可以调节。

HS50 狙击步枪

制造商：奥地利斯泰尔·曼利夏公司

定型时间：2004 年

口径：12.7 毫米

HS50 狙击步枪是斯泰尔·曼利夏公司研制的手动狙击步枪，发射 12.7×99 毫米步枪弹。它既可作远程狙击步枪使用，也可以作为反器材步枪使用。HS50 狙击步枪的枪机头采用双闭锁突笋，两道火扳机的扳机力为 1.8 千克。重型枪管上有凹槽，配有高效制动器。枪托的长度可调，托腮板的高度可调。该枪没有机械瞄准具，只能通过皮卡汀尼导轨安装瞄准装置及两脚架等附件。HS50 狙击步枪没有采用弹匣供弹，一次只能装填一发子弹。

M107 狙击步枪

制造商：美国巴雷特公司

定型时间：2004 年

口径：12.7 毫米

M107 狙击步枪是巴雷特公司在美国海军陆战队使用的 M82A3 狙击步枪的基础上发展而来，曾被美国陆军物资司令部评为"2004 年美国陆军十大最伟大科技发明"之一，现已被美国陆军全面列装。M107 狙击步枪使美国陆军狙击手能够在 1500～2000 米距离外精确射击有生力量和技术装备目标。该枪主要用于远距离有效攻击和摧毁技术装备目标，包括停放的飞机、情报站、雷达站、弹药库等。

XM109 狙击步枪

制造商：美国巴雷特公司

定型时间：2004 年

口径：25 毫米

XM109 狙击步枪是巴雷特公司设计和制造的大口径狙击步枪，其威力惊人，具有攻击轻型装甲目标的能力。XM109 狙击步枪的最大攻击距离可以达到 2000 米，其使用的 25 毫米口径弹药（由 AH-64 "阿帕奇"武装直升机上 M789 机炮使用的 30 毫米高爆子弹改进而来）至少能够穿透 50 毫米厚的装甲钢板，可以轻松地摧毁包括轻装甲车辆和停止的飞机在内的各种敌方轻型装甲目标。据称，这种 25 毫米口径弹药的穿透力是 12.7 毫米口径穿甲弹的 2.5 倍以上。

BA50 狙击步枪

制造商：美国大毒蛇武器公司

定型时间：2005 年

口径：12.7 毫米

　　BA50 狙击步枪是大毒蛇武器公司设计和制造的重型手动狙击步枪（反器材步枪），发射 12.7×99 毫米北约标准步枪弹。该枪采用一根比赛级自由浮置式枪管，枪口装有大型多室式制动器，以协助减轻后坐力。机匣及护木顶部设有皮卡订尼战术导轨，用以安装昼 / 夜望远式瞄准镜、夜视仪或者后备机械瞄具。

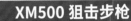

XM500 狙击步枪

制造商：美国巴雷特公司

定型时间：2006 年

口径：12.7 毫米

　　XM500 狙击步枪是巴雷特公司设计和制造的气动式操作、半自动射击的重型无托狙击步枪（反器材步枪），发射 12.7×99 毫米北约标准步枪弹。XM500 狙击步枪装有一根固定的枪管，而不是 M82 狙击步枪的后坐式枪管，因此具有更高的精度。该枪有一个可折叠及拆下的两脚架，安装在护木下方。由于没有机械瞄具，XM500 狙击步枪必须利用机匣顶部的皮卡订尼战术导轨安装瞄准镜、夜视镜及其他战术配件。

AX 50 狙击步枪

制造商：英国精密国际公司

定型时间：2010 年

口径：12.7 毫米

AX 50 狙击步枪是精密国际公司设计和制造的手动狙击步枪，是 AX 338 狙击步枪的 12.7×99 毫米口径版本。该枪使用的各个零部件都有其特定的尺寸，不能够与 AW 系列狙击步枪的各个零部件互换使用。AX 50 狙击步枪配备了一根自由浮置式比赛级枪管，枪管设有纵向凹槽，既能够减轻重量，又增加了刚性，同时提高了散热效率。枪管除了与机匣连接外，与整个前托都不接触。

AS 50 狙击步枪

制造商：英国精密国际公司

定型时间：2007 年

口径：12.7 毫米

AS 50（Arctic Semi-automatic 50）狙击步枪是精密国际公司研制的重型半自动狙击步枪（反器材步枪），也是 AW 狙击步枪的衍生型之一，发射 12.7×99 毫米北约标准步枪弹。该枪采用气动式半自动枪机和枪口制动器，令其射击时能感受到的后坐力比 AW 50 手动狙击步枪还低，并能够更快地狙击下一个目标。

"独立"狙击步枪

制造商：阿塞拜疆国防工业公司

定型时间：2008 年

口径：14.5 毫米

"独立"（Istiglal）狙击步枪是阿塞拜疆国防工业公司生产的气动式半自动反器材步枪，发射 14.5×114 毫米步枪弹。该枪可以很方便地拆成两部分，以方便携带和运输。"独立"狙击步枪可以在恶劣的天气和环境下操作如常，其适应范围从 -50℃到 +50℃，降雨、泥土、下雪和尘埃等恶劣条件均能正常使用。由于重量较重，"独立"狙击步枪主要架设在车辆上使用。

MD 50 狙击步枪

制造商：美国米科尔防务公司

定型时间：2011 年

口径：12.7 毫米

MD 50 狙击步枪是米科尔防务公司设计和制造的重型无托半自动狙击步枪（反器材步枪），发射 12.7×99 毫米北约标准步枪弹。该枪采用比赛级的自由浮置式枪管，枪口有大型多室式制动器。机匣顶部设有皮卡订尼战术导轨，可以安装光学瞄准镜、夜视仪或后备机械瞄具。

HTI 狙击步枪是沙漠战术武器公司设计和制造的无托手动狙击步枪（反器材步枪），其名称意为"硬目标拦截"（Hard Target Interdiction）。该枪在 2012 年 SHOT Show 上首次公开展示，同年开始批量生产。由于采用了无托结构，HTI 狙击步枪的机匣、弹匣和枪机的位置都改为手枪握把后方的枪托内，因此操作上与大多数传统手动步枪略有不同。该枪的标准枪管上装有一个圆柱形四室式枪口制动器，需要时可换装消音器或者枪口帽。

HTI 狙击步枪

制造商：美国沙漠战术武器公司

定型时间：2012 年

口径：12.7 毫米

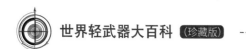

4.5 步兵班中的精确射手步枪

精确射手步枪（Designated Marksman Rifle，DMR）用来配备给步兵班中的精确射手使用，作为步兵班火力的延伸。精确射手和狙击手是不同的，因此精确射手步枪和狙击步枪也是不同的。狙击手通常射杀远距离的敌人，以一枪命中敌人为目标。狙击手几乎都是在隐蔽情况下狙杀敌人，极少直接与敌人在近距离面对面交战，因此狙击步枪以机械结构简单但精准度极高的旋转后拉式枪机手动狙击步枪为主。而精确射手的目标是支援射击一般步兵无法命中或有效杀伤的中长距离敌人。和狙击手不相同，精确射手和步兵班一起行动，因此精确射手也有可能与敌人在近距离面对面交战。为了兼顾上述情况，精确射手步枪除了需给予使用者高精准度外，同时还须保留一定程度的火力。精确射手步枪像是一种介乎于突击步枪和狙击步枪的武器，多数采用由精准度较高的战斗步枪改装而成的半自动步枪。

然而，随着枪械、子弹科技日益进步、战斗步枪口径提升、制式武器统一化、世界军事财政预算萎缩等因素，战斗步枪和精确射手步枪的区别越来越小。不少现代战斗步枪的精准度已经相当高，和精确射手步枪相差不大。未来步兵班中所有成员可能会使用同一枪械并配备不同配件，来满足不同成员的分工。这样不仅可以减少特定兵种的风险，还能简化后勤。因此，未来专门的精确射手步枪可能会慢慢式微并最终消失，改用高通用性枪械的其中一种状态代替。

SAM-R 精确射手步枪

制造商：美国柯尔特公司

定型时间：2001 年

口径：5.56 毫米

SAM-R 精确射手步枪是美国海军陆战队班一级单位装备的精确射手步枪，其名称意为"班用高级神枪手步枪"（Squad Advanced Marksman Rifle）。SAM-R 步枪普遍使用 M16A4 突击步枪改装而来，所以只能进行单发和三发点射。为了提高精度，SAM-R 步枪采用 M16A1 突击步枪的一道火扳机。枪管是长度为 508 毫米的比赛级不锈钢枪管，枪口装有消焰器。

M14 DMR 步枪是以 M14 自动步枪为基础改进而来的精确射手步枪，发射 7.62×51 毫米北约标准步枪弹，主要供美国海军陆战队使用。M14 DMR 步枪专门提供给精确射手，它以重量轻、高精度为开发目的，相比发射 5.56×45 毫米弹药的 M16A4 突击步枪，发射 7.62×51 毫米弹药的 M14 DMR 步枪威力更大。M14 DMR 步枪采用比赛级不锈钢枪管，装有手枪式握把，以及托腮板可调节的麦克米兰玻璃纤维战术枪托。

M14 DMR 步枪

制造商：美国岩岛兵工厂

定型时间：2001 年

口径：7.62 毫米

MK 12 特种用途步枪

制造商：美国柯尔特公司

定型时间：2002 年

口径：5.56 毫米

MK 12 特种用途步枪（Special Purpose Rifle，SPR）主要被美国陆军和美国海军的特战单位用作狙击步枪或精确射手步枪，美国海军陆战队也少量装备。该枪主要由 M16 突击步枪改装而来，大量采用了高技术材料，既减轻了重量，又保证了武器的坚固性和可靠性。由于配用专门的狙击弹，因此 MK 12 步枪的射击精度远高于 M16A2 突击步枪。MK 12 步枪可以连发，一般作为狙击手的支援武器。

M21A5 精确射手步枪

制造商：美国史密斯企业公司

定型时间：2003 年

口径：7.62 毫米

M21A5 精确射手步枪是史密斯企业公司以 M14 自动步枪为蓝本进行研制及生产的半自动精确射手步枪，发射 7.62×51 毫米北约标准步枪弹。该枪更换了一个完全可调节的扳机系统和一根延长的拉机柄，以便在极端寒冷的环境中使用。与 M14 自动步枪不同，M21A5 步枪的准星安装在导气箍上，而非枪口上。

MK 14 增强型战斗步枪（MK 14 Enhanced Battle Rifle，Mk 14 EBR）是以 M14 自动步枪为基础改进而来的战斗步枪／精确射手步枪，利用可拆卸弹匣发射火力强大的 7.62×51 毫米北约标准步枪弹。该枪采用了标准型 M14 枪机和枪管部件，并且增加了伸缩式枪托、手枪握把、不同设计的准星、哈里斯两脚架、围绕着枪管的四条战术配件导轨、更有效的枪口制退器。

MK 14 增强型战斗步枪

制造商：美国史密斯企业公司

定型时间：2004 年

口径：7.62 毫米

HK417 战斗步枪

制造商：德国黑克勒·科赫公司

定型时间：2006 年

口径：7.62 毫米

HK417 战斗步枪是以 HK416 突击步枪的内部设计修改而成，采用伸缩枪托设计，枪托底部安装有缓冲塑料垫以降低射击时的后坐力，机匣及护木设有 5 条战术导轨，采用自由浮动枪管设计，整个前护木可完全拆下，以节省维护时间。该枪具有精准度高和可靠性高等的优点，因此主要用作精确射手步枪，用于与狙击步枪作高低搭配，必要时仍可作全自动射击。12 寸枪管的 HK417 突击型是 HK417 系列中唯一能与 Mk 14 EBR 作竞争的产品，因为它缩起枪托后的长度只有 805 毫米。

HK G28 精确射手步枪

制造商：德国黑克勒·科赫公司

定型时间：2006 年

口径：7.62 毫米

HK G28 精确射手步枪是由 MR308 半自动步枪（HK417 精确射手步枪的民用型）改进而来的精确射手步枪，发射 7.62×51 毫米北约标准步枪弹。该枪主要装备特等射手，以弥补 5.56 毫米步枪在 400 米距离以上的杀伤力空白。该枪采用短冲程活塞传动式系统，枪管并非自由浮置式，但护木则是自由浮置式结构。这样的结构设计是为了尽量减少外部零件对枪管的影响，以提高射击精度。

M39 EMR 步枪

制造商：美国岩岛兵工厂

定型时间：2008 年

口径：7.62 毫米

M39 EMR（Enhanced Marksman Rifle，增强型精确射手步枪）是美国海军陆战队以 M14 DMR 步枪为基础改装而来的半自动步枪，并逐步取代了 M14 DMR 步枪。M39 EMR 步枪的用途与 M14 DMR 步枪相同，主要装备美国海军陆战队的精确射手以及没有侦察狙击手的小队作快速精确射击，而根据任务需要，侦察狙击手有时也会装备 M39 EMR 步枪作为主要武器，以提供比手动步枪更快的射击速率。

4.6 稳步发展的机枪

在 21 世纪的现代战争条件下，要求提高机枪的机动性和杀伤、侵彻能力。有些班用轻机枪已减小口径，并与突击步枪组成小口径班用枪族。重机枪在一些国家的机械化部队中已让位于车载机枪，在普通步兵分队中则趋于为通用机枪所取代。大口径机枪的重量已大幅度下降，为了提高穿甲性能，配用了次口径高速脱壳穿甲弹等新的弹种。机枪还未研究末配用无壳弹以增加携弹量，提高持续作战的能力。普通光学、激光和光电夜视瞄准装置正在不断改进，将进一步提高机枪的精度和全天候作战能力。

UKM-2000 通用机枪	
制造商：	波兰扎克埃迪机械工厂
定型时间：	2000 年
口径：	7.62 毫米

1999 年 3 月，波兰加入北约组织，波兰军队因而要改用北约制式弹药。为此，波兰对苏联 PKM 通用机枪加以改进，推出了 UKM-2000 通用机枪，发射 7.62×51 毫米北约标准步枪弹。该枪的主要型号包括 UKM-2000P（标准型）、UKM-2000D（折叠枪托型）和 UKM-2000C（车载 / 并列机枪型）。

HK MG4 轻机枪	
制造商：	德国黑克勒·科赫公司
定型时间：	2001 年
口径：	5.56 毫米

HK MG4 轻机枪是一种弹链供弹轻机枪，发射 5.56×45 毫米弹药，装备德国联邦国防军以取代 MG3 通用机枪。该枪以轻型、左右手皆可操作为设计主旨，可通过导轨加装各种战术配件，也可安装三脚架以提高射击精度。该枪采用气动式原理及转栓式枪机，弹壳在机匣底部排出，枪托可以折叠。由于采用纯弹链供弹，使用时需要把弹箱或弹袋挂在机匣左面。该枪主要有三种型号，包括 MG4（标准型）、MG4E（出口型）、MG4KE（短枪管出口型）。

伯劳鸟轻机枪

制造商：美国阿瑞斯防务系统公司

定型时间：2002 年

口径：5.56 毫米

　　伯劳鸟（Shrike）轻机枪是一种气冷式轻机枪，发射 5.56×45 毫米北约标准步枪弹，可使用标准的 30 发可拆卸弹匣或 100 发可拆卸弹鼓供弹，也可使用 100 发（装于软袋内）或 200 发可散式弹链（装于软袋内或硬质塑料弹箱内）。该枪采用直接导气式自动原理、转栓式枪栓，有可快速更换的枪管，也有皮卡订尼战术导轨以供安装战术配件。

Mk 48 通用机枪

制造商：比利时国营赫斯塔尔公司

定型时间：2003 年

口径：7.62 毫米

　　Mk 48 通用机枪是比利时国营赫斯塔尔公司与美国特种作战司令部联合研制的轻型可散式弹链供弹的通用机枪，主要装备美军特种部队。为了提高战术性能，在机枪上安装有 5 条战术导轨，能够安装各种枪支战术组件，包括各类瞄准镜和前握把等。该枪的枪托为固定聚合物枪托，也有一些型号的 Mk 48 通用机枪使用了伞兵型旋转伸缩式管形金属枪托。虽然 Mk 48 通用机枪比 5.56 毫米口径的 M249 轻机枪要重，但是与同口径的 M240 通用机枪相比还是要轻上不少。

AEK-999 通用机枪

制造商：俄罗斯科夫罗夫兵工厂

定型时间：2008 年

口径：7.62 毫米

　　AEK-999 通用机枪是一种改进自 PKM 机枪的中型机枪，发射 7.62×54 毫米子弹。该枪采用航空机炮的炮管钢材制作枪管，以提高耐用性。枪管不具备快速更换能力，枪管顶部有一条较长的金属盖，作用是减少枪管散热对瞄准线产生的虚影现象。枪管下增加了塑料制的下护木，便于在携行时迅速进入射击姿势。该枪配备了多用途枪口装置，具有多种功能：提高精准度；降低枪口噪声；消除枪口焰光，使射手在夜间射击时的视线不受枪口焰影响。

HK121 通用机枪

制造商：德国黑克勒·科赫公司

定型时间：2010 年

口径：7.62 毫米

HK121 通用机枪是黑克勒·科赫公司为了取代莱茵金属 MG3 通用机枪而设计的通用机枪，被德国军队采用并命名为 MG5。该枪在外形上是以 HK MG4 轻机枪为蓝本，均采用气动式操作自动原理，转栓式枪机，开膛待击，以及只能全自动射击。HK121 采用模组化设计，其拥有不同长度枪管，不同形式枪托、护木、握把，不同容弹量弹链箱以及多种附件。通过以上不同组件、附件的组合，可以组合出 HK121 U 通用型、HK121 I 步兵型、HK121 S 特种部队型和 HK121 EBW 同轴机枪型。

Negev NG7 通用机枪是 Negev 轻机枪的 7.62×51 毫米口径版本，采用可散式弹链供弹。由于位于手枪握把左侧上方的快慢机得到保留，Negev NG7 是目前少数具有半自动模式的 7.62 毫米通用机枪，除能连发外，也设有单发功能。既可用作机枪进行火力压制，必要时也可用作步枪进行单发精确射击。为了可以长时间射击，配备了可快速拆卸枪管，并配有与原枪相同的折叠式提把。

Negev NG7 通用机枪

制造商：以色列军事工业公司

定型时间：2012 年

口径：7.62 毫米

K12 通用机枪

制造商：韩国大宇集团

定型时间：2012 年

口径：7.62 毫米

K12 通用机枪是由大宇集团所设计和生产的通用机枪，用以取代韩国军队装备的旧型 M60 通用机枪，发射 7.62×51 毫米北约标准步枪弹。该枪使用金属制可散式弹链供弹，不可使用弹匣等供弹具。横闩式保险与 FN Minimi 一样，机匣由钢材压制而成，而供弹机盘则是铝合金制成。标准配件包括折叠式两脚架、快速更换式枪管、气体调节器和消焰器。

RPK-16 轻机枪是由俄罗斯研制的现代化轻机枪（自动步枪 / 轻型支援武器），可视为 RPK-74 轻机枪的现代化改进型及 AK-12 突击步枪的重枪管自动步枪版本。该枪以传统的卡拉什尼科夫布局和设计为蓝本，大量采用从 AK-12 计划衍生而来的多项新型技术。RPK-16 轻机枪采用了全新设计的可拆卸机匣盖，由厚度为 1.5 毫米的钢板所制成。

RPK-16 轻机枪

制造商：俄罗斯卡拉什尼科夫集团

定型时间：2018 年

口径：5.45 毫米

4.7 趋于通用化的手枪

21 世纪以来，随着使用要求的变化，手枪也在不断发展。目前来看，主要的发展趋势为：（1）重点发展双动手枪。从安全和减少手枪操作程序的角度出发，大力发展双动手枪，有的手枪甚至是三动。（2）大力发展进攻型手枪。进攻型手枪的概念是由美国特种作战司令部提出的，它的目的是既作为士兵的自卫武器，又在长枪受损时充当进攻性武器使用，而且可使用不同的枪弹，对付不同的对象。（3）采用冲锋手枪和小口径冲锋枪取代手枪。手枪由于弹匣容量小、射程近、故障率高限制了它的使用，因而有些国家提出用冲锋手枪甚至小口径冲锋枪取而代之。（4）再度发展大口径手枪。（5）系列化和弹药通用化。目前手枪除统一弹药口径，使其通用化外，还通过变换枪管、复进簧、弹匣等部件发射多种完全不同的枪弹，以满足不同的需要。

GSh-18 半自动手枪

制造商：	俄罗斯联邦仪器设计局
定型时间：	2000 年
口径：	9 毫米

GSh-18 半自动手枪的名字来源于它的设计者格里亚泽夫（Gryazev）和希普诺夫（Shipunov），而数字 18 是表示其弹匣容量。该枪的设计理念与奥地利格洛克手枪系列类似，整体而言，GSh-18 更像是一种操作简便的警用手枪。它采用枪管短行程后坐作用，以及枪管凸轮偏转式闭锁结构，套筒和枪管是由不锈钢制造，枪管具有 6 条多边形膛线。为了操作简便，GSh-18 半自动手枪没有设置手动保险。

HK P2000 半自动手枪

制造商：德国黑克勒·科赫公司

定型时间：2001 年

口径：9 毫米

HK P2000 半自动手枪主要用于执法机关、准军事和民用市场，目前已被德国警察、特工以及美国海关和边境保卫局采用。该枪是短后坐行程作用操作、闭膛待击的半自动手枪，大量采用耐高温、耐磨损的聚合物及钢材混合材料，以减轻重量和生产成本。与黑克勒·科赫公司新设计的其他手枪一样，HK P2000 手枪也采用模块化设计，以适应个别使用者的需要。HK P2000 手枪在套筒下、扳机护圈前方的防尘盖整合了 1 条通用配件导轨，以安装各种战术配件。

伯莱塔 U22 Neos 半自动手枪

制造商：意大利伯莱塔公司

定型时间：2002 年

口径：5.6 毫米

伯莱塔 U22 Neos 半自动手枪是伯莱塔公司针对北美市场专门研制的半自动手枪，Neos 是希腊文，英文写作 new，意为新鲜、新颖、新潮。该枪外观新颖、美观，很有现代艺术感。它的结构设计理念也有新意，采取模块化设计，设计有枪管组件、套筒组件、握把组件和发射机组件四大模块组件，不少组件可根据需要变换。

柯尔特"巨蟒"转轮手枪

制造商：美国柯尔特公司

定型时间：2002 年

口径：10.9 毫米、11.43 毫米

"巨蟒"（Anaconda）转轮手枪是一种六发转轮手枪，其结构简单，安全可靠，可轻易排除哑弹。枪身采用不锈钢精细加工，表面抛光，握把材质则有橡胶和木头两种。弹仓为整体转轮，设有 6 个弹巢，依次与枪管吻合，可进行单发射击。装弹和退弹时，弹仓自手枪左侧退出，弹巢入口处的斜面加工精细，有利子弹平稳装入。该枪的瞄准具有两种，一种为机械瞄准具，由大型的片状准星和表尺组成；另一种为光学夜视瞄准仪，在夜间使用。

MP-443 半自动手枪

制造商：俄罗斯伊兹玛什公司

定型时间：2003 年

口径：9 毫米

　　MP-443 半自动手枪是俄罗斯军队现役制式手枪（备用枪械）之一，发射多种 9×19 毫米鲁格弹。该枪是双动操作、短行程后坐作用式半自动手枪，主要部分由金属制成（不锈钢制枪管，以及碳钢制底把和套筒），而握把护板则由聚合物所制造。击锤隐藏在套筒内，弹匣释放按钮在扳机护圈的后部，准星是在套筒上的固定部件，而且不可调节。该枪使用 18 发大容量弹匣，为双排左右交错排列。

P22 半自动手枪

制造商：德国瓦尔特公司

定型时间：2003 年

口径：5.6 毫米

　　P22 半自动手枪是瓦尔特公司在 P99 手枪基础上改进而来的半自动手枪，发射 .22 LR（5.6×15 毫米）手枪弹。P22 手枪的外表和 P99 手枪相似，但尺寸比后者更小。该枪有多种涂装颜色供用户选择，如黑色、橄榄色和灰白色等。P22 手枪的空枪重量为 430 克，全长 159 毫米，可采用 87 毫米枪管或 127 毫米枪管，采用 10 发可拆卸式弹匣供弹，有效射程为 50 米。该枪使用机械瞄准具，由缺口式照门及准星组成。

M500 转轮手枪

制造商：美国史密斯·韦森公司

定型时间：2003 年

口径：12.7 毫米

　　M500 转轮手枪是一种五发双动转轮手枪，制造商宣称其为"当今世界威力最大的批量生产转轮手枪"。与其他大口径手枪一样，M500 转轮手枪适用于射击运动或户外狩猎。该枪发射 12.7×41 毫米子弹，其弹头重约 22 克，初速为 602 米 / 秒，枪口动能极高。虽然发射子弹的威力巨大，但 M500 转轮手枪的先进设计有助于降低持枪者的后坐感，这些设计包括超重的枪身、橡胶底把、配重块以及特别设计的枪口制退器等。该枪有多种衍生型，各个型号有不同的枪管长度，包括 70 毫米、102 毫米、165 毫米、222 毫米和 267 毫米等。

伯莱塔 90TWO 手枪

制造商：意大利伯莱塔公司

定型时间：2006 年

口径：9 毫米、10 毫米

伯莱塔 90TWO 手枪可以说是伯莱塔 92FS 手枪的现代型，虽然它保留了顶部敞开式套筒结构、枪管短行程后坐作用、卡铁摆动式闭锁机构、击锤回转击发式机构，只要将分解杆向下转 90 度就可取出套筒等传统结构，但也不乏创新之处，两者之间最明显的区别就是外观。伯莱塔 90TWO 手枪的握把与套筒座是由轻型合金所制造的整体结构，并在金属套筒座表面大部分使用聚合物材料覆盖，以计算机数控加工金属件，既确保加工精确、耐用，又具有优秀的耐腐蚀性。

HK 45 半自动手枪

制造商：德国黑克勒·科赫公司

定型时间：2007 年

口径：11.43 毫米

HK 45 半自动手枪是黑克勒·科赫公司为了参加美军"联合战斗手枪"计划而研制的半自动手枪。该计划在 2006 年被中止，但黑克勒·科赫公司仍然继续改进 HK 45 手枪，并将其投入商业、执法机关和军事团体的市场。HK 45 手枪的套筒前端略向前倾斜，在底把的扳机护圈前方整合有皮卡汀尼导轨，握把前方带有手指凹槽，HK 45T（战术型）和 HK 45CT（紧凑战术型）还在枪管前预制有螺纹用于安装消声器。HK 45 手枪有可更换的握把背板，以适应使用者手掌的大小。HK 45 手枪的弹匣容量是 10 发，HK 45C（紧凑型）的弹匣容量是 8 发。

LCP 半自动手枪

制造商：美国儒格公司

定型时间：2008 年

口径：9 毫米

LCP 半自动手枪是一种袖珍半自动手枪，发射 .380 ACP（9×17毫米）手枪弹。黑色套筒座由高强度玻璃纤维填充尼龙模铸成型，套筒由钢制成。枪管在靠近枪口处设计成沙漏状，有助于在待击状态时将枪管和套筒紧锁在一起。套筒座后部为圆滑曲面，圆弧半径较大，且套筒位于足够高的位置，使握枪的手不会干涉套筒复进。弹匣底板和托弹板采用合成材料制成，弹匣外壳由钢材制成。套筒后部铣有一个方形缺口照门，前面则是一个很小的准星。

PMR-30 半自动手枪

制造商：美国 Kel-Tec 数控工业公司

定型时间：2011 年

口径：5.6 毫米

PMR-30 半自动手枪是一种全尺寸半自动手枪，采用了直接后坐作用的枪机，加上膛室内部的凹槽，大大减少了抽壳时弹壳和枪膛之间的摩擦力。该枪大量采用聚合物材料，以节省重量和成本，并使用钢质套筒和枪管。PMR-30 采用内置击锤，纯双动操作扳机射击。原厂可拆卸弹匣具有 30 发容量，弹匣释放按钮在扳机护圈的后部。机械瞄具由缺口式照门及片状准星所组成，套筒上还有四个安装孔，可以直接装上小型反射式瞄准镜。此外，还在套筒下、扳机护圈前方的防尘盖整合了一条皮卡订尼导轨。

齐亚帕"犀牛"转轮手枪

制造商：意大利齐亚帕武器公司

定型时间：2009 年

口径：9.1 毫米、10 毫米

"犀牛"转轮手枪在外观上比一般的转轮手枪更加棱角分明，具有一种超前的现代感。该枪的枪管、弹巢和其他重要部分采用钢材制造，底把则由铝合金制造。最初推出的型号为 20DS 型，全长 165 毫米，枪管长 50.8 毫米。由于 20DS 型大受欢迎，齐亚帕武器公司又陆续推出了枪管长度为 101.6 毫米（40DS）、127 毫米（50DS）以及 152.4 毫米（60DS）的三种改进型，随着枪管长度的延长，"犀牛"手枪也在枪管下方整合了一条皮卡订尼战术导轨。

伯莱塔 BU9 Nano 半自动手枪

制造商：意大利伯莱塔公司

定型时间：2011 年

口径：9 毫米、10 毫米

伯莱塔 BU9 Nano 半自动手枪是一种击针击发式袖珍型半自动手枪，主要针对个人防卫和执法机关使用而研发。套筒采用 4140 号不锈钢制造，表面进行了氮化处理。虽然是一款袖珍型手枪，但在套筒上方的瞄准具却并没有缩小，而是低轮廓的三点式瞄具，保障了瞄准精度。准星和照门均采用了燕尾槽进行固定，瞄具后方设有氚光管便于夜间瞄准。

SIG Sauer P224 半自动手枪

制造商：瑞士西格·绍尔公司

定型时间：2012 年

口径：9 毫米、10 毫米

SIG Sauer P224 半自动手枪是一种紧凑型半自动手枪，由 SIG Sauer P229 手枪缩小尺寸而来，可发射 9×19 毫米、10×22 毫米和 9×21 毫米三种手枪弹。SIG Sauer P224 手枪的全长为 170.2 毫米，而 SIG Sauer P229 手枪则为 180.3 毫米。10×22 毫米和 9×21 毫米的 SIG Sauer P224 手枪的标准弹匣容量为 10 发，而 9×19 毫米的 SIG Sauer P224 手枪的标准弹匣容量为 12 发。

伯莱塔 APX 半自动手枪

制造商：意大利伯莱塔公司

定型时间：2016 年

口径：9 毫米、10 毫米

伯莱塔 APX 半自动手枪是伯莱塔公司为了参加美国陆军的 XM17 模组化手枪系统招标而研制的半自动手枪，但未能在竞争中胜出。为了符合模组化手枪系统的规格，伯莱塔 APX 半自动手枪能够更换不同的握把尺寸以适应不同射手的手型，实现最佳的射击持握感。从枪管轴线到握把顶部的距离保持在最小 21 毫米，以减少枪口摆动，从而提高快速跟随射击时的精准度。

伯莱塔 Pico 半自动手枪

制造商：意大利伯莱塔公司

定型时间：2013 年

口径：9 毫米

伯莱塔 Pico 半自动手枪是一种击针击发式袖珍型半自动手枪，发射 9×17 毫米勃朗宁短弹，主要面向民用市场。该枪是为了隐蔽携带而研制，所以重量轻便，体积细小。银色套筒和黑色套筒座的组合使伯莱塔 Pico 半自动手枪非常亮眼。其套筒并不是有棱有角的外形，而是略显圆润。准星和照门通过燕尾槽固定在套筒前、后部，照门可以左右调整。准星和照门后部装有氚光管，既方便近距离迅速瞄准，也能在光线比较弱的条件下进行瞄准。

SIG Sauer P320 半自动手枪

制造商：瑞士西格·绍尔公司

定型时间：2014 年

口径：9 毫米、10 毫米、11.43 毫米

SIG Sauer P320 半自动手枪是一种采用短行程后坐作用和闭锁式枪机运作的半自动手枪，可发射多种口径的手枪弹。2017 年 1 月，该枪在美国陆军的 XM17 模组化手枪系统招标中胜出，其特制改良版本将会成为 M17（全尺寸型）和 M18（紧凑型）半自动手枪，并将在未来取代所有 M9 手枪。SIG Sauer P320 半自动手枪采用模块化设计，有两种扳机可供选择，分别为标准型扳机（实心）和标签式扳机（具备扳机保险）。

格洛克 19X 半自动手枪

制造商：奥地利格洛克公司

定型时间：2018 年

口径：9 毫米

格洛克 19X 半自动手枪是格洛克 17 和格洛克 19 手枪的混合型，发射 9×19 毫米鲁格弹，标准弹匣为 17 发。与以往的格洛克手枪相比，格洛克 19X 半自动手枪的最大变化是采用沙色外观。该枪拥有标准型的底把和紧凑型的套筒和枪管长度，配有格洛克夜间照门及准星。该枪在外观上与第五代格洛克手枪十分相似，但它并没有第五代格洛克手枪的喇叭状弹匣井。

知名兵工厂探秘：伯莱塔公司

伯莱塔公司是世界上最古老的枪械生产工业组织之一。1526 年，意大利加尔德奈的枪匠马斯特洛·巴尔特罗梅奥·伯莱塔（Mastro Bartolomeo Beretta，1490 ～ 1565 年）收到了威尼斯兵工厂的 296 个达克特币（ducat，古代欧洲各国流通的钱币），作为 185 套火绳枪枪管的订金。这段有据可查的历史说明早在 16 世纪初期伯莱塔家族就已经开始生产轻武器了。

由于伯莱塔公司的产品质量上乘，因此不仅威尼斯共和国经常订购，而且在意大利边界外的多个欧洲政府也委托伯莱塔家族为其制造枪械。从那时起，伯莱塔家族就把公司总部设在意大利的布雷西亚，巴尔特罗梅奥把他的生意传给了他的儿子，然后一代传一代，一个世纪接一个世纪。

在伯莱塔公司的发展史上，有两位家族成员发挥了重要作用。第一位是皮埃特罗·安东尼奥·伯莱塔（Pietro Antonio Beretta，1791 ～ 1853 年），19 世纪初期的意大利经历了长年累月的战争，然后又被外国统治，但皮埃特罗·安东尼奥不断地在意大利各地旅行去展示他们的优质产品并争取了大量的订单，使公司渡过了难关。

伯莱塔公司 LOGO

第二位是皮埃特罗·伯莱塔（Pietro Beretta，1870 ～ 1957 年），他在 20 世纪初期接管了家族生意后，开始引入现代化的生产设备和工艺，建立了新的厂房，并注册成立了皮埃特罗·伯莱塔有限公司。皮埃特罗的儿子在二战后继续发展公司业务，改进新工艺，开发新产品，使伯莱塔公司在 20 世纪中期生意越做越大，更开始在世界各地设立分公司或生产车间，在军事组织、执法机构和私人团体中取得商业上的成就。

在 20 世纪末，世界各国许多轻武器生产商由于经营困难而分家或合并，但家族生意的伯莱塔公司仍然屹立不动，维持了他们的经营特色。伯莱塔公司最有名的产品是使用 9 毫米鲁格弹的伯莱塔 92 系列手枪，在不同的时间被包括美国在内的多个国家的军队选为制式手枪。伯莱塔公司的 LOGO 中有三支带环的箭，代表的意思分别是：容易瞄准；弹道平直；命中目标。

伯莱塔公司制造的伯莱塔 92 手枪

4.8 多功能化的冲锋枪

　　21 世纪以来，使用手枪弹的常规冲锋枪进一步向多功能化、系列化的方向发展。许多冲锋枪都能在不借助工具的情况下进行快速拆卸修理，通过配用光学瞄准镜、消声器等战术附件，冲锋枪可以拥有多种功能。同时，一些国家还先后研制了集手枪、冲锋枪和短管自动步枪三者性能于一身的个人自卫武器，例如德国黑克勒·科赫公司研制的 HK MP7。这类武器均有结构紧凑、操作简便、人机工效好和火力密集等优点。

HK MP7 冲锋枪

制造商：德国黑克勒·科赫公司

定型时间：2001 年

口径：4.6 毫米

HK MP7 冲锋枪是黑克勒·科赫公司研制的个人防卫武器，发射 4.6×30 毫米子弹。除了用于自卫，也适用于室内近距离作战及要员保护。该枪大量采用塑料作为枪身材料，由三颗销钉固定，射手只需用子弹作为工具就可以完成分解。该枪可选择单发射击或全自动射击，弹匣释放钮设计与 HK USP 手枪相似。HK MP7 可以选配 20 发容量短弹匣或 40 发容量长弹匣，也有 30 发容量弹匣。

K7 冲锋枪

制造商：韩国大宇集团

定型时间：2003 年

口径：9 毫米

K7 冲锋枪以气动式自动原理步枪为蓝本，移除气动式结构，并且转换成发射 9 毫米口径弹药。该枪使用滚轮延迟反冲式系统，射击精度较高。枪口装有整体消音器，使用亚音速的 9×19 毫米鲁格弹，以大幅减少射击时的噪声。K7 冲锋枪采用专用的 30 发可拆卸式直弹匣，也可使用乌兹冲锋枪的 20 发、25 发、32 发、40 发或 50 发可拆卸弹匣。该枪有三种发射模式，分别是"半自动""三点发"和"全自动"。

PP-2000 冲锋枪兼具冲锋手枪和个人防卫武器的特点，可发射多种 9×19 毫米鲁格弹。该枪是一种传统的后坐力作用的枪械，适合进行高精度的近距离射击。枪身由耐用的单块式聚合物制造，可以减轻重量和提高耐腐蚀性，枪口可装上消声器，机匣顶部的皮卡订尼战术导轨可装上红点镜或是全息瞄准镜，快慢机可由大拇指直接操作，拉机柄可以左右转动。

PP-2000 冲锋枪

制造商：俄罗斯联邦仪器设计局

定型时间：2006 年

口径：9 毫米

PP-19-01 冲锋枪

制造商：俄罗斯伊兹玛什公司

定型时间：2008 年

口径：9 毫米

PP-19-01 冲锋枪是根据俄罗斯"勇士"特种部队对于 PP-19 冲锋枪的反馈意见而研制的 9 毫米冲锋枪，主要供俄罗斯内务部特种部队和其他执法机构所使用。该枪是一种轻型的可选择射击模式武器，采用闭膛待击设计，提高了射击精度。该枪以 30 发可拆卸弹匣供弹，弹匣为塑料外壳，直插式固定，因此机匣底增加了一个弹匣插座。

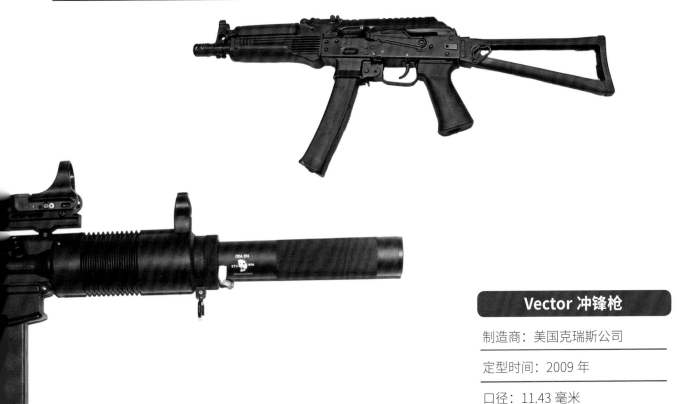

Vector 冲锋枪

制造商：美国克瑞斯公司

定型时间：2009 年

口径：11.43 毫米

Vector 冲锋枪采用延迟后坐式枪机，在枪机后方有一块用以转移后坐力和延迟枪机后坐的平衡配重块。该枪具有出色的人体工程学设计，能够大大减轻使用者所感觉到的后坐力和枪口上扬（尤其是在全自动射击的时候），并且减轻使用者的疲乏程度。Vector 冲锋枪使用标准格洛克手枪的可拆卸弹匣供弹，通常是 13 发可拆卸弹匣，也可选用 28 发、30 发可拆卸弹匣。

4.9　大步向前的榴弹发射器

进入新世纪后，榴弹发射器依然受到世界各国军队的高度重视，其发展趋势是：（1）减小系统重量，提高机动能力。自动榴弹发射器射速高，火力密度大，但发射器加上弹药的总重量大，需要多人才能使用和搬运，给战场机动带来极大不便。为此，各国都从多种途径减小其重量，以提高机动能力。（2）改进总体布局，适应未来要求。与步枪合为一体的附装型单发榴弹发射器将成为未来单兵榴弹的主要发展方向之一。（3）提高威力，减小弹质量，精简配套。这也是改进榴弹发射器以提高性能的主要方面。（4）扩大应用范围，发展外延产品。各国除大力发展步兵用榴弹发射器外，还积极发展车载、机载、舰载和警用自动榴弹发射器，扩大它的应用范围。（5）利用新技术、探索新原理。在榴弹发射器的发展史中，新技术、新原理赋予了它不同于其他武器的新特性。不难预料，无壳、可燃药筒和半可燃药筒技术以及各种增程技术和新的原理将不断为榴弹发射器所吸收，并赋予它新的生命力。

HK AG36 榴弹发射器

制造商：德国黑克勒·科赫公司

定型时间：2002 年

口径：40 毫米

HK AG36 榴弹发射器是一种 40 毫米单发下挂式榴弹发射器，采用便利的双动式扳机，发射机座的两侧都装有手动式保险杆。与美国 M203 榴弹发射器的设计相反，HK AG36 榴弹发射器的设计是横向式装填，并可在必要时使用更长的弹药，因此使用起来比较灵活，几乎能够发射所有的 40×46 毫米低速榴弹。HK AG36 榴弹发射器原本设计下挂于 HK G36 突击步枪，但由于其模块化设计的关系，因此也很容易下挂于其他枪械，如 M16 突击步枪、M4A1 卡宾枪、HK416 突击步枪等。

HK AG-C/EGLM 榴弹发射器

制造商：德国黑克勒·科赫公司

定型时间：2003 年

口径：40 毫米

HK AG-C/EGLM 榴弹发射器是一种单发式 40 毫米附加型榴弹发射器，几乎能够发射所有的 40×46 毫米低速榴弹，而且不会影响步枪的精度或其操作系统。HK AG-C/EGLM 有着与 HK AG36 榴弹发射器相同的横向中折式装填枪管、手枪握把、皮卡汀尼导轨、折叠型立式表尺及准星型瞄准具。

Mk 13 Mod 0 榴弹发射器

制造商：比利时国营赫斯塔尔公司

定型时间：2004 年

口径：40 毫米

Mk 13 Mod 0 榴弹发射器是为 FN SCAR 突击步枪配套研制的单发下挂式榴弹发射器，也可通过增加手枪握把及枪托配件改装成一个独立的肩射型榴弹发射器，发射 40×46 毫米低速榴弹。Mk 13 Mod 0 榴弹发射器由机匣、枪管、纯双动操作扳机座组成。其军用标准的坚硬铝合金制造枪管表面具有哑光黑的耐腐蚀处理，因此有高耐用性和重量轻等优势。Mk 13 Mod 0 榴弹发射器的枪管采用侧摆式中折式装填结构，枪管尾端可向左侧或右侧摆动以打开膛室，进行装弹或退壳操作，无论左、右手的射手都可以灵活地操作。

MK 47 榴弹发射器

制造商：美国通用动力公司

定型时间：2005 年

口径：40 毫米

MK 47 榴弹发射器是美国于 21 世纪初研制的 40 毫米口径自动榴弹发射器，也被称为"打击者 40"（Striker 40）。MK 47 榴弹发射器配备了先进的检测、瞄准和电脑程序技术。该武器的轻量化视像瞄准设备是由雷神公司所生产，而其尖端的火控系统采用了最先进的激光测距系统、I2 夜视系统和弹道电脑技术。除了能够像 Mk 19 榴弹发射器一样发射所有北约标准的高速 40 毫米榴弹以外，MK 47 榴弹发射器还可发射能够在设定距离进行空爆的 MK285 聪明榴弹，其电脑化的瞄准设备能够让用户自行设定距离。

M320 榴弹发射器

制造商：德国黑克勒·科赫公司

定型时间：2008 年

口径：40 毫米

M320 榴弹发射器是德国黑克勒·科赫公司为美国军队研制的单发 40 毫米榴弹发射器，它与 M203 榴弹发射器的运作原理相似，可安装在 M16 突击步枪和 M4 卡宾枪上。不过，M320 榴弹发射器拥有整体式握把，无须以弹匣充当握把。目前，独立使用版的 M320 榴弹发射器配有火控系统及类似 MP7 冲锋枪的开合式前握把。M320 榴弹发射器的弹膛向左打开，可发射 M203 榴弹发射器的所有弹药。M320 榴弹发射器拥有双动扳机及两边可操作的安全装置，比 M203 榴弹发射器更加灵活。

GLX-160 榴弹发射器

制造商：意大利伯莱塔公司

定型时间：2008 年

口径：40 毫米

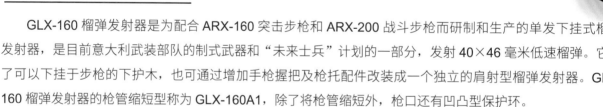

GLX-160 榴弹发射器是为配合 ARX-160 突击步枪和 ARX-200 战斗步枪而研制和生产的单发下挂式榴弹发射器，是目前意大利武装部队的制式武器和"未来士兵"计划的一部分，发射 40×46 毫米低速榴弹。它除了可以下挂于步枪的下护木，也可通过增加手枪握把及枪托配件改装成一个独立的肩射型榴弹发射器。GLX-160 榴弹发射器的枪管缩短型称为 GLX-160A1，除了将枪管缩短外，枪口还有凹凸型保护环。

PAW-20 榴弹发射器

制造商：南非丹尼尔公司

定型时间：2015 年

口径：20 毫米

PAW-20 榴弹发射器是由南非枪械设计师托尼·尼奥菲图设计的半自动肩射型榴弹发射器，发射专属的 20×42 毫米榴弹，最初采用 7 发可拆卸盒式弹匣供弹，后改为 6 发可拆卸鼓式旋转弹匣。发射 20×42 毫米榴弹时，枪口初速可达 310 米/秒，其弹道比常见的 40 毫米榴弹更为平滑。PAW-20 榴弹发射器也可使用多种非致命弹药。

RGP-40 榴弹发射器

制造商：波兰塔尔努夫公司

定型时间：2009 年

口径：40 毫米

RGP-40 榴弹发射器是一种轻型双动操作 6 连发转轮式肩射型榴弹发射器，主要发射 40×46 毫米低速榴弹。它要安装有可旋转弹巢，装填弹药时需要以逆时针旋转转轮，并扭紧其内置的卷簧（类似上发条），以在发射时使弹巢顺时针方向旋转。RGP-40 榴弹发射器的转轮座顶部和枪管管套分别装有一条和三条皮卡订尼战术导轨，以分别安装瞄准具、战术灯和内部装有两脚架的前握把。

GL-06 榴弹发射器

制造商：瑞士布鲁加·托梅公司

定型时间：2008 年

口径：40 毫米

GL-06 榴弹发射器是一种肩射型榴弹发射器，不能加挂到步枪上。之所以没有采用下挂式设计，与其主要功能定位有关。GL-06 可使用多种弹药，基本上只要符合 40×46 毫米规格的弹药均可使用。其采用中折式装填结构，而非前推装填，很大程度上是出于对弹药兼容性的考虑。GL-06 榴弹发射器能执行多重战术任务，当使用非致命性弹药时，它能有效地完成骚乱人群控制和治安任务。而当装填高爆弹药时，它又是一款可靠的地面战术支援武器。

4.10 经历换代的单兵反坦克导弹

21 世纪初期，除美、法等发达国家已装备使用第三代单兵反坦克导弹外，大多数国家正经历着改进第二代、发展第三代的过渡时期，一方面尽力改进现役的第二代单兵反坦克导弹；另一方面又根据未来战场的作战需求，加紧开发第三代单兵反坦克导弹。

单兵反坦克导弹因其命中精度高、威力大，受到士兵们的普遍欢迎。随着大量高新技术的应用、导弹成本的降低和各国经济实力的增强，单兵反坦克导弹的装备费用将逐渐被人们接受，其发展前景日渐看好。随着精确制导能力、目标探测能力和毁伤目标能力的提高，在不远的将来，单兵反坦克导弹的智能化程度将进一步提高，成为单兵反坦克的主要装备。

01 式反坦克导弹

制造商：日本川崎重工业公司

定型时间：2001 年

重量：17.5 千克

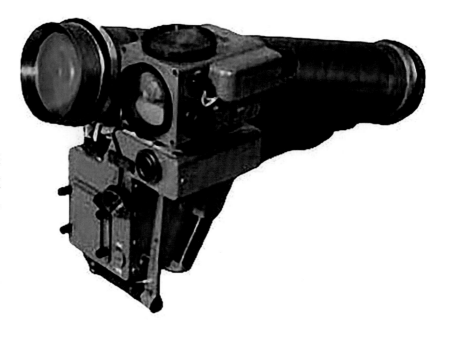

01 式反坦克导弹的弹体为圆柱形，头部为卵圆形。弹体后部有 X 形布置的 4 片矩形弹翼，尾部有十字形布置的 4 片较小的梯形尾翼。与其他国家研制的反坦克导弹通常采用激光制导不同，01 式反坦克导弹采用红外成像制导，其导引头为波长 8 ～ 14 微米的非致冷红外焦平面阵列传感器，不仅具备"射后不理"能力，还具有成本低、可靠性高、维护简单、工作寿命长、发射准备时间短等多种优点。为了提高使用 01 式反坦克导弹的快速反应能力，日本自卫队还为其配备了小松制作所生产的 4×4 轻型装甲车。

MBT LAW 反坦克导弹

制造商：瑞典萨博·博福斯动力

公司、英国泰利斯公司

定型时间：2002 年

重量：12.5 千克

MBT LAW（Main Battle Tank and Light Anti-tank Weapon）是瑞典和英国联合设计生产的短程"射后不理"反坦克导弹，在设计上是为了给步兵提供一种肩射、一次性使用的反坦克武器，发射一次以后直接将其抛弃。MBT LAW 反坦克导弹采用锥形装药，弹头为上空飞行攻顶/ 直接模式混合，最小有效射程为 20 米，最大有效射程为 600 米，最大射程为 1000 米。MBT LAW 反坦克导弹采用两种制导方式，使其具有较高的命中概率和较强的抗干扰能力。在建筑物密集区作战时，MBT LAW 可从建筑物窗户上向街道对面的目标射击。

"长钉 SR"是一种便携式"发射后不管"反坦克导弹，"长钉"系列反坦克导弹中的短程型，主要提供给步兵、特种部队和快速反应部队使用。该导弹不仅可以攻击装甲目标，还可攻击掩体、混凝土工事等多种目标。使用者在做好战斗准备后首先利用目标探测系统捕获目标，随后将目标数据输入导弹使其锁定目标，导弹即可发射。使用者随后就可离开发射阵地，隐蔽或准备发射另一发导弹。再装填时间不超过 15 秒。"长钉 SR"反坦克导弹的有效射程在 50 ～ 800 米，主要用于弥补单兵反坦克火箭和中程反坦克导弹之间的火力空白。

"长钉 SR"反坦克导弹

制造商：以色列拉斐尔先进

防御系统公司

定型时间：2012 年

重量：9.6 千克

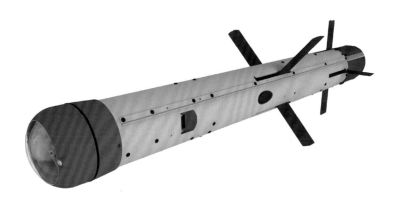

参考文献

[1] 深度军事. 单兵武器鉴赏指南 [M]. 北京：清华大学出版社，2014.

[2] 深度军事. 现代枪械大百科 [M]. 北京：清华大学出版社，2015.

[3] 克里斯·钱特. 轻武器鉴赏百科 [M]. 北京：中国画报出版社，2016.

[4] 李大光. 世界轻武器大全 [M]. 长春：吉林美术出版社，2015.

[5] 鲁珀特·马修斯. 轻武器图解百科 [M]. 北京：机械工业出版社，2016.